맥그래스,
아인슈타인에 답하다

맥그래스, 아인슈타인에 답하다

초판 1쇄 발행 2022년 12월 19일
초판 1쇄 발행 2022년 12월 26일

지은이 알리스터 맥그래스
옮긴이 김홍빈
펴낸이 유동휘
펴낸곳 SFC출판부
등록 제104-95-65000
주소 (06593) 서울특별시 서초구 고무래로 10-5 2층 SFC출판부
Tel (02)596-8493
Fax 0505-300-5437
홈페이지 www.sfcbooks.com
이메일 sfcbooks@sfcbooks.com
기획·편집 편집부
디자인편집 최건호
ISBN 979-11-87942-75-7 (03230)
값 16,000원

잘못 만들어진 책은 언제든지 교환해 드립니다.

아인슈타인의 '큰 그림'을 통해 본
과학과 종교의 대화

맥그래스,
아인슈타인에
답하다

알리스터 맥그래스 지음

김홍빈 옮김

SFC

목차

이 책은 현대 과학의 시대에 종교의 가치가 무엇인지 궁금해 하는 사람들에게 한 가지 해답을 제시하고 있다. 맥그래스 교수는 아인슈타인의 과학 이론을 이해하기 쉽도록 소개한 후, 이 위대한 물리학자가 정치와 윤리, 과학, 그리고 종교를 자신만의 세계관 안에서 어떻게 하나로 종합하였는지 살펴본다. 아인슈타인은 과학이 우리의 도덕적 목표를 성취하는 데 도움은 줄 수 있을지언정, 과학 그 자체가 도덕적 목표를 만들거나 혹은 우리 사회에 도덕적 목표를 제시하는 방법을 가지고 있는 것은 아니라고 생각했다. 맥그래스 교수는 이 책을 통해 수수께끼 같은 우리의 세상과 그와 관련된 중요한 모든 것을 가장 잘 연결 짓기 위해서는 종교와 과학 이 두 가지가 모두 필요하다는 점을 보여준다.

_데보라 하스마Deborah Haarsma, 천체물리학자, 바이오로고스(BioLogos) 대표

알베르트 아인슈타인은 의심할 바 없이 20세기를 대표하는 과학자이다. 알리스터 맥그래스 교수는 이 작고 명쾌한 책을 통해서 아인슈타인의 위대한 과학적 발견에 관하여 이해하기 쉽게 설명할 뿐만 아니라, 과학과 종교의 관계에 관한 아인슈타인의 관점을 철저하게 분석하여 제시하고 있다. 아인슈타인은 인생의 큰 질문들에 대하여 남들과는 살짝 다르게 생각하는 사상가였다. 이러한 아인슈타인의 유산을 탐구하는 데 맥그래스 교수보다 우리를 더 잘 안내해줄 수 있는 사람이 있을까? 아인슈타인의 삶과 생각을 조망하는 전체적인 그림을 그려보고자 하는 모든 사람에게 이 책을 추천하는 바이다.

_아드 루이 Ard Louis, 옥스퍼드 대학교 이론물리학 교수

알리스터 맥그래스를 통해 알기 쉽게 설명된 아인슈타인의 이론을 감상하는 것은 이 책을 읽는 내내 느끼게 되는 재미이고, 나아가 과학의 한계와 신에 대해 천재 과학자 아인슈타인이 어떤 생각을 가졌는지를 알게 되는 지점들은 통쾌한 깨달음을 얻는 순간들이다. 더불어 이 못지않게 알리스터 맥그래스의 탁월한 통찰들을 읽기 쉽게 우리말로 엮어내려 알뜰한 노력을 기울인 역자의 겸손한 섬김 또한 잔잔한 감동이 아닐 수 없다.

_장수영포항공과대학교 산업경영공학과 교수

책 제목과 저자의 이름만으로도 가슴을 뛰게 하는 이 책은 인류역 사상 가장 위대한 과학자 중 한 명인 아인슈타인의 위대한 생각을 최 대한 정확하면서도 친절하게 펼쳐 보여준다. 구체적으로 이 책에서는 독자들을 아인슈타인의 혁명적인 과학이론으로 초대하고 있으며, 나 아가 과학과 종교 간의 관계를 비롯하여 세상의 모든 것을 하나의 정 합적인 체계로 이해하고자 했던 아인슈타인의 생각으로 안내한다. 이 책을 통해 자연과 인간을 아우르는 큰 그림(즉, 모든 것의 이론)을 꿈꾸는 이들이 많아지길 소망한다.

_이경호서울대학교 물리교육과 교수

신앙과 과학의 주제에 관한 한 맥그래스만큼 전문성을 갖춘 저자는 드물다. 더욱이 그의 설명은 늘 명료하고 쉽다. 여기에 이 책은 재미까 지 더했다. 특히 저자가 찾아낸 아인슈타인의 숨겨진 일화들이 매우 흥미롭다. 아인슈타인의 과학적 업적은 그의 더 큰 그림인 종교적 세 계관을 알아야 바르게 이해된다는 저자의 주장은 혁신적이다. 과학을 전공하는 그리스도인에게 격려와 도전을 줄 큰 선물이 아닐 수 없다. 일반 독자에게는 과학과 신앙의 바른 관계를 이해하는 데 유익을 끼칠 매우 좋은 안내서이다.

_신국원총신대학교 명예교수, (사)기독교세계관학술동역회 이사장

한국의 독자들에게

이 책을 한국의 독자 여러분들에게 소개하게 된 것을 대단히 기쁘게 생각합니다. 이 책은 20세기의 가장 위대한 과학자라고 할 수 있는 알베르트 아인슈타인에 관한 책입니다. 그러나 그보다 더 깊은 주제에 관한 책이기도 합니다. 바로 이 복잡한 세상에서 우리가 의미 있게 살아가는 데 자연과학이 어떤 위치에 있는가 하는 문제에 관한 책입니다. 어떤 분들은 과학이 우리가 던지는 모든 질문에 답할 수 있다고 믿기 때문에 삶에 관하여 종교나 철학이 끼어들 여지가 없다고 생각합니다. 그러나 아인슈타인의 생각은 달랐습니다. 그는 우리가 우주의 작동 방식을 이해하는 데 과학이 실제로 도움을 주는 것은 사실이지만, 과학이 도덕적 질문이나 존재에 관한 질문에 답을 줄 수는 없다고 생각했습니다. 이 점에 관해서 아인슈타인은 1939년에 열렸던 한 강연에서 다음과 같이 말했습니다. "과학적 방법은 사실들이 서로 어떻게 연관되었는지, 그리고 서로에 대하여 어떤 조건으로 연결되는지 그 이상의 어떤 것도 우리에게 가르쳐주지 않습니다." 즉 과학은 우리에게 어떻게 하면 잘 살 수 있는지 말해주지도, 우리가 삶의 의미를 찾는 데 도움을 주지도 못합니다.

아인슈타인은 우리가 이 세상에서 의미 있게 삶을 영위하는 데 과학, 정치, 윤리, 종교가 모두 필요하다고 주장했습니다. 어떤 분들은 과학과 종교가 서로 다르기 때문에 서로 공존할 수 없다고 생각할지도 모릅니다. 그러나 아인슈타인의 생각은 달랐습니다. 과학과 종교는 물론 분명히 다릅니다. 그러나 이 둘은 각각 삶의 서로 다른 질문들과 맞물려서 우리에게 그 질문들에 대한 답을 제공합니다.

아인슈타인은 분명 과학이 우리에게 윤리에 대하여 가르치지는 못한다고 생각했지만, 그럼에도 불구하고 과학자는 윤리적인 사람이 되어야 한다고 분명히 말했습니다. 다시 말해서, 과학자도 과학을 넘어서 삶의 중요한 질문들에 대답하기 위해서는 다른 사유의 영역에 의지할 필요가 있다는 것입니다. 인간의 지식이란 가능성의 스펙트럼과도 같습니다. 과학적 지식은 이 스펙트럼의 한 부분을 이루고는 있지만, 그 외에 또 다른 형식의 지식도 존재합니다. 우리가 진정한 삶을 영위하고자 한다면 과학 외의 또 다른 지식도 필요한 법입니다. 과학은 대단합니다. 그러나 우리에게는 과학 이상의 것이 필요합니다.

저는 젊은 시절 과학자로서 옥스퍼드 대학교에서 양자론을 전공하였습니다. 당시 저는 아인슈타인을 통해서 과학과 종교적 믿음을 어떻게 함께 바라볼 수 있는지, 그리고 이 세계를 더 깊이 이해하는 데 이두 영역이 어떻게 도움이 되는지 배울 수 있었습니다. 우리는 과학과 신앙을 복잡한 세계에 대한 서로 다른 관점 혹은 서로 다른 창문 같은 것으로 이해할 수 있습니다. 영국의 철학자 메리 미즐리Mary Midgley는 이것을 복잡한 세계를 향해 열려 있는 여러 개의 창문으로 비유하였는데, 이 중 어느 것도 단독으로는 이 방대하고도 복잡한 실재를 공정하게 다룰 수 없습니다. 과학과 신앙은 둘 다 우리가 세상을 바라보는 창문으로서 우리로 하여금 서로 다른 측면을 바라볼 수 있도록 도와줍니다.

미즐리는 실재가 너무 복잡하기 때문에 우리가 실재를 탐구하기 위해서는 일종의 "다중 도구상자multiple toolboxes"를 사용해야 하고, 이를 표현하기 위해서 "다중 지도multiple maps"를 사용할 필요가 있다고 말했습니다. 과학은 한 가지 차원에서 이 세계에 대한 지도를 보여줍니다. 즉 세계가 어떻게 작동하는가를 설명해줍니다. 한편 종교는 또 다른 차원에서 이 세계에 대한 지도를 보여줍니다. 즉 세상의 의미에 대하여 설명해줍니다. 이들 각각의 지도는 우리 세계를 탐구하는 특정한 방식으로부터 나온 것이기 때문에 불완전할 수밖에 없습니다. 그렇기 때문에 다른 지도를 통해 보충되어야 합니다. 과학이라는 지도는 우리 인간이 어떻게 작동하는지를 이해하는 데 도움을 줄 수 있습니다. 가령 의학에서 이것은 중요합니다. 한편 신학이라는 지도는 우리의 더 깊은 욕구를 이해하는 데 도움을 줄 수 있고, 이것은 영적인 면에서 중요합니다.

아인슈타인의 생각을 소개하는 이 책이 독자 여러분들로 하여금 단지 아인슈타인이 과학이라는 분야에서 어떤 접근을 하였는지 이해하는 것을 넘어서 과학과 신앙이 어떻게 서로 어우러질 수 있는지, 그리고 우리가 삶을 바라보는 시야가 어떻게 넓어지고 깊어질 수 있는지, 또 이 세계 속에서 우리의 위치가 어디인지 바라보는 데 도움이 되기를 바랍니다.

알리스터 맥그래스

2022년 12월 옥스퍼드에서

알베르트 아인슈타인-세계가 사랑하는 천재

시간과 공간에 관한 혁명적인 과학 이론을 제시하며 대중의 찬사와 명성을 얻은 아인슈타인은 지금까지도 전 세계 사람들로부터 가장 사랑을 받고 있는 천재입니다. 1919년 11월, 일반 상대성이론이 실제 관측을 통해 확증된 이후 지금까지 한 세기가 지났는데도 여전히 많은 사람들이 아인슈타인을 추종하고 있습니다. 그는 『타임Time』지의 표지 모델로 6번 이상 등장했으며, 1999년에는 '금세기 인물Person of the Century'로 선정되기도 하였습니다. 그의 공식 $E=mc^2$은 모든 시대를 통틀어 대중에게 가장 널리 알려진 과학 공식일 것입니다. 아인슈타인의 트레이드마크라 할 수 있는 헤어스타일과 더불어 이 공식은 티셔츠나 광고판 등에서도 심심치 않게 찾아볼 수 있습니다.

사진작가들도 아인슈타인을 좋아했습니다. 아인슈타인의 사진 중에서 가장 널리 알려진 것은 아서 사스Arthur Sasse가 찍은 혓바닥을 내밀고 있는 사진일 것입니다. 1951년, 프린스턴에서 생일파티를 마친

후 아인슈타인은 피곤한 몸을 이끌고 집으로 돌아가기 위해 기사가 모는 차에 올라탔습니다. 바로 그때 이 행사를 취재하려고 왔던 사진작가 사스가 아인슈타인이 탑승하고 있는 차량의 문으로 달려가서 마지막으로 한 컷만 찍을 수 있는지 물었습니다. 이 상징적인 사진은 바로 이때 찍힌 것입니다. 아인슈타인은 사진작가를 향해 고개를 돌렸고 카메라의 플래시가 터지는 순간 혓바닥을 쭉 내밀었던 것입니다. 아인슈타인은 이 혓바닥 사진이 무척 마음에 들어서 친구들에게 보내는 연하장에 이 사진을 사용하기도 했습니다.

아인슈타인의 아이디어는 우리가 생각하고 살아가는 방식을 바꾸어 놓았습니다. 비록 우리가 잘 인식하지는 못하더라도 GPS 내비게이션을 사용할 때도 우리는 아인슈타인의 상대성이론에 의존하고 있습니다. 태양으로부터 오는 빛과 온기는 질량이 에너지로 변환된 직접적인 결과입니다. 아인슈타인은 이 과정을 1905년도에 처음으로 이해했고, 이를 $E=mc^2$이라는 공식으로 표현하였습니다. 이와 동일한 원리로 원자핵 발전소가 가동되고, 원자 폭탄이 만들어집니다. 아인슈타인은 1939년에 루즈벨트Franklin D. Roosevelt 대통령에게 편지를 써서 미국이 원자폭탄 기술 개발에 힘을 쏟지 않으면 나치 독일이 해당 기술을 선점하게 될 것이라고 경고하였고, 이것이 미국의 원자 폭탄 개발 경쟁을 촉발시켰습니다. (아인슈타인의 이 편지는 2008년 뉴욕 크리스티 경매에서 210만 달러에 낙찰되었습니다.)

학계와 대중 과학 커뮤니티는 아인슈타인을 대단히 존경했습니다. 그렇기 때문에 아인슈타인이 좀 더 거대한 주제에 관하여 말할 때에도 사람들은 일단 그의 말을 경청할 준비가 되어 있었습니다. 아인슈타인이 이처럼 대중의 큰 인기를 얻게 된 것은 그가 만든 일반 상대성이론이 1919년에 성공적으로 확인되면서부터입니다. 1921년에 아인슈타인이 미국으로 여행을 떠났다는 소식은 신문 1면의 헤드라인 기사가 될 정도였습니다.

그러나 아인슈타인이 단지 과학에 관해서만 말한 것은 아니었습니다. 그가 던졌던 질문들은 인간의 가치value와 의미meaning에 관한 훨씬 광범위한 주제를 다루고 있었는데, 이것은 훗날 철학자 카를 포퍼Karl Popper가 '궁극적 질문ultimate questions'이라고 불렀던 바로 그것입니다. 사람들은 아인슈타인을 존경하는 자세로 주의 깊게 그의 말에 귀를 기울였습니다. 그는 유명한 천재의 반열에 올랐고, 높은 지위의 지성인으로서 대우를 받았습니다. 또한 그는 자신이 말한 바를 대중의 수준에 맞게 단순화해서 설명하지 않았음에도 불구하고 시대의 상징과도 같은 문화적 지위에 오른 사람이었습니다.

아인슈타인은 천재 과학자의 전형적인 고루함과는 거리가 먼 사람이었습니다. 아인슈타인이 캘리포니아를 방문했을 때, 그는 인기 영화배우인 찰리 채플린Charlie Chaplin과 의외의 친분을 쌓기도 했습니다. 채플린은 1931년에 개봉한 영화 〈시티 라이트City Lights〉의 개봉 시사회에 아인슈타인을 초대하였습니다. 아인슈타인과 채플린이 함께 시사회장에 도착하자 수많은 군중이 왁자지껄 몰려들었습니다. 전해지는 바에 의하면, 이때 채플린이 아인슈타인에게 이렇게 말했다고 합니다. "여기 이 사람들이 당신에게 환호하는 이유는 어느 누구도 당신의 이론을 이해하지 못하기 때문이지요. 반면, 이들이 나에게 환호하는 이유는 모두가 나의 연기를 이해하기 때문입니다." 물론 아인슈타인이 1921년에 노벨 물리학상을 받은 것이 매우 큰 성취이기는 했지만, 단언컨대 아인슈타인이 이룬 가장 큰 성취는 수많은 대중으로부터 존경과 사랑을 받았다는 점일 것입니다. 사람들은 비록 아인슈타인의 업적을 이해하기는 어렵지만 그가 다른 어느 누구도 발견하지 못했던 우주에 관한 심오한 무언가를 깨달았다고 생각했습니다. 물론 어렵고 상당히 부담되는 일이 될 수도 있지만, 그럼에도 불구하고 아인슈타인의 말에 귀를 기울여보는 것은 가치 있는 일이 되리라 생각합니다.

이 작은 책은 오늘날 우리가 세상을 이해하는 방식에 지대한 영향을 준 아인슈타인의 혁명적인 과학 이론에 담긴 아이디어와 그것의 중요성을 간단하면서도 이해가능한 말로 설명하는 것에서부터 시작합니다. 물론 아무리 과학 분야의 천재라고 하더라도 오류가 전혀 없을 것이라고는 아무도 생각하지 않을 것입니다. 그럼에도 불구하고 아인슈타인의 과학적 지위를 고려해볼 때 적어도 우주를 이해하는 방식에 관한 한 아인슈타인의 말에 귀를 기울일 가치가 있습니다.

그러나 이 책에서 우리는 아인슈타인이 도달했던 지점보다 조금 더 멀리 가볼 예정입니다. 물론 아인슈타인도 우리가 한 발자국 더 전진하기를 원할 것입니다. 이 책에서는 아인슈타인의 마음을 사로잡았던 큰 그림, 즉 우리가 살고 있는 세계 및 우리 자신에 대한 '큰 그림 big picture'에 관하여 진지하게 고찰해 보고자 합니다. 이 책은 아인슈타인이 개인적으로 과학과 윤리, 그리고 종교적 믿음을 어떻게 하나로 엮어서 실재reality에 관한 더욱 풍부한 설명을 시도했는지 살펴볼 것입니다. 원한다면 이와 같은 시도를 '**중요한** 모든 것의 이론a theory of everything that matters'이라고 부를 수도 있을 것입니다.* '아인슈타인은 어떻게 이것을 해냈을까?', '그 결과물은 무엇인가?', '이것이 오늘날 우리에게 남긴 교훈은 무엇일까?' 많은 사람들이 인생에 대한 아인슈타인의 폭넓은 시각에 관하여 글을 썼고, 이러한 자료들은 우리가 하고자 하는 논의에 자극과 영향을 주었습니다. 그러니 우리라고 해서 아인슈타인을 대화의 상대로 초대하지 못할 이유가 있을까요? 어쨌든 그는 한 번 쯤 대화를 나눠볼만 한 천재가 분명했으니까요.

마지막으로 독자 여러분에게 당부의 말씀을 하나 드리려고 합니다. 그것은 아인슈타인이 했던 말이라고 전해지는 것들 중에서 상당수가 실제로는 아인슈타인과 관련이 없다는 것입니다. 가령 제가 미국 대학에서 본 어느 티셔츠에는 "계산할 수 있는 모든 것이 중요한 것은 아니며, 중요한 것을 모두 계산할 수 있는 것도 아니다."라는 문구가 새겨져 있었습니다. 이것은 종종 아인슈타인이 말한 것으로 인용되곤 하지만, 실제로는 아인슈타인이 한 말이 아닙니다. 이 책 전반에 걸쳐서 나는 최대한 신뢰할 만한 자료를 토대로 아인슈타인을 인용하고자 노력했습니다. 이 책이 지향하는 바를 잘 표현해주는 아인슈타인의 진짜

---

* 역자주: 물리학에서 'theory of everything'은 자연에서 관찰되는 모든 물리 현상을 포괄적으로 설명하는 정합적인 이론 체계를 일컫는 표현이다. 이와 같이 통일된 이론 체계를 찾으려는 시도와 관련해 아인슈타인이 본격적으로 포문을 열었다는 점에 대부분의 사람들이 동의한다.

인용문이 하나 있습니다. "과학은 어떤 대상이 어떠한지what is 사실을 확인시켜 줄 수는 있지만, 대상이 어떠해야만 하는지what should be 당위를 말해주지는 못합니다."[1] 이 경구를 통해 아인슈타인은 과학과 도덕적 사유를 어떻게 하나로 통합할 수 있는지, 그리고 그 자신이 이를 위해 어떤 방식으로 사유했는지 그 사유의 세계로 우리를 초대하고 있습니다. 과학과 윤리, 그리고 종교는 상당히 다른 영역으로서 우리의 삶에서 각기 구별된 역할을 하며, 이들은 각기 다른 사유 방식에 기초하고 있습니다. 그렇다면 우리는 어떻게 여러 영역이 보여주는 고유한 관점들을 하나의 정합적인 체계 속으로 엮을 수 있을까요? 이것이 이 책의 주제이며, 아인슈타인은 이에 관하여 우리가 생각을 전개해 나갈 수 있도록 도와줄 것입니다.

물론 이 책에서 아인슈타인의 과학적 아이디어 자체를 설명하는 부분도 있겠지만, 우리의 진짜 관심은 어떻게 아인슈타인이 '대통일 이론grand theory of everything'이라고 불리는 정합적인 세계상을 발전시킬 수 있었는가 하는 점에 있습니다. 여기서 대통일 이론은 이 세계가 어떻게 **작동하는가**functions 하는 것에 대한 이해와 그것이 **의미하는** means 바는 무엇인가 하는 보다 심오한 질문을 모두 포괄하는 것입니다. 아인슈타인을 단지 위대한 과학자 정도로만 수식하는 것은 충분하지 않습니다. 그는 인간의 주요 생각과 신념들을 하나로 통합하는 것이 얼마나 중요한 것인지를 깨달았던 반성적 인간이었습니다. 우리가 사는 세계와 우리 자신에 대한 '큰 그림'을 그리기 위해서 아인슈타인이 사유했던 방식을 살펴보는 일은 서구 문화의 핵심적인 특징이 되어

버린 지식과 가치의 파편화를 넘어서게 하는 데 우리 모두에게 큰 도움이 될 것이라고 생각합니다.

　책에 대한 소개는 이 정도로 충분한 것 같습니다. 이제 여러분들이 직접 아인슈타인을 만나볼 차례입니다.

1장

아인슈타인과의 만남: 경이로운 자연

영국 신문에서 과학 뉴스가 헤드라인을 장식하는 것은 흔한 일이 아닙니다. 그러나 세계대전이 끝난 이듬해인 1919년은 달랐습니다. 그해 11월 7일 금요일, 런던의 「타임스Times」는 "과학의 혁명. 우주에 관한 새로운 이론. 뉴턴의 생각을 뒤집다."라는 제목으로 과학 분야에서 이룩한 극적인 진전에 관하여 대서특필 하였습니다. 대부분의 과학 보도가 그러하듯이 이러한 헤드라인 문구는 다소 선동적인 것이었습니다.[1] 왜냐하면 이 헤드라인은 당시 1911년과 1917년에 각각 중국과 러시아에서 일어난 정치적인 사회 혁명을 통해 전통적인 질서가 무너졌다는 것을 다소간 암시하고 있었기 때문입니다. 가장 위대한 과학자로 여겨지던 영국의 아이작 뉴턴Issac Newton은 권좌에서 물러나게 되었습니다. 뉴턴의 생각은 의심받기 시작했고, 결국 누더기처럼 버려졌습니다. 이러한 과학의 혁명을 일으킨 장본인은 누구였을까요? 그는 당시 사람들에게 잘 알려지지 않았던—특히 당시 「타임스」의 독자층에게는 생소한—독일의 물리학자 알베르트 아인슈타인이었습니다.

「타임스」의 헤드라인은 아인슈타인을 일약 세계적인 스타의 반열에 올려놓았습니다. 사실 이것은 매우 이례적인 사건이라고 할 수 있습니다. 당시 영국과 독일은 인류가 지금껏 겪은 전쟁 중에서도 가장 파괴적이고 끔찍한 전쟁의 상흔으로부터 이제 겨우 조금씩 벗어나고 있었을 뿐, 여전히 두 국가 간에는 세계사에서 전례를 찾을 수 없을 정도의 불신과 악감정이 서로를 향해 가득한 시절이었습니다. 그럼에도 불구하고 1차 세계 대전이 종식된 지 불과 1년이 지난 시점에서 영국의 과학계는 한때 적군이었던 독일 국적의 아인슈타인을 연구 프로젝트에 참여할 수 있도록 환영해주었던 것입니다. 이 연구는 우주를 이해하기 위한 인류의 공동 연구 프로젝트였습니다. 사람들은 이 사건을 암울한 전후 시대에 한 가닥의 희망과도 같은 상징적인 사건으로 생각했습니다. 우리가 사는 세상과 우리 자신에 대한 새로운 이해를 도모하기 위해서는 이와 같은 과학 분야의 국제 협력이 중요한 열쇠를 쥐고 있다고 생각했던 것일까요? 아인슈타인도 자신이 전 세계의 주목을 받고 있다는 것을 잘 알고 있었습니다. 이전 세대에 환멸을 느낀 불안정한 전후post-war 세대는 이 복잡한 세계와 그 세계 안에서 살아가고 있는 우리 인간의 위치에 대하여 이해할 수 있는 사람으로서 아인슈타인이라는 인물에 주목하였던 것입니다.

1920년대 초, 아인슈타인은 수많은 추종자를 몰고 다니는 인물이 되었습니다. 또한 그는 전 세계적으로 천재의 상징이 되었습니다. 물론 1921년에 그가 노벨 물리학상을 받은 것도 이와 같은 인기몰이에 영향을 주었겠지만, 그의 독특한 외모 역시 한몫했을 것입니다. 아인슈타인이 등장한 이후로 그의 헝클어진 헤어스타일은 천재의 상징이 되었습니다. (1932년 겨울, 할리우드에서 있었던 한 저녁 만찬 자리에서 영화배우 마리온 데이비스[Marion Davies]는 가뜩이나 흐트러진 아인슈타인의 머리카락을 손가락으로 헝클어트리면서 "이발 좀 하시지 그래요?"라며 재담을 떨었다는 일화가 전해지기도 합니다.) 또한 $E=mc^2$이라는 공식이 무엇을 의미하는지 잘 이해하지는 못하더라도 누구나 이 공식을 알고 있었습니다. 아인슈타인은 미국 언론계에서도 유명인사가 되었고, 대중 독자들의 열광적인 인기를 얻었습니다. 그리고 그 인기는 눈덩이처럼 커져갔습니다. 1930년에 뉴욕의 자연사 박물관에서 아인슈타인의 아이디어를 "이해하기 쉽게" 설명해주는 영화를 상영한 적이 있는데, 이 영화를 보기 위해 무려 4천명이 몰려드는 바람에 흡사 폭동과도 같은 상황을 통제하기 위해서 안전요원들이 꽤나 애를 써야만 했습니다.[2] 1929년에 아서 에딩턴 경Sir Arthur Eddington은 런던의 가장 번화한 쇼핑 거리가 거의 마비상태가 되었다는 흥미로운 사건을 편지로 아인슈타인에게 알려준 적이 있습니다. 내용인즉, 런던의 가장 유명한 백화점인 셀프리지Selfridges 백화점의 창문에 아인슈타인의 최근 과학 논문 중 하나가 게시되었는데 사람들이 그것을 읽기 위해 몰려들었고, 옥스퍼드 거리 일대가 몰려든 사람들로 인산인해를 이루었다는 것입니다.[3] 이 소식을 전한 에딩턴은 편지를 쓰기 10년 전에 아인슈타인의 일반 상대성이론을 확증하는 관측 결과를 발표했던 사람이기도 합니다. 에딩턴 자신도 상대성이론을 가장 통찰력 있게 설명하는 것 중 하나로 평가받는 책을 집필했고,[4] 이 책을 통해 그는 아인슈타인의 급진적인 아이디어가 지니는 과학적인 중요성에 관하여 명확하고 믿을만한 설명을 제공한 바 있습니다.

아인슈타인의 영향은 오늘날까지도 계속 이어지고 있습니다. 2016년, 과학자들은 두 개의 블랙홀이 서로 충돌하는 것을 관측했다는 연구 결과를 발표했습니다. 수십억 광년이나 떨어진 곳으로부터 날아온 "순간적으로 짹짹거리는fleeting chirp" 소리를 들은 것인데, 이것은 아인슈타인의 일반 상대성이론의 마지막 예측을 실험적으로 확인하는 소리였습니다.[5] 이 모든 것이 아인슈타인의 과학 이론이 오늘날까지도 여전히 의미 있으며 다음 세대의 사유 방식에도 깊은 영향을 주고 있음을 말해주는 것입니다.

그러나 아인슈타인의 이와 같은 과학적 발견을 넘어서 제가 진짜로 관심을 갖게 된 것은 아인슈타인의 업적이 지닌 **영적인**spiritual 중요성입니다. 저는 옥스퍼드 대학교 시절에 아인슈타인의 아이디어와 처음 만났고, 그의 아이디어가 지적인 면에서나 영적인 면에서 기독교 신앙의 풍성함을 보여준다는 것을 경험한 사람으로서 이 책을 쓰고 있습니다. 물론 기본적으로 저는 이 책을 통해 과학에 관한 아인슈타인의 관점에 대하여 가능한 한 신뢰할 만하고 일반 독자들이 이해할 수 있는 방식으로 설명해볼 예정입니다. 그렇지만 저는 그것을 넘어서서 아인슈타인이 종교에 관하여 어떤 생각을 가지고 있었는지, 그리고 그가 과학과 종교라는 두 가지를 어떤 방식으로 엮었는지 이 부분까지 짚어볼 예정입니다. 하지만 무엇보다 중요한 것은 저 자신이 한때 그랬듯이 과학과 신앙을 하나로 통합하고자 애쓰고 있을 누군가를 생각하면서 이 책을 쓰고 있다는 점입니다. 아인슈타인이 과학과 신앙이라는 두 영역의 고유한 정체성을 존중하면서도 한 영역이 다른 영역을 풍성하게 만드는 방법을 찾고자 했다는 점에서 아인슈타인의 접근 방식은 이러한 노력을 기울이고 있는 사람들에게 도움이 될 것입니다. 물론 저의 관점이 아인슈타인의 관점과 완전히 같다고 말할 수는 없습니다. 그럼에도 불구하고 이 기묘한 우주가 작동하는 방식과 우리 자신을 포함하여 우주의 의미에 관하여 그럴싸하고 의미 있게 설명해보고자 하는 제 나름의 방식을 탐구하는 데 아인슈타인의 관점이 중대한 영향을 준 것 만큼은 사실입니다. 즉 아인슈타인은 중요한 모든 것의 이론을 구축하는 길을 우리에게 열어 놓고 있다는 것입니다.

저는 열 살 무렵의 나이에 과학의 세계와 사랑에 빠졌습니다. 아일랜드의 대표적인 의대 부속 병원 중 한 곳에서 병리학과 과장을 맡고 계셨던 종從조부께서는 은퇴하시면서 저에게 그분이 쓰시던 오래된 현미경 하나를 선물로 주셨습니다. 황동으로 만들어진 이 현미경은 저를 신세계로 인도하는 관문이었습니다. 저는 연못에서 수집한 작은 식물이나 세포 등을 현미경 렌즈를 통해 즐겁게 관찰하곤 했습니다. 그리고 천문학에 관한 몇 권의 책을 읽으면서 저는 직접 작은 망원경을 제작해보기도 했습니다. 춥고 청명했던 어느 날, 저는 그 망원경을 가지고 은하수를 관찰했는데 눈앞에 펼쳐진 수많은 별들 앞에 저는 완전히 압도되었습니다. 그날 이후 저는 자연에 푹 빠졌고, 그때 느낀 자연에 대한 사랑은 오늘날까지도 계속 이어지고 있습니다. 일전에 아인슈타인은 인간이 자연의 아름다움 앞에서 경험하는 "놀랍고, 황홀한"

느낌에 관하여 말한 적이 있습니다.[6] 열 살 무렵의 저는 아인슈타인의 이 표현을 접하기 전이었지만, 만일 그 표현을 읽었더라면 그가 무엇을 말하려고 했는지 즉각 공감하고도 남았을 것입니다.

제가 아인슈타인의 과학적인 아이디어를 본격적으로 처음 접한 것은 1966년으로 거슬러 올라갑니다. 과학을 공부하기 위한 열정에 불이 붙어 있던 저는 여러 가지 과학의 연구 성과들을 습득하기 위해서 나름대로 꽤 애를 써봤지만, 지금 생각해보면 대부분은 당시 저의 수준을 훨씬 넘어서는 내용이었습니다. 열세 살 무렵, 저는 용기를 내어 학교 선생님께 아인슈타인의 상대성이론에 관하여 설명해달라고 했습니다. 선생님은 저더러 한 번 읽어보라면서 그분이 가지고 있던 책들 가운데서 한 권을 빌려주셨습니다. 아인슈타인의 사고실험 중에는 광선 위에 올라타는 내용이 있었는데(이에 관해서는 나중에 다시 설명하겠습니다), 저는 아인슈타인이 이 사고실험을 통해서 무엇을 말하려고 했는지 파악하느라 무척이나 고군분투를 했습니다. 당시 저는 아인슈타인을 이해하기 위해서 제 생각의 폭이 좀 더 넓어질 필요가 있다고 느꼈습니다. 열세 살 먹은 학생으로서 제가 가진 문제점은 실재reality를 그저 제가 다룰 수 있는 수준으로 단순화하여 이해하려 했다는 것이었습니다.

다행스럽게도 1971년에 화학을 공부하기 위해 옥스퍼드 대학교에 입학했을 때 저는 좀 더 깊은 수준에서 아인슈타인을 공부할 수 있는 기회를 얻을 수 있었습니다. 당시 옥스퍼드 화학 교육과정은 학부 1학년 학생들에게 심화 주제를 한 가지씩 정해서 이를 전문적으로 파고들라고 요구하였습니다. 그래서 저는 양자론에 집중해보기로 했습니다. 아인슈타인은 간혹 엉뚱한 질문을 던지기도 했지만, 바로 이 양자론 분야에서 괄목할 만한 이론적 기여를 한 사람입니다. 양자론을 파고들었던 이 시기는 지적인 면에서 저에게 매우 즐거운 시간이었습니다. 저는 온갖 강의와 세미나에 참석하면서 세상을 바라보는 전혀 새로운 방식에 눈을 뜨게 되었습니다. 이후 저의 연구 관심은 생명 과학 쪽으로 옮겨졌지만(옥스퍼드에서 받은 저의 첫 박사학위 주제는 분자 생물물리학 분야입니다), 아인슈타인에 관한 관심을 한시도 놓은 적이 없습니다. 시간이 지날수록 저는 자연과학을 넘어 윤리와 정치, 종교를 한데 아우르는 데 관심을 가졌던 과학자로서의 아인슈타인을 다시 바라보게 되었습니다. 이제 우리가 함께 살펴보겠지만, 의미로 충만한 인간 존재의 다중적인 면을 하나로 아우르는 실재의 '큰 그림big picture'을 그려보고자 하는 사람들에게 아인슈타인은 일종의 롤 모델과도 같은 사람입니다.

젊은 시절에 저는 종교에 별 관심이 없었습니다. 왜냐하면 당시 저는 비非이성적인 미신으로 간주할만한 것들은 자연과학의 적敵이라고 생각했기 때문입니다. 저는 옥스퍼드에서의 첫 해를 지내는 동안 이러한 제 입장이 옳은지 곰곰이 다시 따져보게 되었습니다. 저는 과학이 복잡한 우리 우주를 설명하는 데서 탁월한 능력을 발휘한다는 것을 잘 알고 있었습니다. 아인슈타인이 소위 **기적의 해**annus mirabilis라고 부르는 1905년도에 연달아 발표한 혁명적인 논문에 담겨있는 내용들은 과학의 이 같은 능력을 매우 잘 보여주는 사례일 것입니다. 이처럼 제가 세계의 작동 원리에 대한 과학의 설명 방식에서 전율을 느낀 것은 사실이지만, 설명 너머에 존재하는 의미와 목적에 관한 인간의 깊은 갈망과 질문들에 대해서는 과학이 설명해주지 못하는 것처럼 보였습니다.

　많은 철학자들이 인간의 이러한 깊은 갈망과 질문에 관하여 탐구하였습니다. 위대한 과학철학자 카를 포퍼Karl Popper는 가치와 의미에 관한 '궁극적 질문ultimate questions'에 관하여 언급한 적이 있습니다. 이 궁극적 질문은 삶의 전반에 영향을 미치는 중요한 질문임에도 불구하고, 과학 스스로는 과학적인 방법을 사용해서 이러한 질문에 답을 주지 못합니다. 스페인의 철학자 호세 오르테가 이 가세트José Ortega y Gasset는 이 주제에 관하여 다음과 같이 간결하게 말했습니다. "과학적 진리는 정확exact하다. 그러나 불완전incomplete하다."[7] 만일 우리가 삶에 대한 '큰 그림'을 그리고 싶다면, 사물이 **작동하는** 방식how things **work**과 그것이 **의미하는** 바what they **mean**에 관한 질문을 하나로 종합하는 방법을 찾아야만 할 것입니다.

　우리 각 사람은 개인적 차원에서의 '큰 그림' 혹은 세계관을 구축하기 위하여 과학의 도움을 받을 수 있고, 또 실제로도 과학은 중요한 역할을 합니다. 그러나 과학은 큰 그림을 부분적으로만 채워줄 수 있습니다. 즉 과학은 큰 그림의 **일부일 뿐**입니다. 일찍이 아인슈타인이 깨달았던 것처럼 과학은 분명히 한계를 지니고 있습니다. 과학은 가치와 의미에 관한 질문에 답을 하는 학문이 아니며, 본래 그러한 목적으로 만들어진 것도 아닙니다. 만일 우리가 우리를 둘러싼 복잡한 세계를 이해하고자 한다면, 세계의 다양한 측면과 구성요소들을 감상하는 데 도움이 될 만한 다양한 방법을 사용해야 합니다. 각각의 방법은 마치 화폭 위에 붓질을 하는 것과도 같습니다. 이들을 한 곳으로 종합했을 때 비로소 하나의 그림이 드러나게 됩니다.

십대 시절에 저는 과학을 사랑하는 기질 때문에 저 자신이 무신론자가 될 것이라고 막연하게 생각했었습니다. 최소한 제가 읽었던 대중적인 무신론자의 글에 따르면, 결국 과학과 종교는 서로를 적대시하며 대립하는 관계였으니 말입니다. 그러나 제가 십대 시절에 가졌던 무신론적 사고는 결코 적절한 증거에 기초를 둔 생각이 아니라는 사실을 얼마 지나지 않아서 분명하게 알게 되었습니다. 그것은 이성과 과학의 필연적 결과라고 잘못 가정했던, 저의 단순한 입장이었을 뿐입니다. 둘러보니 무신론 이외에도 다른 여러 가지 가능성이 열려 있었습니다. 소설가 살만 루슈디Salman Rushdie의 말을 빌리자면, 저는 "신에 대한 생각"이 "삶에 대한 경이를 느끼게 만드는 보물창고이자, 존재의 위대한 질문에 대한 대답"이라는 것을 깨달은 것입니다.[8]

더 중요한 것은 제가 한때는 시대에 뒤떨어진 윤리 체계이며 지성적인 근거조차 빈약한 것이라며 무시했던 기독교가 바로 이 '큰 그림'을 보는 방식을 제공한다는 점을 깨닫기 시작했다는 것입니다. 제가 느끼기에 기독교는 모든 것을 하나로 종합해서 만족스러울 정도의 뚜렷한 상을 만들어주는 듯 보였습니다. 과학과 신앙 이 두 가지를 어떻게 생산적인 방식으로 엮어낼 수 있는가 하는 문제 앞에서 저는 옥스퍼드 대학교의 첫 이론화학 교수였던 찰스 컬슨Charles A. Coulson 교수의 접근 방식으로부터 크게 영향을 받았고, 그의 생각으로부터 저 스스로 이해의 지평을 넓혀갈 수 있었습니다. 컬슨은 과학과 종교를 우리 세계에 대해 상보적인complementary 관점을 제공하는 것으로 보았습니다.[9] 컬슨 교수는 과학 연구의 과정과 성공에 대한 통찰력 있는 시각을 제시하였는데, 이는 실재에 대한 매우 만족스러운 시각처럼 보였습니다. 또한 그는 과학이 제기한 문제이기는 하지만, 대답할 수는 없는 질문들과 씨름하도록 하는 더 큰 안목을 가질 것을 제안하였습니다.

저는 컬슨이 과학과 믿음의 관계에 대하여 설명할 때 아인슈타인을 자주 인용하고 있다는 점에 주목했습니다. 컬슨이 아인슈타인으로부터 무엇을 발견했는지 아는 것은 어렵지 않았습니다. 컬슨이 주목한 것은 아인슈타인이 진지하고, 반성적이며, 풍성한 사상가였다는 것입니다. 즉 아인슈타인은 존 듀이John Dewey가 "세계에 관한 우리의 생각"과 "가치와 목적에 관한 우리의 생각"이라고 말한 바로 그것을 하나로 묶으려고 노력한 사상가였다는 것입니다.[10] 비록 옥스퍼드에서 제가 연구한 것은 아인슈타인과 양자론에 초점을 맞춘 것이었지만, 연구 내용을 아인슈타인의 다른 아이디어로까지 확장하는 것은 그리 어렵지 않았습니다. 많은 사람들이 아인슈타인의 과학적 업적 그 자체에만 주목하는 것은 충분히 이해할 수 있습니다. 그러나 아인슈타인은 과학과 윤리, 그리고 종교를 정합적이고 의미 있는 방식으로 통합하여 하나로 묶고자 노력했다는 점에서 특별히 주목할 만한 인물입니다.

이 책에서는 아인슈타인의 삶의 이러한 다중적인 측면을 살펴볼 것이고, 그가 어떤 방식으로 이 모든 것들을 하나로 통합하려고 했는지, 즉 어떻게 진짜 중요한 모든 것의 이론을 구축하였는지를 고찰해보려고 합니다. 아인슈타인은 뛰어난 과학자이자 천재의 전형이었습니다. 그러나 그는 독일 나치 정권 아래 잡혀서 본인이 원하지도 않은 정치적이고 사회적인 논쟁에 휘말리면서 반성적 사유를 해야만 했던 인간이기도 합니다. 아마도 나치즘의 등장은 아인슈타인으로 하여금 인간의 의미와 가치의 문제에 관하여 깊이 사유하도록 종용했던 것으로 보입니다. 그는 이러한 의미와 가치의 문제가 과학을 통해 풍성해지기는 하겠지만, 과학이 이 모든 것을 밝히고 해결해줄 수 있을 것으로 생각하지는 않았습니다.

앞으로 보게 되겠지만 아인슈타인의 핵심적인 생각 중의 하나는 과학이 우리 세계를 부분적으로만 포착한다는 것입니다. 물리학은 우리가 살고 있는 우주의 특정 부분에 관해서만 정밀하고 정확하게 설명해줄 수 있을 뿐입니다. 정작 중요한 많은 것들은 이러한 방식으로 표현되거나 공식화되지 않습니다. "자연에 대하여 우리가 정확하게 이해하고 기술할 수 있는 것은 얼마나 작은 부분에 불과한지 모릅니다. 반면, 미묘하고 복잡한 모든 것은 이러한 기술의 대상에서 제외됩니다."[11] 인간에게 정말 중요한 많은 것들은 과학적 방법으로 다룰 수 있는 범주 너머에 있다는 뜻입니다.

이 작은 책자를 통해 저는 아인슈타인의 과학적 업적과 통일 이론을 향한 그의 더 큰 비전에 관하여 독자 여러분들에게 믿을만한 설명을 제공하고자 노력하였습니다. 가능한 한 간결하게 그의 과학적 업적을 소개함은 물론, 해당 주제에 특별한 관심이 있는 독자들은 더 심화된 공부를 할 수 있도록 안내하고자 노력했습니다. 일부 독자들은 제가 아인슈타인의 종교적 시각을 너무 심각하게 받아들이고 고민하는 것이 아닌가 하고 생각하실 수도 있습니다. 이것은 아인슈타인의 종교적 시각이 종종 무시되고 오해되었기 때문만은 아닐 것입니다. 사실상 종교적 시각은 아인슈타인의 정체성을 표현하는 종합적인 측면에 해당하는 것이며, 그는 과학과 종교를 함께 다루는 것이 중요하다는 점을 반복해서 강조하였습니다. 이 문제에 관한 아인슈타인의 생각에 우리가 동의하든지 혹은 그렇지 않든지, 어쨌든 이와 관련된 그의 말은 주의를 기울여서 들을 만한 가치가 있습니다. 그것은 단지 그의 생각이 흥미롭기 때문만은 아닙니다. 오히려 우리가 우리 자신의 방식으로 의미의 체계frameworks of meaning을 형성하는 데 아인슈타인의 시각이 도움을 줄 수 있기 때문입니다.

아인슈타인의 사상은 복잡하고도 미묘했기 때문에, 그의 사상을 자기 취향대로 끼워 맞추고자 하는 이데올로기의 공격으로부터 취약했습니다. 아인슈타인의 사상을 왜곡한 것 중에서 가장 황당한 것은 상대성이론theory of relativity이 도덕적 기준을 거부하고, 상대주의relativism를 받아들이는 데 과학적인 정당성을 제공한다는 주장입니다.[12] 이것은 분명한 오해임에도 불구하고 여전히 아인슈타인의 업적을 해석하는 데서 상당한 영향력을 미치고 있는 것이 불행한 현실입니다. 1920년대의 수많은 소설가들이 아인슈타인을 오해했고, 자신들이 생각하고 있는 도덕적 상대주의를 정당화한다든지 혹은 시간 여행 등 괴상한 상상을 정당화하는 데 활용하였습니다. 런던의 블룸즈버리 지성인 그룹Bloomsbury Group의 주요 멤버였던 버지니아 울프Virginia Woolf는 만일

아인슈타인이 옳다면 "우리는 스스로의 삶을 예언할 수 있을 것이다." 라고 말하기도 했습니다.[13]

　아인슈타인에 대한 이와 같은 대중들의 오해 때문에 그의 과학적 성취에 관하여 편견을 가져서는 안 될 것입니다. 더욱이 의미와 가치에 관한 심오한 질문에 답하기 위해서 아인슈타인과 대화하려는 우리의 시도가 정당성을 잃어서도 안 될 것입니다. 이 점에 관해서는 명확하게 선을 긋고 시작하도록 하겠습니다. 아인슈타인의 상대성이론은 **상대주의**relativism를 지지하지 않습니다. 오히려 그의 이론은 법칙의 지배를 받는 규칙성 있는 우주를 지지하고 있습니다. "나의 신God은 법칙을 만들었습니다. …… 그가 만든 우주는 우리의 희망 사항대로 움직이는 것이 아니라 불변하는 법칙의 지배를 받습니다."[14] 1921년에 쓴 한 편지에서 아인슈타인은 상대성이론relativity이라는 용어에 대한 사람들의 오해를 언급하면서 '**상대성이론**Theory of Relativity'보다 차라리 '**불변성 이론**Theory of Invariance'이라는 표현을 쓰는 것이 더 좋을 것이라고 제안하기도 했습니다.[15] 이 주제에 관해서는 이후에 다시 다루게 될 것입니다.

　또한 어떤 선동가들은 아인슈타인을 과학적 무신론scientific atheism의 첨병인 양 그의 말을 마구잡이로 인용하기도 합니다. 리처드 도킨스Richard Dawkins는 대중 선동 선언문과도 같은 그의 저서 『만들어진 신The God Delusion』2006년에서 아인슈타인을 드러나지 않은 무신론자로 묘사했습니다. 즉 아인슈타인은 "자신이 유신론자라는 말에 지속적으로 분개하였다."라는 것입니다.[16] 도킨스는 이와 같은 잘못된 주장을 하면서 어떠한 근거도 제시하지 않고 단지 이차 문헌을 통해 수집한 아인슈타인의 말들 중에서 일부만을 선택적으로 인용하였습니다.[17] 정말 아인슈타인을 화나게 할 만한 것은, 도킨스의 글에 의하면―아인슈타인의 글을 인용할 때에는 부분적으로만 선택적으로 잘라 보아서는 안 되고 전체 속에서 이해하는 것이 중요합니다―, 자신이 **무신론자**라는 주장이 반복적으로 등장한다는 점입니다. 게다가 특정 부류의 무신론 작가들, 즉 전통적인 종교에 대하여 "악감정을 가지고 있는 열광적인 무신론자fanatical atheist"라고 아인슈타인이 평가했던 바로 그 사람들에 의해서 마치 자신이 그들의 견해에 동의한다는 식으로 인용되었다는 점입니다.[18]

이처럼 아인슈타인을 성급하고도 피상적으로 읽었을 때―그것도 아인슈타인에 관한 이차 문헌에 의존하는 어리석은 방식으로―결과적으로 독자들이 아인슈타인을 무신론자로 생각하도록 만들 수도 있다는 것을 우리는 어렵지 않게 파악할 수 있습니다. 아인슈타인은 자신이 '인격적인 신personal God'의 존재를 믿지 않는다는 점을 분명하게 밝힌 바 있습니다. 무신론을 주장하는 사람들은 바로 이 점 때문에 아인슈타인이 신을 전혀 믿지 않았다고 해석하곤 합니다. 그러나 그것은 아인슈타인이 했던 정반대되는 진술을 간과하는 것입니다. 아인슈타인의 친구이자 이스라엘 바일란 대학교의 물리학과 교수였던 막스 야머Max Jammer는 아인슈타인의 종교적 관점에 관하여 지금까지 나온 책들 중 가장 철저하고 신뢰할만한 평가를 받는 저술을 남겼습니다. 그는 아인슈타인이 "**인격적인 신**personal God을 거부한 것이 곧 **신**God

을 거부한 것은 아니라는" 점과 아인슈타인도 왜 사람들이 자신을 이렇게 오해하는지 의아하게 생각했다는 점을 지적했습니다.[19] 신과 종교에 대한 아인슈타인의 생각은 우리의 통상적인 범주 안에 끼워 맞출 수 있는 것이 아닙니다. 따라서 우리는 아인슈타인의 말을 선택적으로 인용하면서 그를 이미 주어진 범주 안에 강제로 가두려하기보다는 아인슈타인 자신이 신과 종교에 관하여 무슨 말을 하고 있는지 그 자체에 귀를 기울일 필요가 있습니다.

그러나 아인슈타인이 과학과 종교적 믿음 사이의 관계를 어떤 방식으로 조심스럽게 조율하였는지 살펴보기 전에 우선은 그가 만든 과학 이론을 고찰하고, 그의 업적이 어떤 면에서 우리가―또는 최소한 우리가 알고 있는 사람들이―세계를 바라보는 방식을 전혀 다르게 변화시켰는지 알아볼 필요가 있다고 봅니다. 종종 우리는 아인슈타인이 뉴턴의 관점을 "뒤집어 버린" 것으로 묘사하고 있으므로, 우선은 뉴턴의 접근 방식부터 살펴봄으로써 아인슈타인의 중요성에 대한 평가를 시작하는 것이 좋겠습니다. 아주 정확한 표현이라고 할 수는 없지만, 종종 뉴턴의 접근 방식은 '기계적인 우주mechanical universe'라는 말로 묘사되곤 합니다.

a theory of everything
that matters

과학에서의 혁명

오래된 세계: 뉴턴의 시계태엽 우주

1919년 11월, 아인슈타인의 상대성이론이 확인되었다는 소식을 알렸던 「타임스Times」의 기사 제목, "뉴턴의 생각을 뒤집다"라는 문구로 되돌아 가보겠습니다. 여기서 말하고 있는 뉴턴의 생각이란 도대체 무엇이며, 아인슈타인이 어떻게 뉴턴의 생각을 뒤집었다는 말일까요? 이 둘은 무슨 차이가 있는 것일까요? 그리고 자연과학 연구가 어떻게 진행되는지를 이해하는 데 이와 같은 생각의 변화가 우리에게는 어떤 식으로 도움이 되는 것일까요? 우선은 과학이 무엇에 관한 학문인지 잠시 되돌아보면서 논의를 시작하는 것이 좋겠습니다.

1. 과학에 대한 생각

어떤 면에서 자연과학은 인내심을 가지고 꼼꼼하게 관측한 내용을 축적하는 것과 관련이 있습니다. 가령 우리가 행성의 운동이라든지 혹은 개미의 행동 방식이나 안데스Andes 지역의 강우량 패턴 등에 관하여 말하고자 한다면, 우리는 관측하고 그 결과를 모아야 합니다. 그러나 과학은 단순히 셀 수 없이 많은 관측 사실을 모으는 것 이상의 의미를 가지고 있습니다. 과학은 우리 우주가 특정한 방식으로 행동하는 원인이 무엇인지 이해하려는 탐구이며, 이를 위해 우리는 우주의 더 깊은 규칙과 구조를 파악하고자 노력합니다. 과학의 목적은 우리가 관측한 사실 너머로 한 걸음 더 나아감으로써 우리가 바라보는 세상의 근저에 깔려있는 더 깊은 진리를 이해하고자 하는 것입니다.

이러한 생각은 르네상스 시대의 위대한 철학자이자 과학자였던 프란시스 베이컨Francis Bacon(1561~1626)이 남긴 저술에서 찾아볼 수 있습니다. 베이컨은 '자연 철학자natural philosophers'를 꿀벌에 비유하였습니다. (1830년대 이전에는 **과학자**[scientist]라는 단어가 없었습니다.) 왜 하필 꿀벌일까요? 왜냐하면 꿀벌은 단순히 꽃가루를 모으는 것 이상의 일을 하기 때문입니다. 즉 꿀벌은 자신들이 모은 것을 "변환하고 소화시켜서" 전혀 새로운 물질인 꿀을 만들어냅니다. 이와 비슷하게 과학자는 관측 사실들을 **모으는**gather 일을 할 뿐만 아니라 이들을 엮어서 **이론**theory —우리가 세계를 이해하는 방식—으로 **변환**transform하는 일을 합니다.

과학에서 이론theory이라는 단어는 세계를 이해하는 방식이라는 뜻으로 널리 사용됩니다. 이 단어는 그리스 단어 **테오리아***theoria*에서 나온 것으로써 '바라보는 방식' 또는 '사색'이라는 의미를 가지고 있습니다. 하나의 이론은 마치 렌즈와 같아서 우리는 이론을 통해서 현상 세계 그 너머에 있는 더 깊고 근원적인 무언가를 포착할 수 있습니다. 마치 초점이 맞춰진 안경을 통해 사물을 볼 수 있는 것처럼, 우리는 이론의 도움을 받아서 언뜻 보기에 서로 연관되지 않은 듯한 현상들이 사실은 더 큰 어떤 것의 부분이었다는 것을 깨닫게 되는 것입니다. 시간이 흐르면서 어떤 이론들은 사람들에게 널리 받아들여지고 우리의 정신세계의 일부로 자리를 잡게 됩니다. 이렇게 자리를 잡은 이론은 우리에게 너무 익숙해졌기 때문에 우리는 이것을 자연스럽고 자명한 사실로 여깁니다. 그런데 만일 이렇게 자명한 이론이 틀린 것으로 밝혀진다면 어떨까요? 우리 자신과 우리의 세계에 대한 익숙하고도 믿음직했던 이해 방식이 틀릴 수 있고 믿을 만한 것이 아닌 것으로 밝혀진다면? 새로운 이론이 등장해서 이전에 우리에게 익숙했던 이론보다 새 이론이 더 우월하다는 것이 밝혀진다면 어떻게 될까요?

한 가지 예를 들어보겠습니다. 행성의 운동에 관한 것입니다. 고대 세계에 살았던 사람들도 밤하늘에 떠 있는 천체들 중에서 어떤 것은 움직인다는 사실을 알고 있었습니다. 별처럼 보이는 다섯 개의 천체는 고정되어 있는 다른 별들을 배경으로 움직이고 있었고, 이 다섯 물체에는 수성, 금성, 화성, 목성, 토성이라는 이름이 붙여졌습니다. 소위 '떠돌이별wandering stars'이라고 불리는 이 천체들의 움직임을 사람들이 어떻게 설명하였을까요? 2세기의 천문학자이자 수학자인 알렉산드리아의 프톨레마이오스Ptolemy of Alexandria는 천체를 이해하는 한 가지 방법을 제시하였는데, 사람들은 그 이론을 무려 천 년이 넘는 세월 동안 받아들였습니다. 프톨레마이오스는 태양과 달, 그리고 모든 행성들이 지구로부터 각기 다른 거리만큼 떨어진 채로 원 궤도를 따라 도는 것으로 이해하였습니다.[1] 이것은 깔끔한 모형이었습니다. 심지어 이 모형은 꽤 잘 들어맞기까지 했는데, 그 이유는 부분적으로 16세기에 망원경이 발명되기 전까지는 행성의 운동에 관한 관측 결과가 그다지 정확하지 않았기 때문이기도 합니다.

그러나 16세기에 들어와서 행성의 운동에 대한 보다 정확한 측정이 가능해졌고, 그 결과가 축적되면서 대답하기 곤란한 질문들이 생겨나기 시작했습니다. 폴란드의 천문학자 니콜라우스 코페르니쿠스Nicolaus Copernicus는 우리가 알고 있는 우주의 중심에 지구가 아닌 태양이 놓여있다고 주장하는 책을 한 권 출간하였습니다. 이제 사람들은 지구가 다른 수많은 행성들 중의 하나라고 이해하게 되었습니다. 사실 코페르니쿠스의 이론도 몇 가지 측면에서 틀린 점이 있었습니다. 예를 들어, 그는 행성이 태양 주변을 돌 때 **일정한**uniform 속력으로 **원형**circular 궤도를 따른다고 생각했습니다. 그런데 밤하늘의 고정된 별들에 대하여 행성이 움직이는 것을 신뢰할 만하게 예측하기 위해서는 이러한 믿음을 수정해야만 했습니다.

이와 같은 실수를 바로 잡은 사람이 요하네스 케플러Johannes Kepler라는 천문학자였습니다. 17세기 초에 그는 화성의 운동을 면밀히 관측함으로써 코페르니쿠스의 실수를 수정하였습니다. 케플러는 지구를 비롯한 행성들이 사실은 태양 주변으로 **타원**elliptical 궤도를 그리면서 돈다는 것과, 그 속력도 일정한 것이 아니라 **변한다**variable는 것을 지적하였습니다. 그러나 케플러도 그 이유까지 설명하지는 못했습니다.

여러 측면을 고려해 볼 때 케플러의 업적은 단지 행성의 운동을 지배하는 것처럼 보이는 규칙을 제시한 것뿐이었습니다. 애당초에 행성이 왜 이런 식으로 움직여야만 하는지는 여전히 수수께끼로 남아 있었던 것입니다. 케플러는 이러한 규칙의 존재와 그 규칙의 형태를 설명하는 이론을 제공하지는 못했습니다. 이것을 설명하기 위해서는 태양계에 관한 더 큰 그림이 필요했습니다.

기다렸다는 듯이 이러한 큰 그림을 그리는 일에 착수한 사람은 영국의 수학자이자 자연 철학자였던 아이작 뉴턴Issac Newton(1643~1727)이었습니다. 그는 우주를 이해하는 새롭고 심오한 길로 우리를 안내하였습니다.

2. 아이작 뉴턴과 자연 법칙

뉴턴은 1687년에 출간된 『자연철학의 수학적 원리Philosophiae Naturalis Principia Mathematica』―보통은 줄여서 뉴턴의 『프린키피아Principia』라고 부릅니다―라는 책에서 고전역학과 중력이론을 제안했습니다. 뉴턴과 동시대를 살았던 당대 최고의 시인 알렉산더 포프Alexander Pope는 뉴턴의 거대한 지적 성취를 이렇게 노래하였습니다.

자연과 자연의 법칙은 어둠에 숨겨져 있었네.
신이 말하길, '뉴턴이 있으라!' 그러자 모든 것이 밝게 드러났으니.

이러한 찬사를 받은 뉴턴은 과연 어떤 사람이었을까요? 그리고 그가 이룩한 업적은 과연 무엇일까요? 뉴턴은 그의 주요 업적 대부분을 케임브리지 대학교의 수학 교수로 재직하는 중에 이룩하였습니다. 꼼꼼한 관찰을 바탕으로 뉴턴은 지상에서의 물체의 운동을 지배하는 일련의 원리를 제시할 수 있었습니다. 그리고 난 후에는 지상에서와 동일한 원리가 지구 주변을 돌고 있는 달이나 태양 주변을 돌고 있는 행성의 운동에도 똑같이 적용된다고 주장하였습니다. 이것이 바로 뉴턴의 사과 이야기가 말하고 있는 핵심 내용입니다.

잘 알려진 뉴턴의 사과 이야기에는 몇 가지 버전이 존재합니다. 그 중에서 1950년대에 제가 전해 들었던 일화는 뉴턴이 집 앞마당에 앉아있을 때 그의 머리 위로 사과 하나가 떨어졌다는 것입니다. (이 사고가 뉴턴에게 치명적인 손상을 입히지 않은 것이 정말 다행입니다!) 그 순간 그의 뇌리를 스치는 지적 깨달음이 있었고, 그 결과 뉴턴이 중력 이론을 만들어냈다는 이야기입니다. 정말 놀라운 이야기가 아닐 수 없습니다. 이러한 종류의 다른 일화들과 마찬가지로 이 일화는 적어도 부분적으로는 사실을 포함하고 있겠지만, 상당히 과장된 면도 많습니다.

뉴턴이 말년에 국장으로 일했던 왕립 조폐국에서 뉴턴의 조수였던 존 콘듀이John Conduitt의 기록에 따르면, 이 사건의 전말은 다음과 같습니다.

1666년에 뉴턴은 케임브리지에서 하던 일들을 잠시 중단하고 어머니가 계시는 링컨셔로 돌아왔다. 깊은 생각에 잠긴 채로 정원을 거니는 동안, 뉴턴은 중력power of gravity(나무에 달린 사과를 땅으로 떨어뜨리는 원인)이 지면 근처의 특정 거리 이내로만 제한되는 것이 아니라 생각보다 훨씬 더 먼 곳까지 영향을 미친다고 생각하게 되었다. 그는 '달이 떠 있는 정도의 높이라고 한들 무엇이 문제가 되겠는가?'하고 중얼거렸다. 그리고 만일 그렇다면 중력은 달의 운동에도 영향을 미칠 것이고, 그 결과 달이 특정한 궤도를 돌도록 만들 것이다. 뉴턴은 이러한 전제로부터 이끌어낼 수 있는 효과를 계산하기 시작했다.[2]

이 기록은 그 사건이 있은 지 60년이 지난 시점에 기록된 것입니다. 어떤 학자들은 또 한 명의 영국 과학자였던 로버트 후크Robert Hooke도 1670년대에 뉴턴의 생각과 비슷한 아이디어를 발전시켰는데, 뉴턴이 이 사실을 숨기기 위해서 스스로 위와 같은 이야기를 꾸며내 반복해서 말하고 다닌 것은 아닌지 의심하기도 합니다.[3] 물론 마냥 무시할 수만은 없는 합리적 의심입니다.

뉴턴의 사과 이야기는 프랑스의 반종교적 철학자였던 볼테르Voltaire에 의해 종교와의 연관 속에서 왜곡되기도 하였습니다. 볼테르가 보기에 뉴턴의 사과는 종교를 쫓아내고 인간의 지혜의 주춧돌이 된 과학의 상징이었습니다. 에덴의 동산에 있던 '금지된 열매'가 사과였다는 전통을 만들어 내면서 볼테르는 뉴턴의 과학적 발견이 인류 역사와 자기 이해의 새로운 시대로 우리를 안내했다고 주장했습니다.[4]

물론 뉴턴 스스로는 자신의 연구 업적을 이런 식으로 바라보지 않았습니다. 뉴턴은 오히려 자신이 우주의 깊은 논리를 밝히고, 그가 연구했던 '자연의 법칙'을 발견함으로써 창조자인 신God의 지혜를 드러냈다고 생각했습니다. 뉴턴은 자신이 **중력**gravity이라고 이름을 붙인 신비롭고 감지할 수 없는 힘이야말로 지면으로 떨어지는 사과와 지구 주변을 돌고 있는 달의 운동을 동시에 설명할 수 있는 것이라고 주장했습니다. 뉴턴은 중력이 발생하는 근본적인 원인에 관해서는 알지 못했고, 그 기원에 관해서도 고찰하지 않았습니다. "중력이 실제로 존재한다는 것으로 충분하다. …… (어쨌든 중력은) 천체의 모든 운동에 대해 충분한 설명을 제공한다."[5]

사람들의 눈에 처음에는 자연 법칙의 일관성에 대한 뉴턴의 설명이 신에 대한 기독교적 믿음을 더 분명히 해주는 것으로 보이기도 했습니다. 즉, 신은 질서정연한 우주를 창조했고, 이러한 법칙을 발견할 수 있도록 인간에게 이성의 힘을 부여했다는 것입니다. 그러나 아직 석연치 않은 점이 있습니다. 뉴턴은 우주가 잘 고안된 기계—차갑고, 비인격적이며, 말 그대로 기계적인—와 같다는 점을 잘 보여주었는지도 모릅니다. 그러나 여기에 아름다움이라든지 기쁨 같은 것이 있을까요? 게다가 이러한 신은 있으나 마나 한 존재처럼 보입니다. 일단 우주를 창조하고 가동시킨 다음에는 더 이상 신이 어떠한 역할도 하지 못하는 자리에 남게 되니 말입니다. 아마도 신은 자신이 만든 법칙에 따라 작동하도록 만든 우주가 계속해서 운행하는 동안 정작 자기 자신은 은퇴했거나 죽었을 것입니다. 뉴턴은 의도치 않게 신 없이도 스스로 유지되고 작동하는 우주라는 개념의 토대를 마련한 셈입니다.[6]

3. 뉴턴이 생각한 공간

뉴턴은 행성이 태양 주변을 움직일 때, 그리고 달이 지구 주변을 돌 때 특정한 '자연 법칙'을 따른다는 것, 그리고 그것이 수학적으로 표현될 수 있음을 보였습니다. 그러나 이 물체들이 움직일 때 과연 무엇을 **통과하여** 움직이는 것일까요? 뉴턴은 태양, 행성, 별들을 감싸 안고 있는 거대한 빈 용기容器인 공간이라는 개념을 도입하였습니다. 이것은 공간에 관한 중요한 질문들을 야기했습니다. 그중에서도 중요한 질문은 '공간'이 무엇으로 만들어져 있는가 하는 것입니다. 중력에 대해서도 그랬던 것처럼 뉴턴은 이 질문에 대하여 고찰하지 않았습니다. 공간은 거대한 용기와 같아서 모든 물체들은 어떤 힘이 그 경로를 휘게 만들기 전까지는 공간을 통해서 직선을 따라 움직입니다. 중력처럼 공간이라는 것은 그 자체를 관찰할 수 있는 것은 아닙니다. 그러나 역시 중력처럼 공간이라는 개념은 우리가 관찰하는 모든 현상을 설명해줍니다. 뉴턴에게 중력과 공간, 이 두 가지 개념은 관측 가능한 현상으로부터 그 현상을 가장 잘 설명해주는 관측 불가능한 실체를 이끌어내는 정당한 과학적 추론의 결과물이었습니다.[7]

뉴턴은 시간과 공간이 직접 관찰할 수 있는 것이 아니라 단지 관찰 사실들로부터 추론된 것임을 알고 있었습니다. 그러나 뉴턴의 이론을 해석했던 많은 사람들은 이 두 개념을 자명한 진리로 여기기 시작했고, 별도의 정당화나 변증을 필요로 하지 않는 명백하게 옳은 개념으로 받아들이게 되었습니다. 훗날 아인슈타인은 이러한 잠정적인 개념을 필연적으로 참인 것처럼 간주하는 인간의 안일함에 대하여 우려를 표했습니다. 이와 관련하여 아인슈타인은 과학적 개념이 경험으로부터 나온다고 주장했던 독일의 물리학자 에른스트 마흐Ernst Mach를 향하여 다음과 같이 찬사를 보냈습니다.*

사물의 질서를 부여하는 데 개념이라는 것이 유용한 역할을 하는 것은 분명합니다. 그리고 개념은 우리에게 상당한 수준의 권위를 행사하기 때문에 우리는 그것의 경험적 기원에 관하여 망각하곤 합니다. 즉, 우리는 개념들을 변하지 않는 것 또는 이미 주어진 것으로 받아들입니다. 결국 우리는 개념을 인간이 사유하는 데 반드시 필요한 필수품이자 **선험적으로** 주어진 것으로 만들어버립니다. 이러한 실수 때문에 종종 과학적 진보의 길이 오랜 시간동안 막히기도 합니다.[8]

그렇다면 뉴턴 이론의 중요성은 어디에서 찾아야 하는 것일까요? 기본적으로 뉴턴은 광범위한 관측 자료를 운동 법칙이라든지 중력과 같은 단 몇 개의 보편적인 원리에 근거해서 설명해냈습니다. 뉴턴의 이론은 고전적인 세계에 대한 우리의 직관이 성립하는 안전지대 안에서 잘 작동하는 이론입니다. 그러나 우리가 이 좁은 세계로부터 벗어

---

* 역자주: 에른스트 마흐는 경험으로 확인할 수 없는 모든 형이상학적 개념들이 과학에서 제거되어야 한다는 입장을 취하고 있었고, 그러한 관점에서 뉴턴의 절대공간 개념을 부정했다.

나게 되면 매우 작거나, 매우 빠른 기묘한 세계를 마주하게 됩니다. 이것은 바로 훗날 아인슈타인이 설명한 세계입니다.

4. 뉴턴이 생각한 빛

앞으로 살펴보게 되겠지만 아인슈타인이 현대 과학에 기여한 가장 중요한 업적 중의 하나는 빛의 성질에 관한 것입니다. 그렇다면 뉴턴은 빛의 성질에 관하여 어떻게 생각하고 있었을까요? 『광학Opticks』 1704년이라는 책에서 뉴턴은 광선이 빠르게 움직이는 작은 입자, 다른 말로 하면 '미립자corpuscles'(이 단어는 '작은 물체'를 뜻하는 라틴어 '코르푸스쿨라[corpuscula]'로부터 유래함)로 이루어져 있다고 생각했습니다. 즉, 광선은 사실 작은 입자들의 다발이라는 것입니다. 그러나 모든 사람이 뉴턴의 생각에 동의한 것은 아니었습니다. 네덜란드의 위대한 물리학자 크리스티안 하위헌스Christiaan Huygens는 빛이 파동으로 구성되어 있으며, 이 모형을 사용하면 빛의 여러 가지 양상을 설명할 수 있다고 주장했습니다. 그러나 하위헌스와 달리 뉴턴은 가령 빛이 거울에 반사되는 것은 마치 벽에 공을 던져서 튕겨 나오는 것을 보는 것과 같다는 식으로 주장했습니다.

<그림> 파동처럼 행동하기도 하고, 입자처럼 행동하기도 하는 빛

18세기에는 빛에 관한 뉴턴의 입자 이론이 물리학의 주류로 받아들여졌습니다. 이 이론으로부터 대단히 흥미로운 예측들을 이끌어 낼 수 있는데, 그중에서 두 가지가 우리의 논의에서 특별히 중요합니다. 첫째로 정말로 빛이 입자들의 다발로 이루어진 것이라면, 그 입자의 크기가 얼마나 작든지 간에 입자들은 중력의 영향을 받을 것이라는 예측입니다. 만일 빛의 경로가 중력에 의해 편향되지 않는다면 그냥 직선 경로를 따라 움직일 것입니다. 1804년, 독일의 수학자 요한 게오르크 폰 졸트너Johann Georg von Soldner는 태양과 같은 별의 중력장에 의해서 광선이 편향되는 각도를 계산한 내용을 논문으로 발표하였습니다.[9] 이 논문에서 졸트너는 예측한 각도가 당시의 관측 도구로 확인하기에는 너무 작다는 말도 덧붙였습니다. 따라서 어느 누구도 이 예측을 확인하지는 못했습니다.

두 번째 예측은 영국의 자연과학자 존 미첼John Michell이 1783년에 왕립학회에 보낸 논문에 등장하는 내용입니다. 빛이 입자의 다발로 이루어진 것이라면 빛은 별의 중력에 의해 끌어당겨질 것입니다. 미첼은 중력이 너무 커서 빛이 표면을 떠나지 못하게 끌어당길 정도로 질량이 큰 별이 있을 수 있다고 주장하였습니다. 그럴 경우 뉴턴의 사과가 땅바닥으로 떨어졌듯이 빛을 구성하는 입자도 땅으로 떨어질 것입니다. 따라서 미첼은 별에서부터 나오는 빛이 별이 끌어당기는 중력을 이기지 못해서 결국은 보이지 않게 되는 '어두운 별dark stars'이 존재한다고 제안하였습니다. 그는 태양 질량의 500배 정도가 되는 별에게서 이러한 일이 일어날 수 있다는 것을 계산으로 보여줬습니다. 오늘날 우리는 이 어두운 별을 '블랙홀'이라고 부릅니다.[10]

그렇지만 19세기에 실험을 통한 관찰 증거들이 늘어나기 시작하면서 사람들은 빛을 파동으로 이해하는 것이 더욱 적절하다는 것을 알게 되었습니다. 1801년, 영국의 물리학자 토머스 영Thomas Young은 '이중 슬릿' 실험이라는 것을 고안했는데, 이 실험은 빛이 마치 연못의 물결, 즉 파동과 같이 행동한다는 것을 보여줍니다. 결국 1870년대에 들어와서 빛은 입자로 구성된다고 보았던 뉴턴의 관점은 파동 이론에 의해 폐기되었습니다. 많은 사람들이 보기에 이 논쟁은 이제 다 해결된 듯 보였습니다. 그러나 과연 그랬을까요?

5. 완벽한 19세기 물리학?

19세기 후반의 많은 과학자들은 드디어 물리학이 당시 중요하게 생각되었던 모든 질문들에 대하여 모두 정리했고, 이제 남은 것은 측정의 정밀함을 더하는 것뿐이라고 생각했습니다. 이에 위대한 영국의 물리학자 제임스 클러크 맥스웰James Clerk Maxwell은 1871년에 쓴 글에서 이렇게 안주하려는 태도에 맞서 다음과 같이 우려를 표하기도 했습니다.

실험의 주된 활동이 측정이라는 점은 현대 실험이 가지고 있는 매우 두드러진 특징이다. 그래서 이러한 생각은 전 세계로 퍼져 나간 듯 보인다. (이 생각에 따르면) 몇 년 지나지 않아서 모든 중요한 물리 상수들은 근사적으로 그 값을 추정할 수 있게 될 것이다. 그리고 과학자들에게 남겨진 유일한 일이라고는 그저 측정값의 소수점 자리수를 늘리는 실험을 하는 것뿐일 것이다.[11]

맥스웰은 과학자에게 남은 과제가 측정의 정밀함을 늘리는 것뿐이라는 시각에 의심을 품었습니다. 그러나 여전히 적지 않은 수의 사람들이 이러한 시각을 가지고 있었습니다. 예를 들어, 미국의 선도적인 물리학자였던 알버트 마이컬슨Albert A. Michelson은 1894년에 시카고 대학에 있던 자신의 연구실에서 새로운 물리학의 시작을 알리는 연설을 했습니다. 이 연설에서 그는 "앞으로 물리학에서의 새로운 발견은 소수점 6째 자리에서 찾아야 한다."라고 선언했습니다. 다시 말해서 이미 알려져 있는 물리량에 대한 측정을 좀 더 정확하게 하는 일만이 새로운 물리학을 선도할 것이라는 뜻이었습니다.[12]

1888년, 천문학자 사이먼 뉴콤Simon Newcomb도 천문학은 이제 "새로운 것을 발견하는 것"에 관한 것이 아니라 "이미 알려져 있는 것을 정교하게 만드는 일"을 할 뿐이라고 말했습니다. 뉴콤은 비록 아직도 몇몇 새로운 발견이 더 나오기는 하겠지만—예를 들어, 지금껏 본 적 없는 미지의 혜성을 관측하는 등—사실상 우리는 "지식의 한계점에 빠른 속도로 접근하고 있다."라고 선언했습니다.[13] 1923년에 노벨 물리학상을 수상한 로버트 밀리컨Robert Millikan은 자신이 뉴욕에서 학생으로 있었던 1890년대의 분위기를 다음과 같이 회상하였습니다. "이미 '끝나버린', 즉 '죽은 주제'인 물리학 같은" 학문에 전념하고 있던 자신을 다른 학생들이 계속 조롱했다는 것입니다. 좀 더 재미있는 다른 분야를 연구해보는 것이 어떻겠느냐는 식으로 말입니다.[14]

그러나 이러한 태도에 매우 신중한 사람들도 있었습니다. 19세기에 물리학 분야에서 중요한 진전이 있었다는 것은 틀림없는 사실입니다. 무엇보다도 자연 세계의 많은 측면을 역학적 모델mechanical model로 설명할 수 있었다는 점에서 그렇습니다. 그러나 여전히 수수께끼와 변칙현상들이 남아 있었습니다. 어떤 관찰 결과들은 당대의 가장 믿을만한 이론을 사용하더라도 정확히 들어맞게 설명할 수가 없었습니다. 이와 같은 상황에서 사람들은 다음과 같은 질문들을 던졌습니다. 이러한 수수께끼와 변칙현상들은 어차피 곧 해결될 것으로, 단지 지적인 노동을 좀 더 해야 하는 짜증나는 일에 불과한 것일까? 아니면 과학적으로 합의된 현재의 내용이 틀린 것으로, 급진적인 수정이 불가피하다는 신호에 해당하는 것일까? 어떤 것이 옳은지는 아무도 알 수 없었습니다.

역사학자 토머스 쿤Thomas Kuhn은 과학자들이 세계를 바라보는 방식에서의 급진적인 변화를 뜻하는 것으로 '패러다임 전환paradigm shift'이라는 아이디어를 발전시켰습니다.[15] 쿤은 16세기 코페르니쿠스 혁명에서 이와 같은 패러다임 전환을 보았습니다. 코페르니쿠스 혁명은 태양과 모든 행성들이 지구 주변을 돌고 있다는 관점에서 지구도 태양 주변을 돌고 있는 또 다른 행성이라고 하는 전혀 다른 관점으로의 전환을 의미합니다. 그런데 사실 쿤의 주된 관심은 주도적인 패러다임이 붕괴되고 새로운 패러다임에게 자리를 내주는 방식에 있었습니다. 쿤에 따르면, 하나의 패러다임이 분수령에 이르게 되면 더 이상 이전의 사고방식으로는 변칙현상을 설명할 수 없고, 새로운 사고방식이 아니고서는 수수께끼 같은 관측현상을 도무지 설명할 수 없다는 것을 깨닫게 됩니다.

이제 19세기 말에 물리학자들을 괴롭혔던 변칙현상 중에서 한 가지를 살펴보려고 합니다. 물리학에서 이것은 '수성Mercury의 근일점perihelion 이동'이라는 이름으로 알려져 있습니다.

6. 수성의 이상한 행동

행성 운동에 관한 뉴턴의 이론은 만유인력의 법칙과 운동법칙에 기초를 두고 있으며, 이 이론은 행성들이 태양 주위 궤도를 도는 방식을 성공적으로 설명했습니다. 사람들은 대개 이것을 18세기에 이룩한 경이로운 지적 성취라고 이해하고 있습니다. 천문학자 요하네스 케플러 Johannes Kepler는 일찍이 행성 운동에 관한 세 가지 기본 법칙을 발견했습니다. 그러나 이 법칙들은 단순히 행성들이 태양 주변을 도는 방식을 요약한 것에 불과했습니다. 즉, 행성들이 **왜** 그렇게 도는 것인지는 설명하지 못했던 것입니다. 한편, 뉴턴의 중력 이론은 이 관찰 결과에 대한 막강하고도 설득력 있는 설명을 제공하였습니다. 뉴턴의 이론은 행성들의 운동이 우리의 우주에 관해 더욱 깊고 근본적인 무엇인가를 반영하고 있음을 보여주었습니다.

뉴턴의 이론은 1781년 3월에 천왕성의 발견으로 중대한 도전에 직면하게 되었습니다. 비록 천왕성이 맨눈으로 관측되기는 했지만, 그때까지만 해도 사람들은 천왕성의 흐릿한 이미지와 태양 주변을 도는 느린 속력 때문에 그것을 항성star*으로 간주하고 있었습니다. 그러나 이후, 이 '별'이 행성인 것으로 판명되자 그 운동에 관한 자세한 연구가 이어졌습니다. 그런데 이 새로운 행성의 궤도가 뉴턴의 역학을 기초로 예측된 것과 잘 맞지 않는다는 점이 발견되었습니다. 무엇이 잘못되었던 것일까요? 천왕성이 보여주는 변칙적인 현상은 뉴턴의 이론에 결점이 있다는 것을 드러내는 것일까요? 우리는 뉴턴주의Newtonianism를

---

* 역자주: 현대 천문학에서는 스스로 빛을 내는 천체를 '항성'이라고 부른다. 태양 주변을 돌고 있는 행성 중 하나인 천왕성은 스스로 빛을 내는 것이 아니라 태양으로부터 빛을 반사함으로써 반짝거린다는 이유에서 항성이 아니다.

포기해야 하는 것일까요?

그러나 천문학자들은 또 다른 설명이 가능하다는 것을 빨리 깨달았습니다. 그것은 뉴턴의 이론을 포기하는 것이 아니라 수정하는 방식이었습니다. 만일 천왕성 너머에 알려지지 않은 행성이 하나 더 있다면 어떻게 될까? 만일 그 미지의 행성의 중력이 천왕성을 끌어당겨서 궤도를 변형시키는 것이라면? 프랑스의 천문학자 위르뱅 르베리에Urbain Le Verrier 및 다른 천문학자들은 계산을 통해 이 미지의 행성이 있을 법한 위치를 제안하였습니다. 그리고 1846년, 사람들은 이 미지의 행성인 해왕성을 관측하는 데 성공했습니다. 천왕성의 변칙적인 행동은 뉴턴의 기본적인 아이디어를 포기하거나 수정하는 일 없이 이렇게 해결되었습니다. 19세기의 많은 과학자들은 해왕성의 발견이 뉴턴주의의 신뢰성을 **확증한** 사건이라고 여기게 되었습니다.

그런데 19세기 후반에 이르러 행성 운동과 관련해 또 다른 변칙현상이 등장했습니다. 이번에는 작은 행성인 수성과 관련된 것이었습니다. 다른 행성들과 마찬가지로 수성은 타원 궤도로 태양 주변을 돌고 있었습니다. 그런데 소위 근일점perihelion이라고 부르는 위치, 즉 태양에 가장 근접해지는 지점이 매년 조금씩(매우 작은 값이지만 그래도 관측할 수 있을 정도로) 이동한다는 사실을 발견한 것입니다.[16] 왜 이런 일이 발생하는 것일까요?

1859년, 천왕성의 궤도에 미치는 중력장의 크기를 계산함으로써 해왕성의 위치를 성공적으로 예측한 바 있는 르베리에는 수성의 이 수수께끼 같은 현상도 다른 행성이 수성에 미치는 중력 때문인 것으로 설명할 수 있다고 주장하였습니다.[17] 그는 계산을 통해 비록 전부는 아니지만 수성의 근일점 이동의 대부분을 이와 같은 방식으로 설명할 수 있다고 주장했습니다. 수성의 질량의 절반쯤 되고, 수성보다 더 가깝게 태양 주변을 돌고 있는 지금껏 알려지지 않은 미지의 행성의 존재를 통해 이러한 근일점의 불일치를 설명하는 것이 가능해 보였습니다. 이것은 뉴턴의 이론에 기초를 두고 관측 현상을 설명하는 방식이었습니다. 이 제안은 미지의 행성을 찾는 일에 불을 붙였습니다. 르베리에는 이 미지의 행성에 벌칸Vulcan이라는 이름까지 붙여놓았습니다. 그러나 이 행성은 결코 발견되지 않았습니다.[18] 19세기 말에 수성의 이러한 이상 행동은 여전히 설명할 수 없는 과제로 남아 있었습니다. 무엇이 이런 이상 행동을 일으키는 것이었을까요?

1915년 11월 18일, 알베르트 아인슈타인은 수성의 근일점 이동을 자신의 새로운 이론, 즉 일반 상대성이론general theory of relativity을 통해 정확하게 설명할 수 있다는 내용을 프로이센 과학 아카데미Prussian Academy에 발표하였습니다. 세계를 바라보는 그의 새로운 방식이—다른 수많은 문제들과 더불어—이 오래된 문제를 해결한 것입니다. 이제 우리는 아인슈타인이 발전시킨 새로운 아이디어들을 살펴보려고 합니다. 이를 위해 우선 1905년에 연달아 발표된 네 편의 놀라운 논문들을 살펴볼 예정입니다. 비록 아인슈타인이 당시 과학 연구를 선도하던 스위스 대학교나 어떤 연구소가 아닌 스위스 베른에 위치한 특허청 사무실의 직원으로 일하고 있었음에도 불구하고, 이 네 편의 논문들을 통해 그는 당대 최고의 과학 사상가라는 명성을 얻게 되었습니다. 이

제 우리는 아인슈타인의 초기 업적에 관하여 살펴볼 것인데, 그중에서도 아인슈타인을 천재로 각인시킨 네 편의 논문에 초점을 맞춰서 이야기해보려고 합니다.

3장

과학 혁명가: 아인슈타인이 1905년에 쓴 네 편의 논문들

아이작 뉴턴Isaac Newton은 1665년에서 1666년으로 넘어가는 '아누스 미라빌리스annus mirabilis('기적의 해')'에 과학 분야의 유명인사가 되었습니다. 그 해에 뉴턴은 미적분에 관한 기본 아이디어를 발전시켰고, 백색광이 여러 색을 가진 광선으로 구성되어 있다는 놀랄만한 경험적인 발견을 하였습니다. 실제로 뉴턴은 '무지개의 색깔'을 빨강, 주황, 노랑, 초록, 파랑, 남색, 보라색 등으로 분류하기도 하였습니다. 그러나 이러한 발견은 그의 놀라운 업적의 시작에 불과했습니다. 20년이 지난 1687년에 뉴턴은 『프린키피아Principia』라는 제목으로 널리 알려진 책을 출간하였습니다. 이 책에서 그는 세 개의 운동 법칙을 제시하였고, 현대적 의미의 힘과 질량이라는 개념, 그리고 우리의 직관과는 매우 다른 새로운 종류의 힘인 만유인력universal gravitation이라는 개념을 제시하였습니다.[1]

사람들이 뉴턴을 천재라고 부르면서 환호했던 것은 부분적으로는 새로이 대두되던 과학의 세계에서 부활하고 있던 영국의 지적 권위를 내세우기 위한 결과이기도 했습니다. 그러나 뉴턴의 명성을 단지 민족주의적 차원에서만 이해하는 것은 곤란합니다. 그의 천재성은 경험 세계를 관통하여 그 너머에 놓여있는, 보다 깊은 실재reality에 다다른 그의 능력에서 찾을 수 있기 때문입니다. 1729년에 출판된 뉴턴의 『프린키피아』 영어 번역본*의 표지 그림을 보면 뉴턴이 천상계의 구름 위에 앉아있고, 수학의 뮤즈로부터 개인지도를 받고 있는 모습을 볼 수 있습니다. 뉴턴은 겉으로 보이는 현상세계 너머를 볼 수 있는 천재였고, 신의 마음이 반영된 더 깊은 구조를 포착할 수 있는 사람이었습니다. 이는 영국의 왕립 천문학자 에드먼드 핼리Edmund Halley가 뉴턴을 향해 보낸 다음과 같은 찬사에서도 볼 수 있습니다. "그의 지고한 지성을 통해 우리는 신이 거하는 곳으로 들어갈 수 있었고, 하늘의 높이에 오를 수 있게 되었습니다."[2]

핼리의 찬사에서 우리는 무엇이 뉴턴의 특별한 점이었는지를 이해할 수 있습니다. 또한 일반적으로 사람들이 왜 과학 천재라는 이미지를 문화 속에서 숭배하는지도 이해할 수 있습니다. 천재는 실재를 바라볼 줄 아는 혜안을 가지고 있다는 이유로 거의 종교적이라 할 만큼의 권위를 가지고서 여러 정치적 사안들과 기득권 위에 우뚝 서있는 것처럼 보입니다. 미국 독립선언서의 기초를 썼고, 제3대 미국 대통령

---

* 본래 이 책은 라틴어로 집필되었는데, 이 무렵 라틴어는 학계에 통용되는 국제공용어로서의 인기를 잃어가기 시작했다.

을 역임했던 토머스 제퍼슨Thomas Jefferson은 "덕성과 재능"에 바탕을 둔 "자연적 귀족"이 부와 권력에 기초를 둔 "인위적 귀족"을 대체하게 될 것이라는 희망을 표현했습니다.[3]

　1918년 11월, 제1차 세계 대전이 끝난 이후에 사람들이 왜 천재라는 개념에 매료되었는지를 이해하는 것은 그리 어려운 일이 아닙니다. 세계 전쟁으로 파탄이 난 이후에 국가를 재건하고, 모든 것을 정상화시키려는 시급한 요구가 있었던 것입니다. 전통적인 지혜의 원천들은 모두 실패한 듯 보였습니다. 세계는 지금껏 상상할 수 없었던 파괴와 공격으로 인한 정신적 충격으로부터 헤어 나오는 중이었습니다. 이러한 사건을 겪은 후에 그 누구인들 그들의 정치적 리더와 사회 지도층을 신뢰할 수 있었겠습니까? 어쩌면 한 명의 천재가 우리에게 세계를 더 잘 보여줄지 모른다고 생각했을 것입니다. 과연 누가 이런 천재였을까요?

1. 아인슈타인의 등장

　1905년에 알베르트 아인슈타인은 스위스의 수도 베른Bern에 위치한 특허청에서 사무원으로 일하고 있었습니다. 그가 일했던 곳의 공식 명칭은 '지적 재산권 연방사무소'였습니다. 아인슈타인은 유명한 연구소나 대학 등에서 학자로서의 직책을 가지고 있지 않았습니다. 그의 주된 업무는 특허출원 내역을 평가하는 일이었습니다. 아인슈타인의 가장 유명한 사진들 중 하나는 그가 지적 재산권 연방사무소 3층에 위치한 86번 방 안에서 독서대 앞에 서 있는 사진입니다. 사진 속 아인슈타인은 특허를 획득하기를 간절히 바라는 발명가들이 제출한 서류들을 심사하고 있습니다. 당시 기록이 암시하는 바에 따르면, 아인슈타인은 스위스 특허 사무소에서 주어진 일에 성실했던 것으로 보입니다. 그곳에서 4년간 재직한 후, 1906년에 아인슈타인은 전문기술직 3급에서 전문기술직 2급으로 승진되었습니다.

스위스 특허 사무실에서 그가 맡았던 업무는 그다지 지적인 노동을 요하는 일이 아니었습니다. 그래서 아인슈타인은 자신이 정말 중요하게 생각하는 문제, 즉 20세기로 넘어오면서 아직 미해결 문제로 남아 있던 물리학의 수수께끼를 푸는 일에 어느 정도의 시간을 쓸 수 있을 것으로 판단했습니다.[4] 아인슈타인이 훗날 회상한 바에 따르면, 특허청 사무실은 그에게 마치 속세의 수도원 같은 곳이었습니다. 그곳에서 아인슈타인은 같은 건물에서 일하던 동료 물리학자 미셸 베소Michele Besso와 종종 토론의 시간을 가지면서 그의 "가장 아름다운 아이디어들을 부화시킬 수 있었습니다." 물론 아인슈타인은 세계대전이 끝난 후 일반 상대성이론으로 세계적인 명성을 얻게 되고, 1921년에는 광전효과에 대한 설명으로 노벨상을 받지만, 훗날 얻게 된 이와 같은 명성은 1905년에 『물리학 연감Annalen der Physik』이라는 저명한 과학 저널에 잇달아 발표한 네 편의 획기적인 논문에 그 뿌리를 두고 있습니다. 이 장에서 우리는 이 네 편의 논문을 각각 살펴볼 것입니다. 그러나 우선은 아인슈타인이 명성을 얻게 된 놀라운 이야기부터 소개하려고 합니다.[5]

아인슈타인은 1879년 3월 14일, 뷔르템베르크 왕국에 속한 울름Ulm
이라는 곳에서 종교적 관습에 얽매이지 않던 유대인 부모 가정에서 태
어났습니다. 당시 뷔르템베르크는 1871년 프로이센-프랑스 전쟁Franco-
Prussian War 이후 통일 독일제국에 병합된 상태였습니다. 아인슈타인
이 태어난 그 해 여름, 그의 가족은 바이에른의 수도였던 뮌헨으로 이
사했고, 아인슈타인은 그곳에 위치한 루이트폴트 김나지움Luitpold
Gymnasium에서 교육을 받았습니다.* 이후 아인슈타인 가족은 뮌헨에서
시도한 전기 사업이 실패하여 북부 이탈리아로 이주하게 되었는데, 이
때 아인슈타인만은 뮌헨에 남아서 학업을 계속 이어갔습니다.

아인슈타인의 목표는 스위스에 거주하면서 취리히에 있는 스위스
연방 공업전문학교지금의 스위스 연방공과대학**에서 물리와 수학을 가르
치는 교사로 훈련받는 것이었습니다. 당시 아인슈타인은 성적이 뛰어
나지 않았기 때문에 스위스에서 교수직을 얻을 가능성이 낮다고 생각
했습니다. 1901년 5월과 1902년 1월 사이에 아인슈타인은 빈터투어
Winterthur와 샤프하우젠Schaffhausen에 있는 학교에서 가르치기도 하였
고, 이후 베른으로 이사를 가서는 생계를 위하여 수학과 물리학을 가
르치는 개인 교습을 하기도 했습니다. 그가 베른으로 이사를 간 이유는

---

* 역자주: 김나지움(Gymnasium)은 독일의 중등교육기관으로 아인슈타인이 공부했던
  19세기 후반에는 대학입학을 준비하는 교육기관으로서의 성격을 가지고 있었다.
** 역자주: 1855년에 설립된 스위스 연방 공업전문학교(Eidgenössische Polytechnische
  Schule, 줄여서 폴리테크니쿰[Polytechnikum]이라고도 함)는 훗날 박사학위 과
  정이 신설되면서 1911년에 스위스 연방공과대학(Eidgenössische Technische
  Hochschule)이라는 이름으로 명칭이 변경되었다.

분명하지 않습니다. 어떤 사람들은 아인슈타인이 병역의무를 피하기 위해서 그렇게 한 것으로 추측하기도 합니다. 아인슈타인은 1896년 1월에 독일 국적을 포기하였기 때문에 국적이 없는 상태였다가, 1901년에 스위스 시민권을 취득하였습니다. 1902년에 아인슈타인은 상대적으로 보수가 좋은 스위스 특허 사무실의 기술 보조 자리를 얻게 되었습니다. 그리고 그는 1903년 1월에 세르비아 출신의 수학자 밀레바 마리치Mileva Marić와 결혼했습니다. 아인슈타인과 마리치는 취리히 연방 공업전문학교에서 동급생으로 공부했던 사이였습니다. 이 부부는 두 명의 아이를 낳았는데, 한 명은 1904년에 태어난 한스 알베르트Hans Albert였고, 다른 한 명은 1910년에 태어난 에두아르Eduard였습니다.

1900년 가을, 스위스 시민권을 신청하고 기다리는 동안 아인슈타인은 최신 흐름에 뒤쳐지지 않도록 시간이 날 때마다 과학 논문을 읽었습니다. 특히 아인슈타인은 독일의 물리학자 루드비히 볼츠만Ludwig Boltzmann으로부터 크게 영향을 받았습니다. 볼츠만은 기체를 "특정 조건에 따라 움직이는 크기를 가진 띄엄띄엄한 입자들"로 간주하여 여러 가지 관찰 결과들을 설명했습니다. 볼츠만이 발전시킨 이 이론을 '기체운동론kinetic theory of gases'이라고 부르는데, 여기서 볼츠만은 원자가 가상적이고 이론적인 구성물이 아닌 실재 존재하는 대상이라는 점을 강조하였습니다. 이는 에른스트 마흐Ernst Mach가 쓴 여러 저술들에 단호하게 표현되어 있던 당시의 지배적인 생각과는 반대되는 것이었습니다. 훗날 아인슈타인은 원자 이론에 대한 마흐와 그의 추종자들의 편견이 "실증주의에 바탕을 둔 철학적 관점"에서 비롯된 것이라고 주장하면서, 그들의 과학적 생각들이 공인되지 않은 철학적 추정에 의해 결정된다는 점을 비판하기도 했습니다.[6]

아인슈타인은 볼츠만의 아이디어로부터 자극을 받아 1901년에 첫 번째 학술 논문을 완성했습니다. 논문의 내용은 당시 널리 알려져 있던 '모세관 효과'의 함의에 관한 것이었습니다. 모세관 효과란 갇힌 공간 내에서 액체가 중력의 도움 없이, 또는 심지어 중력과 반대방향으로 흐르는 성질을 일컫는 말입니다. 모세관 현상에 관한 익숙한 예시로는 콘크리트 벽이나 벽돌담으로 스며드는 '습기rising damp', 또는 나무에서 수액이 올라가는 현상 등을 들 수 있습니다. 도대체 왜 이런 현상이 일어나는 것일까요?

애석하게도, 아인슈타인의 논문*은 이 질문에 대하여 확실한 대답을 제시하지 않았습니다.[7] 논문에서 아인슈타인은 액체의 원자량과 모세관 작용의 크기 사이의 연관성을 제안하였는데, 이는 오늘날 더 이상 진지하게 고려되는 아이디어는 아닙니다. 그러나 첫 논문에 이와 같은 부족한 점이 있었음에도 불구하고, 아인슈타인은 자신의 이름으로 발표된 첫 논문을 여러 학술연구 기관에 보냄으로써 비로소 연구자로서 안정적인 직업을 얻기 위해 시도해볼 수 있게 되었습니다.

최근에는 아인슈타인의 이 초기 논문에 대한 의혹이 제기되면서 사람들의 주목을 끌기도 했습니다. 의혹의 내용인즉, 아인슈타인이 이 논문에서 별도로 사사표기**를 하지는 않았지만 사실은 밀레바 마리치의

---

* 이 논문은 특별히 논증이 탄탄한, 잘 작성된 논문은 아니다.

도움을 받았다는 주장입니다. 비록 아인슈타인과 마리치는 1900년 중반부터 1902년 12월 사이 대부분의 시간을 다른 도시에 거주했고 심지어 다른 나라에 살기도 했지만, 아인슈타인이 이 논문을 집필했던 1901년에는 잠시 함께 살았기 때문에 제기된 의혹으로 볼 수 있습니다.

아인슈타인은 마리치에게 쓴 편지에서 1901년에 썼던 이 모세관 논문을 "우리의" 논문이라고 언급하고 있는데, 이는 마리치가 이 연구에 어느 정도 관여했을 것이라는 점을 시사하는 대목입니다. 그래서 어떤 학자들은 마리치가 사실상 아인슈타인의 공동 연구자였으며, 아마도 아인슈타인의 아이디어 중 일부는 마리치로부터 온 것이라고 생각하게 되었습니다.[8] 이 점은 아인슈타인이 1905년에 『물리학 연감』에 연달아 발표한 네 편의 놀라운 논문들을 이해하는 데 중요합니다. 이 논문들의 탁월함과 독창성을 고려한다면, 한 사람이 이와 같이 놀라운 위업을 달성했다는 사실이 사람들 눈에는 당연히 불가능해 보이지 않았겠습니까?

이러한 의혹은 당시의 남성 예술가와 교수들이 여학생들 또는 여성 동료들의 아이디어를 적절한 사사표기도 하지 않은 채 자신들의 작품에 차용하는 경향이 있었다고 타당성 있게 지적한 어느 영향력 있는 언론의 이야기와도 부합합니다. 호주의 영화제작사인 멜사 필름이 2003년에 만든 《아인슈타인의 아내》라는 제목의 다큐멘터리에 의하

** 역자주: 학술논문을 쓸 때 재정적 지원을 받았거나 토론, 감수 등을 통해 논문을 완성하는 데 구체적인 도움을 받은 경우에는 도움을 준 기관 또는 사람의 이름을 명시함으로써 감사의 표시를 하는 것이 학계의 관례인데, 이것을 사사표기라고 한다.

면, 1905년에 발표된 네 편의 논문들 중 몇 편의 원래 버전에는 마리치가 공동저자로 인정되었지만 이후에 출간된 최종 버전의 원고에서는 이상하게도 그녀의 이름이 삭제되었다고 합니다. 이것은 마리치가 실제로 이 논문들의 공동저자였다는 것을 숨기기 위한 어떤 음모와 같은 것이었을까요?

물론 이 다큐멘터리에 관한 전문적인 비판이 폭넓게 제기된 이후로 위와 같은 의혹은 더 이상 진지하게 받아들여지지 않고 있습니다.[9] 그 이유는 이 다큐멘터리가 러시아의 물리학자 아브람 요페Abram F. Joffe의 미심쩍은 논평에 대한 오역을 포함해서 여러 가지 잘못된 판단들에 근거하고 있기 때문입니다.[10] 오늘날 일반적으로 받아들여지고 있는 증거에 따르면, 마리치는 실제로 아인슈타인을 위해 몇몇 정보를 찾아주고 가끔은 논문에 등장하는 계산을 확인하는 수준에서 아인슈타인을 돕고 격려했다고 합니다. 이를테면 그녀는 아인슈타인이 자신의 아이디어에 대한 "전향판sounding board"이라고 표현했던 미셸 베소와 비슷한 역할을 했던 것입니다. 비록 아인슈타인이 자신의 탐구 내용을 다른 사람들에게 가장 효과적으로 설명하기 위해서 지혜롭게 그들과 상의하기는 했지만, 그럼에도 불구하고 논문에 담긴 핵심적인 아이디어는 아인슈타인 본인의 것으로 볼 수 있습니다.[11]

그렇다면 이 네 편의 논문은 과연 어떤 내용일까요? 그리고 왜 이 논문들이 그렇게도 충격적이었다는 것일까요? 아래에서 각각의 논문을 살펴보면서 이 논문들에 담겨 있는 과학적 중요성에 관하여 설명드리고자 합니다.

2. 1905년 3월-광전효과와 빛의 본성

오늘날 우리가 '광전효과photoelectric effect'라고 부르는 이 현상은 1887년에 독일의 물리학자 하인리히 헤르츠Heinrich Hertz에 의해서 처음 발견되었습니다.[12] 그리고 헤르츠의 동료였던 필립 레나르트Philipp Lenard에 의해 더욱 자세한 연구가 이루어졌습니다. 레나르트는 광전효과와 관련된 여러 연구결과를 1902년 논문에 집약하여 발표하였습니다.[13] 그가 관찰한 바에 의하면, 적절한 환경 하에서 특정한 금속에 광선을 비출 때 금속의 표면으로부터 전자가 방출된다는 것입니다.

어쩌면 당시 사람들에게 이 현상 자체는 놀라운 일이 아니었을 것입니다. 고전물리학에 의하면, 모든 형태의 전자기 복사electromagnetic radiation는 에너지를 전달하는데, 바로 이 에너지가 금속의 표면에 느슨하게 매달려 있는 음으로 대전된 작은 입자즉, 전자를 금속의 표면 밖으로 밀어낸다는 식으로 이 현상을 쉽게 상상해볼 수 있기 때문입니다. 이것은 마치 바위로 이루어진 벽을 향해 돌을 던지는 것과도 같습니다. 어떤 경우에는 던진 돌이 벽에 맞고 그냥 튕겨 나오지만, 간혹 던진 돌에 맞은 바위의 작은 조각이 떨어져 나가기도 합니다. 이 모든 것은 돌을 얼마나 강하게 던졌는가, 그리고 주어진 시간 동안 얼마나 많은 수의 돌이 벽에 부딪쳤는가에 달려있습니다.

예상대로 1902년에 레나르트는 금속의 표면으로부터 전자가 방출되는 비율이 금속에 비추는 빛의 세기에 정확히 비례한다는 사실을 실험을 통해 알게 되었습니다. 즉, 빛이 밝을수록 금속의 표면에서 더 많은 수의 전자들이 떨어져 나온 것입니다. 그러나 문제는 기존의 이론으로 설명이 안 되는 것처럼 보이는 또 다른 결과들이 함께 관찰되었다는 것입니다.

레나르트는 금속에 비추는 광선의 밝기즉, 세기가 방출된 전자의 에너지에는 영향을 주지 않는다는 사실도 알게 되었습니다. 즉, 매우 밝은 빛에 노출된 금속으로부터 방출된 전자와 매우 흐린 빛에 노출된 금속으로부터 방출된 전자는 동일한 에너지를 가진다는 것이 밝혀진 것입니다. 이것은 도무지 이해할 수 없는 결과였습니다. 상식적으로 생각해 볼 때, 빛이 얼마나 많은 에너지를 전달하는가를 결정하는 것은 다름 아닌 빛의 밝기이기 때문입니다. 이뿐만 아니라 레나르트는 쬐여준 빛의 진동수가 어떤 문턱 진동수*보다 큰 경우에만 광전자 photoelectrons**가 방출된다는 사실을 관찰하였습니다. 그리고 이 문턱 진동수는 금속의 종류에 따라 다른 값을 가집니다. (빛의 진동수란 주어진 시간 간격—주로 1초를 기준으로 함—동안 공간상의 고정된 한 점을 통과하는 파동의 수를 일컫는 개념입니다.)

도대체 빛의 **색깔**이 왜 중요한 것일까요?*** 왜 푸른색 빛이 빨강색

---

* 역자주: 문턱 진동수(threshold frequency)는 광전효과가 일어날 수 있는 진동수의 최솟값을 의미한다. 주어진 금속의 문턱 진동수보다 낮은 진동수의 빛을 아무리 세게 쬐어주어도 금속 표면으로부터 전자는 방출되지 않는다. 한편, 문턱 진동수보다 큰 진동수의 빛을 쬐어주면 빛의 세기가 아무리 약해도 전자가 방출된다. 이러한 실험 결과는 1900년 전후의 물리학 지식으로는 도무지 이해할 수 없는 현상이었던 것이다.

** 역자주: 광전효과를 통해 금속에서 방출되는 전자를 '광전자'라고 부른다.

*** 역자주: 색깔(color)이 다르다는 것은 곧 진동수가 다르다는 것을 의미한다. 예를 들

빛보다 광전자를 방출하는 데 더 효과적인 것일까요? 당연히 빛의 색깔이 아니라 빛의 **밝기**가 중요한 것 아닐까요? 그 당시만 해도 얼마나 많은 양의 에너지가 전달되는가와 빛의 색깔이 모종의 관련이 있으리라고 생각했던 사람은 아무도 없었습니다. 다들 정말 중요한 것은 빛의 세기라고 생각하고 있었습니다. 이러한 분위기에서 고전 물리학이 무언가 놓치고 있는 것은 아닌가 하는 식의 또 다른 설명이 등장했습니다. 레나르트의 실험 결과들이 빛의 본성을 이해하는 전혀 새로운 이해 방식을 보여주는 신호라는 관점이 제기된 것입니다. 이러한 관점에 따르면, 과연 어떤 식으로 이 실험 결과들을 설명할 수 있을까요?

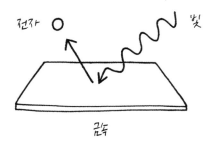

<그림> 광전효과: 빛이 금속에 부딪히면 전자가 방출된다.

1905년에 발표한 첫 번째 논문에서 아인슈타인은 실험적 증거에 비추어볼 때 빛이 입자들—나중에 **광자**photons라는 이름이 붙여졌다

어, 빨강색 빛의 진동수는 대략 4.6×10^{14} Hz이고, 푸른색 빛의 진동수는 대략 6.7×10^{14} Hz이다. 만일 칼륨 같은 금속에 푸른색 빛을 쬐어주면 광전자가 방출되지만, 빨강색 빛을 쬐어주면 아무런 일도 일어나지 않는다.

—로 이루어진 것 같다고 제안하였습니다. 또한 아인슈타인은 전자기 복사radiation를 이루고 있는 각 입자의 에너지가 전자기 복사의 진동수에 비례한다고 주장했습니다. 이와 같이 주장하면서 아인슈타인은 1900년에 에너지의 '양자화quantization' 가설을 논문으로 발표했던 막스 플랑크의 이론을 이용했습니다.[14] 플랑크의 가설에 따르면, 진동자oscillator*의 에너지는 무한정 연속적인 값을 가지는 것이 아니라 고정된 크기의 '덩어리'로 이루어져 있습니다. 플랑크는 에너지의 기본 단위를 나타내는 기본 상수 h를 도입하였는데, 오늘날 우리는 이 값을 '플랑크 상수Planck's constant'라고 부릅니다. 진동수가 ν인 진동자의 에너지는 $h\nu$로 정의됩니다.

플랑크에 따르면, 에너지는 연속적인 것 같지만 사실은 매우 작은 덩어리, 즉 띄엄띄엄한 단위로 이루어져 있습니다. 이 아이디어를 이해하기 위해서 한 가지 비유를 들어보자면, 이것은 마치 아프리카 사막의 거대한 모래 언덕을 바라보는 것과 비슷합니다. 멀리서 바라볼 때 모래 언덕은 매끈해 보입니다. 그러나 자세히 들여다보면 그 매끈한 모래 언덕이 수백만 개의 모래 알갱이들로 이루어져 있다는 것을 알게 됩니다. 양자화된 에너지에 대한 또 다른 비유로서 사다리의 발

---

* 역자주: 플랑크는 흑체복사 문제를 해결하기 위해서 흑체의 내부 벽면이 일종의 진동자로 이루어져 있는 모델을 사용했다. 여기서 진동자라는 것은 원자에 속박된 전자를 표상하는 개념으로 용수철에 전자가 매달려서 진동하는 모양을 상상하면 된다. 진동자에 빛을 쬐어주면 진동자가 에너지를 얻게 되는데, 플랑크는 이렇게 얻을 수 있는 에너지의 최소 단위가 있다는 가설을 통해 흑체복사의 스펙트럼을 성공적으로 설명하였다.

판을 생각해 볼 수도 있습니다. 만일 여러분이 사다리를 오르고 싶다면 반드시 사다리의 발판을 한 칸씩 또는 여러 칸씩 건너뛰면서 올라가야만 합니다. 중간 단계라는 것은 존재하지 않습니다.

이처럼 에너지는 연속적으로 **보일 수** 있지만, 자세히 조사해보면 매우 작은 에너지의 덩어리들로 이루어져 있다는 것입니다. 양자 quantum라는 것은 방출되는 전자기 복사의 가장 작은 단위입니다. 이것은 마치 물질의 가장 작은 단위가 원자라는 생각과도 어깨를 나란히 하는 것입니다(물론 1930년대에 콕크로프트[Cockcroft]와 월턴[Walton]이 원자를 쪼갰다는 실험 결과가 발표된 이후에는 이러한 생각도 버려야 했지만). 여러분은 빛이 전자기 복사라고 부르는 연속적인 파동이라고 생각할 수도 있습니다. 그러나 사실 빛은 불연속적인 에너지 덩어리들의 연속적 흐름이고, 오늘날 우리는 이 에너지 덩어리를 광자photons라고 부릅니다. 아인슈타인이 생각하기에 광전효과는 플랑크의 아이디어를 확증하는 현상이었고, 빛의 본성을 설명하는 데서 점차 궁지에 몰린 고전적 접근 방식의 기반을 더욱 심하게 흔들어놓는 현상이었습니다.

아인슈타인이 주장하는 바에 따르면, 입자 같은 에너지 다발이 날아와서 금속의 표면 가까이에 있는 전자와 충돌한다는 식의 그림을 통해 광전효과를 가장 잘 이해할 수 있었습니다. 금속을 향해 입사되는 광자가 전자를 떼어낼 만큼의 충분한 에너지를 가지고 있을 때에만 금속으로부터 전자가 튀어나올 수 있는 것입니다.

아인슈타인의 이론은 레나르트의 실험에서 드러난 아래와 같은 또 다른 두 가지 곤혹스러운 관측 결과들에 대해서도 대답할 수 있었습니다.

① 전자의 방출을 결정하는 핵심 인자는 빛의 세기가 아니라 빛의 진동수이다. (이 부분과 관련하여 아인슈타인은 플랑크가 제안한 내용—즉, 진동자의 에너지가 진동수에 정비례한다는 생각—을 발전시켰습니다.)

② 광전효과에서 관측된 여러 가지 특징들은 입사된 광자와 금속의 전자 사이의 충돌이 에너지 보존법칙을 만족한다고 가정함으로써 설명할 수 있다. 만일 금속으로 입사하는 광자 한 개의 에너지가 특정한 값(해당 금속의 '일 함수[work function]')보다 작으면 광자를 아무리 많이 쏟아 붓는다 하더라도 아무런 전자도 방출되지 않는다. 광자가 바로 이 특정한 문턱 값 이상의 에너지를 가지는 경우, 방출되는 전자의 운동에너지는 복사의 진동수에 정비례한다.*

광전효과에 대한 아인슈타인의 뛰어난 이론적 설명을 통해 우리는 전자기 복사가 특정한 조건 하에서 입자처럼 행동한다는 점을 진지하게 받아들여야만 했습니다. 그러나 이러한 생각은 파동과 입자를 완전히 배타적인 것으로 간주하던 고전적인 이해 방식을 포기하는 것처럼 보였기 때문에 강력한 반대에 부딪혔습니다. 즉, 고전적인 이해에

---

* 역자주: 정확하게 말하면 방출되는 전자의 운동에너지와 복사의 진동수 사이에 선형 관계가 있기는 하지만 정비례하는 것은 아니다. 왜냐하면 방출되는 전자의 운동에너지는 물질의 '일함수(work function)'에도 의존하기 때문이다. 일함수는 전자 한 개를 물질로부터 떼어내는 데 필요한 최소의 에너지로서 금속의 종류에 따라 그 값이 다르다.

따르면, 어떤 대상은 파동이거나 또는 입자이어야지 둘 다일 수는 없다는 것이었습니다. 1915년이 되어서야 아인슈타인의 접근 방식이 받아들여지기 시작했는데, 이는 미국의 물리학자 로버트 밀리컨Robert Millikan의 세심한 연구 덕분이었습니다.[15]

아인슈타인은 이 논문광전효과 논문으로 "이론물리학에 대한 기여, 그리고 특별히 광전효과를 설명하는 법칙을 발견한 공로"로 1921년에 노벨 물리학상을 수상하였습니다.

그렇다면 아인슈타인의 광전효과 논문이 중요한 이유는 무엇일까요? 이 논문이 함의하고 있는 더 넓은 시사점이 있다면 그것은 무엇일까요? 역사적으로 볼 때, 아인슈타인의 이 논문은 양자역학이라는 분야가 발전하는 데 결정적으로 중요한 역할을 했습니다. 양자역학은 빛의 본성을 입자들의 다발로(즉, 뉴턴 식으로) 또는 음파와 유사한 파동 운동으로(즉, 맥스웰 식으로) 바라보던 고전적인 접근 방식이 무너진 결과로 등장한 이론입니다. 고전적인 생각에 따르면, 이와 같은 빛의 두 가지 모형은 공존할 수 없는 것이었습니다. 어느 한 쪽이 맞으면 다른 쪽은 틀린 것이지요.

이를테면 그의 논문은 우리가 빛을 '파동의 묶음packets of waves'으로 생각할 수 있도록 길을 열어준 셈입니다(물론 아인슈타인도 파동의 묶음이라는 표현 방식에 주의를 기울이기는 했지만). 이 생각은 빛이 입자로 보일 수도 있고, 파동으로 보일 수도 있다는 의미로 해석될 수 있습니다. 훗날 아인슈타인은 이것을 "빛에 관한 파동-입자 이중성wave-particle duality"이라고 불렀습니다. 양자역학의 '코펜하겐 해석'의 창시자로 널리 알려진 덴마크의 물리학자 닐스 보어Niels Bohr는 **상보성**complementarity이라는 개념을 사용하여 이 생각을 발전시켰습니다. 보어에게 있어서 빛과 물질의 행동방식을 이해하기 위해서는 파동과 입자에 대한 고전적인 모형들이 필요했습니다. 보어의 기본적인 생각은, 비록 빛의 입자 모형과 파동 모형이 서로 상반되고 빛의 본성을 보여주는 더 큰 그림으로 쉽게 통합되지는 못하더라도, 실험적으로 관측된 결과들을 이해하기 위해서는 이 두 모형이 모두 필요하다는 것이었습니다.

이런 점에서 볼 때 아인슈타인을 양자론의 창시자 중 한 명으로 보는 것은 타당합니다. 물론 훗날 아인슈타인은 1920년대에 양자론이 발전한 방식, 특히 확률을 강조하는 방식을 별로 좋아하지 않았습니다. 대신 그 무렵 아인슈타인은 이미 또 다른 이유바로 일반 상대성이론로 유명해져 있었는데, 이 이론에 대해서는 다음 장에서 소개할 예정입니다.

3. 1905년 5월-원자는 실재하는가?:
브라운 운동에 관한 아인슈타인의 설명

단어는 저마다 역사를 가지고 있습니다. **원자**atom라는 단어도 예외가 아닙니다. '나누어질 수 없는 것'이라는 뜻의 그리스어 **아토모스**atomos는 고대 그리스 철학 시대에 데모크리토스Democritus가 실재를 구성하는 기본 성분을 지칭하기 위해 도입한 단어입니다. 사람들은 원자를 우리 세계를 구성하는 기본적인 빌딩 블록 같은 것으로 생각했습니다. 과학의 역사 속 여러 맥락에서 이따금 원자에 관한 논의들이 있기는 했지만, 원자 개념이 본격적으로 확고해지고 주류 과학에서 다루어지기 시작한 것은 19세기 초에 이르러서부터입니다.

'원자주의atomism'*에 대한 관심이 이렇게 증가하게 된 배경에는 영국의 화학자 존 돌턴John Dalton이 있습니다. 『화학철학의 새로운 체계 New System of Chemical Philosophy』1808년라는 책에서 돌턴은 화학 반응 중 다수는 서로 다른 화학 원소의 원자들이 서로 결합하여 새로운 화합물을 만드는 방식으로 이해할 수 있다고 제안하였습니다. 돌턴의 원자론에 따르면, 모든 화학적 구성물은 특정한 비율로 주어지는 원자들의 조합으로 구성되어 있다고 생각할 수 있습니다. 그리고 화학 반응은 반응에 참여하는 원자들이 재배열되는 것으로 생각할 수 있습니다. 돌턴은 한 개의 주석** 원자가 한 개 또는 두 개의 산소 원자와 결합하여 각각 우리가 알고 있는 산화주석(Ⅱ)와 산화주석(Ⅳ)를 만든다는 것을 보였습니다. 또한 화학반응에 관한 연구를 기초로 그는 이산화탄소가 한 개의 탄소와 두 개의 산소 원자로 이루어진 화합물이라는 것을 보였습니다. 훗날 오스트리아의 물리학자이자 철학자였던 루트비히 볼츠만Ludwig Boltzmann은 이 생각을 더 발전시켜서 공기와 같은 기체가 원자들과 분자들로 이루어져 있다고 생각하게 되었습니다.

그러나 이러한 생각은 논쟁을 불러일으켰습니다. 가령 볼츠만과 빈

---

* 역자주: 물리적 실재의 기본 구조는 원자들로 이루어져 있다는 생각

** 역자주: 원자번호 50번인 금속 원소(원소 기호는 Sn)

대학 동료이기도 했던 에른스트 마흐Ernst Mach는 원자가 볼 수도 없고, 경험적으로 관측할 수도 없다는 점을 지적하였습니다. 마흐에 따르면, 원자는 단지 세계에 대한 우리의 경험을 이해하는 데 도움이 되는 정신적 구성물에 불과했습니다. 그에게 원자라는 개념은 "가르치는 도구didactic utility"일 뿐이었습니다. 즉, 허구라는 것이지요. 그럼에도 불구하고 원자라는 개념은 실험적으로 관측 가능한 결과를 이끌어내는 데 유용한 도구였습니다. 비록 예외적인 물리학자들도 더러 있기는 했지만, 1900년 전후의 물리학계는 전반적으로 원자가 실재reality로서 존재하는 것은 아니라는 입장을 취하고 있었습니다.

이 모든 상황은 아인슈타인이 1905년에 쓴 두 번째 논문을 계기로 변하게 되었습니다. 아인슈타인의 이 두 번째 논문은 소위 '브라운 운동Brownian motion'이라고 부르는 내용을 다루고 있습니다. 브라운 운동이란 액체 속을 부유하는 매우 작은 물질 입자들이 가만히 있지 않고 무작위하게 움직이는 현상을 일컫는 말입니다. 이 현상은 스코틀랜드의 식물학자 로버트 브라운Robert Brown(1773~1858)의 이름에서 유래한 것인데, 그는 물에 넣은 꽃가루가 무작위적인 운동을 한다는 것을 알아냈고, 실제로 현미경을 통해 이를 관찰하였습니다. 꽃가루 입자는 마치 누가 흔들어주듯 진동하는 것처럼 보였고, 액체 안에서 불규칙한 패턴으로 움직였습니다.

처음 이 현상을 발견했을 때 브라운은 꽃가루가 살아있기 때문에 움직이는 것이라고 생각했습니다. 왜냐하면 꽃가루는 살아있는 유기체인 꽃에서 만들어진 것이기 때문입니다. 그런데 브라운은 꽃가루 대신 곱게 갈은 돌가루를 관찰했을 때에도 동일한 운동 패턴이 나타난다는 것을 관찰했고, 그 결과 살아있는 것의 움직임이라는 가능성은 배제되었습니다. "고체 덩어리로부터 떨어져 나온 매우 작은 입자는 그것이 유기체에서 비롯되었든 혹은 무기물에서 비롯되었든지 간에 순수한 물 또는 물 같은 액체 위에 띄워 놓으면 어떤 운동 양상을 보이는데, 나로서는 이 운동을 설명할 수 없다."[16] 브라운이 관찰한 이 움직임은 실험실에서 쉽게 재현할 수 있었음에도 불구하고, 어느 누구도 이 관찰 결과를 이해하지 못하는 듯 보였습니다.[17]

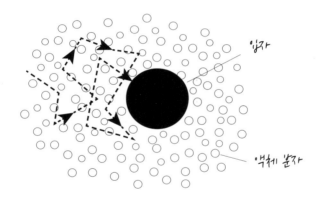

<그림> 브라운 운동: 작은 입자들이 유체 속을 부유할 때 나타나는 무작위적인 운동

아인슈타인이 논문을 썼던 1905년 무렵, 액체 속 작은 입자들은 끊임없이 변덕스러운 지그재그 운동을 한다는 이 현상은 사람들에게 널리 알려져 있었습니다. 그러나 이 현상이 의미했던 것은 무엇일까요?[18] 아인슈타인은 "떠있는 입자들이 불규칙적인 운동을 하는 것은

…… 액체를 이루고 있는 분자들의 운동 때문"이라는 관점을 택했습니다. 다시 말해서, 물 위에 떠있는 꽃가루처럼 액체에 떠있는 입자들이 움직이는 이유는 액체 분자 자체의 움직임 때문이라는 것입니다. 즉, 액체 분자들이 부유하는 작은 입자들과 충돌하면서 작은 입자들의 변덕스러운 움직임을 만들어낸다는 것입니다. 아인슈타인은 부유 입자들의 이러한 무작위적인 운동이 다른 요인들에 의해, 특히 액체의 온도와 점성에 의해 어떤 식으로 영향을 받는지 설명할 수 있었습니다.

아인슈타인의 이 같은 설명 방식은 명백히 볼츠만의 '기체운동론'에 의존한 것이었습니다. 기체운동론에 따르면, 액체의 온도라는 것은 궁극적으로 액체를 이루고 있는 개별 분자들이 운동하는 정도를 나타내는 지표입니다. 이 모습은 마치 밀폐된 용기 안에서 속력이 증가하고 있는 당구공에 비유할 수 있을 것입니다. 우리가 액체의 온도를 높이면 분자들이 더 빨리 움직이게 되고, 따라서 부유 입자들에 더 큰 힘을 가하면서 충돌하게 됩니다.

이와 같은 가정을 토대로 아인슈타인은 브라운 운동이 일어나는 정도와 입자를 떠받치고 있는 액체의 온도 사이의 관계를 예측하는 하나의 방정식을 유도하였습니다. 대략적으로 말하자면, 액체의 온도가 증가할수록 부유 입자의 운동은 활발해지고, 액체의 점성이 증가할수록 부유 입자들의 운동은 줄어드는 수학적 관계를 예측한 것입니다. 그리고 부유 입자의 크기가 증가할수록 운동은 침체됩니다. 아인슈타인은 이와 같이 정확한 수식을 제시하는 것의 위험 부담을 잘 알고 있었습니다. 왜냐하면 이러한 수식은 실험을 통해 입증되거나 혹은 반증될 수 있기 때문입니다. 만약 실제 실험에서 부유 입자가 브라운 운동을 일으키는 정도가 아인슈타인의 예측 값과 일치하지 않는다면, 도리어 열을 분자의 운동으로 바라보는 관점 및 원자의 물리적 존재에 정반대되는 강력한 논증을 제시하는 꼴이 되어버리기 때문입니다.

1906년에 아인슈타인의 예측을 확인하기 위해 몇 가지 시도가 이루어지기는 했지만, 초기에 나온 실험 결과들은 깔끔하게 해석하기 곤란한 결과들이었습니다.[19] 그러나 1908년 후반까지 프랑스 물리학자들의 꾸준한 실험 결과들이 보고되었으며, 이 결과들은 아인슈타인의 이론을 강력하게 지지하는 내용이었습니다.[20] 프랑스의 물리학자 장 페랭Jean Perrin과 다른 일군의 학자들이 보기에 그들이 아인슈타인의 수학적 예측을 경험적으로 확증했다는 것은 그 수식의 이면에 깔려있는 핵심적인 가정, 즉 액체가 실제 물리적 대상이 되는 분자들로 이루어져 있다는 것을 암묵적으로 확증하는 것이었습니다.

아인슈타인이 이 논문을 통해 보여준 위대한 성취는 마흐의 생각이 틀렸음을 보여주는 것이기도 합니다. 원자나 분자를 직접 눈으로 보는 것은 불가능할지 모르지만, 그것이 실제로 존재한다는 것은 액체에 떠있는 입자들의 성질을 조사함으로써 정확하게 추론될 수 있습니다. 아인슈타인이 1905년에 면밀하게 분석한 것이 바로 이러한 추론이었던 것입니다. 물론 이 점에 있어서는 아이작 뉴턴이 중력을 제안한 것과도 유사한 점이 있습니다. 뉴턴에게 중력은 관측 가능한 현상으로부터 그 현상을 가장 잘 설명하는 관측 불가능한 실체를 상정한 정당한 과학적 추론이었습니다. 이와 유사하게 원자는 관찰된 것이 아니라 그 존재를 추론한 것입니다. 그럼에도 불구하고 이와 같은 추론의 과정은 매우 강력한 것이어서 경험적으로 확인될 수 있는 여러 가지 추가적인 가설들까지도 이끌어낼 수 있었습니다.

아인슈타인의 1905년 논문이 등장한 이후로 원자 가설에 대한 연구의 속도가 한층 빨라졌습니다. 흥미롭게도 초기에는 원자라는 개념이 물리학자들보다 화학자들에게 더 쉽게 받아들여졌습니다. 그러나 여러 가지 요인들에 의해서 물리학계 안에서도 원자 가설을 점점 빠르게 수용할 수 있었습니다. 그 가운데서도 가장 중요한 영향은 방사성 붕괴radioactive decay 현상을 발견한 일입니다. 방사성 붕괴는 1896년에 프랑스의 과학자 앙리 베크렐Henri Becquerel이 발견하였습니다. 그는 우라늄이 포함된 화학물질들이 빛에 노출된 사진 건판을 검게 만든다는 것을 발견하였습니다. 이후 어니스트 러더포드Ernest Rutherford와 프레더릭 소디Frederick Soddy가 영국에서 수행한 연구를 통해 방사성 붕괴의 결과로 한 종류의 원소가 다른 종류의 원소로 변화될 수 있다는 아이디어가 제안되었습니다. 당시 우라늄이나 라듐 같은 방사성 원소들이 어떤 것을 방출하는 것을 관찰했는데, 초기에는 이 방출되는 것들에 알파 입자, 베타 입자, 감마선 등의 이름을 붙였습니다.* 그런데 이것이 원자 수준에서의 변화와 관련이 있다는 것이야말로 이와 같은 관찰 결과를 가장 잘 설명하는 방식이었던 것입니다.[21]

---

* 역자주: 방출되는 것의 정체를 몰랐던 당시에는 알파, 베타, 감마 등으로 이름을 붙였지만, 오늘날 우리는 알파 입자는 헬륨(helium)의 원자핵, 베타 입자는 전자(electron), 감마선은 전자기파라는 것을 알고 있다.

원자의 중요성에 관해서는 아인슈타인이 1905년에 발표한 또 하나의 극적인 발견이자 현대의 가장 상징적인 방정식이기도 한 $E=mc^2$를 설명할 때 다시 한 번 고찰할 예정입니다. 그 전에 우선 아인슈타인이 특수 상대성이론의 기본적 아이디어를 제시하였던 1905년의 그 다음 논문부터 살펴보기로 하겠습니다.

4. 1905년 6월-광선 위에 올라타기: 특수 상대성이론에 관한 아인슈타인의 설명

아인슈타인이 1905년에 발표한 세 번째 논문은 오늘날 우리에게 상대성이론relativity이라는 이름으로 알려진 이론의 예비적인 고찰에 해당합니다. 상대성이론의 기본 아이디어를 간단히 말하자면 여러분이 움직이고 있든지 혹은 정지해 있든지 근본적인 물리법칙과 물리학의 상수는 동일하다는 것입니다. 상대성이론을 **상대주의**relativism에 관한 것으로 생각하고 있던 독자들에게는 이 말이 약간 의외로 들릴 수도 있을 것입니다. 여기서 상대주의란 절대적인 것은 없고, 우리 각 사람이 저마다 가지고 있는 생각을 결정할 수 있다는 것을 일컫는 말입니다. 하지만 이것은 아인슈타인이 의도했던 바가 아닙니다. 오히려 사실상 상대성이론을 만들 때 아인슈타인이 추구했던 접근 방식의 가장 핵심적인 전제는 물리법칙이 보편적으로 성립한다는 것이었습니다.

앞 장에서 우리는 뉴턴의 고전 역학의 여러 측면을 고찰해 보았는

데, 뉴턴의 역학은 물리적 대상들 사이의 상호작용을 지배하는 기초적인 원리들을 제시한 이론이라고 말할 수 있습니다. 이러한 뉴턴 역학의 최고의 성취라고 한다면 태양계가 작동하는 방식을 완벽하게 설명했다는 것을 꼽을 수 있습니다. 천문학자들은 뉴턴 역학을 사용해서 일식이라든지 수십 년 혹은 수백 년 후의 미래에 되돌아올 혜성의 운동 등과 같은 천문학적 현상들을 매우 높은 정확도로 완벽하고 신뢰성 있게 예측할 수 있었습니다. 그러나 뉴턴의 역학 체계는 빛의 속력에 비해 상대적으로 느리게 움직이는 커다란 물체—가령, 태양 주위를 도는 행성이라든지, 지면으로 떨어지는 사과 등—에 관한 이론입니다. 그렇다면 아원자 입자subatomic particle*처럼 매우 작고 매우 빠른 속력으로 움직이는 물체들을 고려한다면, 그것은 뉴턴 역학과 어떤 점에서 차이가 있을까요?

아인슈타인은 1955년 4월, 임종을 한 달 앞두고 쓴 자서전적 회고에서 자신이 스위스의 아라우Aarau 시에 있는 주립 고등학교에 재학 중일 때 그의 흥미를 불러 일으켰던 한 가지 사고 실험에 관하여 회상하였습니다. 그 사고 실험의 내용은 다음과 같습니다. 만일 한 줄기의 빛을 따라잡을 수 있을 만큼 빠른 속력으로 달린다면 그 빛은 어떻게 보일까?

---

* 역자주: 아원자 입자는 양성자, 중성자, 전자 등 원자보다 작은 입자들을 통칭하는 말이다.

아라우에서 보낸 그 해에 저는 다음과 같은 질문을 떠올렸습니다. "만일 내가 광속으로 광파light wave를 뒤쫓아 간다면 내 눈 앞에는 시간에 무관한즉, 멈춰있는 파동을 보게 될 것이다. 그런데 멈춰있는 파동이라는 것은 존재할 수 없을 것 같다!" 이것이 바로 제가 특수 상대성이론과 관련하여 떠올렸던 어린애 같은 첫 번째 사고 실험이었습니다.[22]

이 사고 실험에서 아인슈타인이 지적한 핵심은 만일 그가 광선 위에 올라탈 수만 있다면 그 광선은 정적인 전자기장처럼 보일 것이라는 점입니다. 그런데 광파 위에 마치 서핑보드를 타듯 올라탄다는 생각은 결국 불가능한 결론에 이르게 됩니다. 이 생각대로라면 사실상 광파가 얼어붙은 것처럼 된다는 것인데 어떻게 전자기파가 정적으로 보일 수 있겠습니까? 아인슈타인은 전자기장을 움직이는 장, 진동하는 장으로 묘사했던 맥스웰의 이론에 대하여 잘 알고 있었습니다. 맥스웰의 이론으로부터 우리는 빛이 전자기파의 좋은 예라는 것을 확실히 알 수 있게 되었습니다. 그런데 아인슈타인의 사고 실험에 따르면, 특정 상황에서 빛의 움직임과 진동이 멈춘다는 것입니다. 이것은 마치 빛이 빛이기를 포기하는 것과 같은 것이므로 말도 안 되는 것이었습니다. 어딘가 잘못된 것이 분명합니다. 과연 무엇이 잘못된 것일까요? 아인슈타인이 언급했듯이, 그의 사고 실험과 맥스웰의 방정식 사이의 이와 같은 갈등은 그에게 "정신적 긴장"을 불러일으켰습니다.

아인슈타인이 1905년에 발표한 세 번째 논문에서 발전시킨 아이디어느 훗날 '특수 상대성이론theory of special relativity'이라는 이름이 붙여졌습니다. 이 이론은 서로에 대하여 등속 직선운동*을 하는 물체들에 적용되는 이론입니다. (아인슈타인이 1915년에 제시한 일반 상대성이론은 그 어떤 형태의 운동을 하든지 적용되는 이론으로서, 이와 관련된 내용은 다음 장에서 소개할 예정입니다.)

1905년도 세 번째 논문에서 아인슈타인의 논의는 두 가지 핵심적인 가정에 기초하고 있습니다. 그중 하나는 '상대성 원리the principle of relativity'이고, 다른 하나는 '진공에서의 광속 불변의 원리the principle of the constancy of the velocity of light in vacuum'입니다.

'진공에서의 광속 불변의 원리'란 진공에서 측정된 빛의 속력이 모든 관성 좌표계에서 동일한 값 c라는 것입니다. 이 원리는 받아들이기 쉬워 보이지만, 아인슈타인이 보여준 바와 같이 우리의 직관과는 상충되는 결과를 낳습니다. 한편, '상대성 원리'란 관성 좌표계에서 성립하는 물리법칙이 움직이는 물체에 대해서도 변하지 않는다는 것을 의미합니다. 다시 말해서, 멈춰있는 물체든지 혹은 그 물체에 대해서 일정한 속력으로 직선 운동을 하고 있는 물체든지 이들의 움직임을 지배하는 물리 법칙은 완전히 동일하다는 것입니다.

상대성 원리는 17세기 이탈리아 출신의 위대한 천문학자이자 물리학자인 갈릴레오 갈릴레이Galileo Galilei가 역시 사고 실험을 통해 확립한 개념입니다.[23] 1632년에 갈릴레오는 상대성 원리의 고전적 버전이

---

* 역자주: 등속 직선운동은 속력과 방향이 변하지 않는 직선상의 균일한 운동을 말한다.

라고 부를 수 있는 개념을 제시하였습니다. 여러분이 부둣가에 서서 일정한 속력으로 항해하고 있는 배 한 척을 바라보고 있다고 상상해봅시다. 그리고 이 배에 타고 있는 선원 한 명이 배의 돛대 맨 꼭대기에 걸터앉아서 돌멩이 하나를 떨어뜨린다고 생각해봅시다. 이 돌멩이가 실제로 떨어지는 위치는 어디일까요? 돛대 바로 아랫부분으로 떨어질까요? 아니면 돌멩이가 떨어지는 동안 배가 지나간 거리에 해당하는 만큼 돛대보다 약간 뒤쪽으로 떨어질까요? 돌멩이를 떨어뜨리고 그것이 낙하하는 과정을 지켜보는 선원의 입장에서 보면 돌멩이는 분명 돛대의 바로 아랫방향으로 떨어질 것입니다. 비록 우리의 상식은 돌멩이가 돛대의 **뒤쪽으로** 떨어질 것으로 예상하겠지만, 실제로 돌멩이는 돛대의 바로 아래로 떨어지는 것입니다.

이것을 이해하기 위해서 좀 더 현대적인 비유를 들어보도록 하겠습니다. 여러분이 일정한 속력(통상적으로 시속 800 ㎞정도)으로 날아가는 비행기에 탑승한 상태에서 읽고 있던 책을 비행기 바닥에 떨어뜨린다고 상상해봅시다. 상식적으로 생각하면 책은 비행기의 꼬리 쪽을 향해서 마치 총알이 발사된 것처럼 휙 날아가야 할 것입니다. 왜냐하면 여러분이 타고 있는 비행기는 시속 800 ㎞의 엄청난 속력으로 날아가고 있기 때문입니다. 그러나 사실은 **책도 비행기와 함께 전방으로 날아가고 있습니다.**

우리 모두가 경험으로 알고 있듯이 비행기 안에서 떨어뜨린 책은 바로 내 앞 바닥에 떨어집니다. 이 책은 비행기와 같은 속력으로 전방으로 날아가고 있던 것이지요. 좀 더 전문적인 용어를 써서 말하자면,

여러분이 들고 있던 책(갈릴레오의 예시에서는 선원의 돌멩이)은 관성 좌표계에 속해 있습니다. 책과 돌멩이 모두 비행기와 배라는 관성 좌표계에 속해 있기 때문에 낙하하는 동안에도 전방으로 운동을 합니다. 바로 이 전방을 향한 운동이 있기 때문에 여러분이 떨어뜨린 책은 상식적으로 기대했던 위치가 아닌 내 발 아래로 떨어지는 것입니다. 선원의 돌멩이가 돛대의 바로 밑으로 떨어지는 것도 마찬가지 이유에서입니다.

아인슈타인은 추상적인 수학 공식을 사용하기보다는 접근하기 쉬운 사고 실험을 통하여 그의 이론의 여러 측면을 전개하였습니다. 상대성이론에 관한 그의 후기 저술에서 아인슈타인은 우리가 일상적인 상황을 상상하고, 그것의 결과에 관하여 생각해보도록 안내하고 있습니다. 다음 내용에서 저는 아인슈타인이 접근했던 방식의 핵심을 최대한 유지하되, 요점과 관련해서는 아인슈타인의 말을 이해하기 쉽도록 다른 말로 풀어서 설명해보겠습니다.[24] 이를 위해 아인슈타인이 특수 상대성이론을 발전시키는 과정에서 사용했던 비유를 함께 생각해보도록 하겠습니다. 다음은 아인슈타인의 비유를 네 가지 단계로 정리한 것인데, 각 단계를 주의 깊게 읽고 요점을 파악해보시기 바랍니다.

① 선로 위를 일정한 속력으로 달리고 있는 매우 긴 열차 한 대를 상상해보자. 열차에 타고 있는 사람들은 자연스럽게 열차 내부의 상황에 적응하면서 자신들이 타고 있는 객차를 하나의 좌표계로 사용할 것이다.

② 이번에는 그 선로 옆에 있는 제방을 상상해보자. 아까 그 열차

는 이 제방을 따라 여행한다. 제방 위에는 열차가 지나가는 모습을 서서 지켜보는 사람들이 있다. 이 사람들은 정지해 있는 반면, 열차는 시속 100 ㎞의 일정한 속력으로 움직이고 있다.

③ 이제 열차에 타고 있는 승객 중 한 명이 열차가 진행하는 방향으로 시속 6 ㎞의 속력으로 걷기 시작했다고 상상해보자. 이 사람의 속력은 얼마일까?

④ 여기서 중요한 점은 관찰자가 누구인가에 따라 이 질문에 대한 각기 다른 대답을 하게 된다는 것이다. 함께 **열차**에 타고 있는 사람의 입장에서 보면, 열차를 따라 걷고 있는 이 승객은 시속 6 ㎞로 움직인다. 그러나 **제방** 위에 서있는 관찰자 입장에서 보면, 이 승객은 시속 106 ㎞로 움직이는 것처럼 보일 것이다. 이 승객의 운동은 여러 좌표계에서 관찰할 수 있다. 만일 이 승객이 갑자기 걸음을 멈춘다고 해도 **제방** 위에 있는 관찰자는 이 승객이 시속 100 ㎞로 움직이고 있다고 말할 것이다. 그러나 **열차** 안에 있는 관찰자는 이 승객이 움직이지 않고 정지해 있다고 말할 것이다.

아인슈타인은 물체의 운동이 절대적이지 않고 상대적이라는 점을 강조하기 위해서 이 예시를 비롯한 다른 비유들을 사용하였습니다. 각각의 관찰자는 승객이 움직이는 방향과 속력을 측정하는 데 있어서 자신의 좌표계를 사용하기 때문에 같은 운동에 대해서도 관점에 따라 운동의 양상이 상이하게 보이는 것입니다.

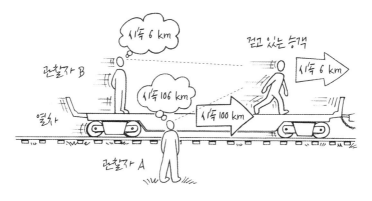

<그림> 움직이는 기차의 비유로 본 특수 상대성이론

이 비유에 익숙해졌다면, 이제 이 비유를 좀 더 발전시켜 보겠습니다. 아인슈타인은 열차의 진행방향으로 걷고 있는 사람 대신 역시 열차가 진행하는 방향으로 날아가고 있는 광선을 생각해보자고 제안하였습니다.

① 열차에 타고 있는 사람이 손전등을 켜서 열차가 진행하는 방향으로 광선을 비추고 있다고 해보자. 이 때 광속은 c, 열차의 속력은 라고 하자. 열차에 타고 있는 관찰자가 볼 때 빛은 속력 c로 움직인다. 한편, 열차 밖 제방에 서있는 관찰자가 열차 안에서 무슨 일이 일어나고 있는지 관찰한다면 빛은 $c+$ 의 속력으로 움직이고 있다고 말하지 않겠는가? 왜냐하면 이미 앞선 예시를 통해 열차 안에서 움직이는 승객의 속력은 열차의 속력(시속 100 ㎞)과 승객의 속력(시속 6 ㎞)를 합한 시속 106

km로 관측했기 때문이다.

② 그러나 이 말은 틀렸다. 물리법칙은 관성 좌표계에 따라 변하
는 것이 아니다. 그리고 진공에서의 빛의 속력 c는 모든 관성
좌표계에서 동일한 값을 가져야 한다. 바로 이 지점에서 모순
이 발생하는 것이다.

그렇다면 이 모순을 어떻게 해결할 수 있을까요? 아인슈타인이 전
제로 하고 있는 두 가지 기초적인 원리들 중 어느 하나가 잘못되었거
나 혹은 둘 다 문제가 있는 것일까요? 아니면 또 다른 곳에 문제가 숨
어있는 것일까요? 이에 대하여 아인슈타인이 어떤 식으로 대답하는지
그의 말을 직접 들어보겠습니다.

만일 제방에 서 있는 관찰자가 볼 때 모든 광선이 c의 속력으로
진행한다면, 바로 이 이유 때문에 객차에 대해서는 빛의 진행을
지배하는 또 다른 법칙이 성립해야만 한다. 그런데 이것은 상대
성원리에 위배되는 결과이다. 이와 같은 딜레마 때문에 상대성
원리를 포기하거나 또는 진공에서의 빛의 전파에 관한 단순한
법칙을 포기하는 수밖에 없다.[25]

아인슈타인은 빛을 방출하는 광원의 속력이 어떤 값이든 상관없이
빛은 모두 동일한 속력으로 날아간다고 생각했습니다. 따라서 빛이 시
간과 공간을 가로지르며 날아갈 때 속력이 변하지 않는다면, 이 딜레

마를 해결하는 또 다른 방법은 무엇이었을까요? 아인슈타인은 시간과 공간의 관계를 다시 생각해볼 필요가 있다는 점을 깨달았습니다. 관찰자가 빛의 속력을 동일한 값으로 보는 것은 사실 아인슈타인이 '시공간space-time'이라고 불렸던 것의 변화가 반영된 결과입니다. 이 문제의 해법은 시간과 공간에 대한 고전적인 개념에 대하여 처음부터 다시 생각해 보는 것에 있었습니다. 결과적으로 아인슈타인은 시간과 공간이 서로 엮여있어야만 한다고 결론내렸습니다. 이 엮여있는 단일한 연속체를 시공간이라고 부릅니다.* 아인슈타인 이전에는 어느 누구도 이렇게 생각하지 못했던 것을 보면 시공간은 결코 이해하기 쉬운 개념이 아닙니다. 같은 사건이라도 서로 다른 관찰자에게는 서로 다른 시각에 사건이 일어난 것으로 측정될 수 있습니다. 시간은 모든 사람에게 동일하게 흐르는 것이 아닙니다. 이 점을 아주 잘 보여주는 예시가 바로 '쌍둥이 역설twin paradox'입니다. 두 명의 쌍둥이 중 한 명은 거의 광속에 가까운 속력으로 움직이고 있는 가상의 우주선 안에서 일정 시간을 보낸 후 지구로 귀환하는데, 지구에 남은 쌍둥이 형제가 우주선에 타고 있던 사람보다 더 늙어 있다는 내용입니다.[26]

물론 아인슈타인이 도입한 상대성이라는 개념은 사람들에게 심각한 수준으로 잘못 이해된 면이 있습니다. 앞서 언급한 바와 같이 아인슈타인의 이론에 관하여 가장 널리 퍼져있는 오해는 그가 도덕적/문

---

* 역자주: 이러한 의미에서 '시공간(spacetime)'이라는 단어는 단순히 '시간'과 '공간'을 줄여 부르는 말이 아니다. '시공간'을 그 자체로 하나의 단일한 대상으로 파악하는 것이 상대성이론의 핵심 아이디어이다.

화적 상대주의에 대한 과학적 근거를 제시한다는 생각입니다. 어떤 사람들은 상대성이론이 아인슈타인의 급진적인 정치적 성향과 사회를 보는 시각(즉, 고착화된 과거의 규범에 대항하는 '저항 세대'의 상징)이 낳은 산물이라고 주장하기도 합니다.[27] 확실히 여러 소설가들과 철학자들이 이러한 주장에 동의했습니다. 예를 들어, 길버트 하만Gilbert Harman은 아인슈타인의 특수 상대성이론을 근거로 내세우며 "도덕적인 옳고 그름은 어떤 도덕 체계를 선택하는가에 따라 늘 상대적일 뿐"이라고 주장하였습니다.[28] 그러나 분명한 것은 아인슈타인은 그런 식으로 말하지도 않았고, 확실히 그렇게 생각하지도 않았다는 것입니다.

아인슈타인이 볼 때 상대성이론의 기저에 깔려 있는 물리법칙은 일정하고 보편적인 것이었습니다. 상대성이론 안에는 물리법칙을 '상대적'이라고 부를만한 어떠한 함의도 담겨있지 않습니다. 도덕적 상대주의moral relativism는 고대 그리스 시대의 소크라테스 이전 철학자들에게서도 이미 발견되는 것으로 그 기원은 아인슈타인과 아무런 관련이 없습니다. 오히려 어떤 의미에서 아인슈타인은 그의 상대성이론과 도덕적 혹은 윤리적 체계와의 연관성을 거부하기까지 했습니다. 독일의 위대한 물리학자 아르놀트 좀머펠트Arnold Sommerfeld는 아인슈타인의 이론의 본질을 "시간과 공간의 상대성이 아니라 관찰자에 의존하지 않는 자연법칙"이라고 분명히 말했습니다. 그러면서 좀머펠트는 상대성이론이 어느 정도 "윤리적인 개념의 상대성"을 지지하는 것으로 오해를 불러일으킬 여지가 있다는 점에서 아인슈타인이 "상대성이론"이라는 어구를 사용한 것은 "유감스러운 선택"이라고 생각했습니다.[29]

1965년에 노벨 물리학상을 수상했던 리처드 파인만Richard Feynman
은 아인슈타인의 아이디어에 관하여 정확한 설명은 제공하지 않고 유
행을 좇는 것에만 관심이 있는 작가들을 게으르고 부주의한 사람들이
라며 신랄하게 비판했습니다. 파인만은 아인슈타인의 아이디어를 "모
든 것은 상대적"이라든지 "절대적인 것은 없다"라는 식의 문화적 슬로
건으로 탈바꿈시키는 "칵테일파티 철학자들"을 조롱하기도 하였습니
다.[30] 철학자 버트란트 러셀Bertrand Russell이 1920년대에 이미 언급한
바와 같이 철학자들은 그들 자신의 사상에 비추어 아인슈타인을 해석
하려는 경향이 있으며, 결국 자신들의 사상이 옳다는 것을 아인슈타인
도 지지한다는 식으로 결론내리곤 합니다.[31]

그러나 아인슈타인이 제시한 상대성이라는 개념은 절대적인 법칙
을 **부정**하는 것이 아니라, 오히려 절대적인 법칙의 **결과**입니다. 아인
슈타인은 뉴턴의 고전 역학으로는 설명할 수 없는 변칙 현상을 고찰함
으로써 우주를 이해하려는 인간의 이해 방식의 질서와 정합성을 회복
시켰다고 생각했습니다. 그가 훗날 언급한 바에 따르면, "과학에 있어
서의 위대한 진보는 대부분 옛 이론이 가지고 있는 위기에서부터 시작
되고, 그 어려움을 극복하는 방법을 찾고자 하는 노력을 통해 이루어
집니다."[32] 설명되지 않는 이상한 관찰 결과에 끼워 맞추기 위해서 규
칙을 변경하는 대신 아인슈타인은 이러한 불일치에 대한 궁극적인 설
명을 제공하는 더 깊은 차원의 규칙을 발견하고자 하였습니다. 자, 이
제 오해를 걷어 내고 분명하게 정리해봅시다. 아인슈타인의 상대성이
론은 도덕적 상대주의와는 관계가 없습니다. 아인슈타인의 이론은, 그

의 생각을 곡해한 사람들로부터 그들 자신의 도덕과 사회에 대한 관점을 정당화시키기 위한 목적으로 이용당해왔습니다. 아인슈타인의 이론은 다른 방법으로는 도무지 풀 수 없었던 과학의 수수께끼들을 해결하였습니다. 어쩌면 그의 아이디어는 우리의 일상적 경험과는 꽤 달라 보일 수 있습니다(물론 GPS 내비게이션 장치에서 위치를 계산할 때 아인슈타인의 이론이 사용되기는 하지만). 그럼에도 아인슈타인의 업적은 우리가 사는 우주에 대한 정합적인 이해를 발전시켰다는 점에 있으며, 이것이야말로 과학 탐구의 정수라고 볼 수 있습니다.

5. 1905년 9월-$E=mc^2$: 물질과 에너지의 등가성

아인슈타인의 유명한 공식 $E=mc^2$은 어떤 물리계의 에너지 E가 질량 m과 광속 c의 제곱을 곱한 값과 수치상으로 동일하다는 것을 말하고 있습니다. '질량과 에너지의 등가성the equivalence of mass and energy'으로 표현되기도 하는 이 명제는 현대물리학의 근간을 이루는 가장 중요한 원리 가운데 하나입니다. 아인슈타인은 1905년에 발표한 마지막 논문인 "물체의 관성은 물체의 에너지 함량에 의존하는가?"라는 제목의 논문에서 이 내용을 처음으로 소개하였습니다. 단 3쪽밖에 안 되는 이 짧은 논문에서 $E=mc^2$이라는 공식을 명시적으로 제시한 것은 아니지만, 그 기본적인 아이디어는 이 논문 안에서 분명히 전개되고 있습니다.

그러나 이것은 아인슈타인만의 독창적인 생각은 아니었습니다. 1881년, 영국의 물리학자 톰슨J. J. Thomson은 대전된 도체가 움직일 때, 그것이 가지고 있는 에너지 함량과 관련하여 질량이 증가한다고 제안하였습니다. 좀 더 직접적으로 관련된 논문을 추적해보자면, 1904년, 즉 아인슈타인의 논문이 나오기 일 년 전에 오스트리아의 물리학자 프리츠 하세뇌르Fritz Hasenöhrl가 아인슈타인의 논문과 동일한 저널에 발표했던 연구를 꼽을 수 있습니다. 하세뇌르는 움직이는 동공 내부의 흑체복사의 성질을 조사함으로써 복사 에너지가 그것에 상응하는 겉보기 질량을 가진다는 결론을 얻었습니다.[33] 하세뇌르의 계산에 약간의 문제가 있기는 했지만, 아인슈타인이 이듬해에 발전시킨 기본 아이디어는 의심할 나위 없이 하세뇌르의 논문에서 먼저 제시된 것입니다.

그렇다면 아인슈타인은 1905년 논문에서 $E=mc^2$이라는 공식이 옳다는 것을 증명한 것일까요? 이 점에 관해서는 학자들마다 의견이 엇갈립니다.[34] 제가 아인슈타인의 논문을 직접 읽어본 바에 의하면, 아인슈타인은 1905년 여름에 '질량과 에너지의 등가성'이라는 생각을 이미 가지고 있었으나, 이것을 제1원리first principle로부터 유도하지는 못했던 것 같습니다.* 헥트Eugene Hecht의 주장처럼 아인슈타인이 1905년도 논문에서 이 아이디어를 유도했던 방식을 잘 살펴보면 자연스럽게 다음과 같이 생각하게 됩니다. "아인슈타인은 그가 찾고자 했던 답

---

* 역자주: 제1원리로부터(ab initio) 유도한다는 것은 어떠한 실험적 혹은 경험적 사실에 의존하지 않고 이론의 체계상 가장 상위에 있는 근본적인 원리로부터 유도하는 것을 의미한다.

을 밝히는 데 필요한 정교한 체계를 고안하기 전에 그 답을 이미 알고 있었다."[35] 아인슈타인은 이 논문이 발표된 이후 20여 년에 걸쳐서 적어도 6번 이상 이 문제로 다시 돌아와서 자신이 제시했던 기본적인 아이디어를 좀 더 개선시켜 설명하고 논증하는 데 요구되는 엄격한 정당화를 제시하고자 노력했습니다.[36]

제 생각은 이렇습니다. '질량과 에너지의 등가성'이라는 아이디어가 아인슈타인의 입장에서는 직관이었던 것 같지만, 분명 그것은 물리적 세계에 대한 깊은 이해에 뿌리를 둔 직관이었습니다. 이 점은 1905년 초반에 발표한 그의 논문들에서 분명히 드러납니다. 과학철학자 피에르 뒤엠Pierre Duhem은 '봉상스le bon sens*'를 가지고 있는 경험 많은 물리학자들에 관하여 쓴 적이 있는데, 그가 말한 '봉상스'란 근본적인 원리나 자명한 이치의 참/거짓 여부를 직관하는 이성적 능력을 가리키는 말입니다. 아마도 뒤엠은 프랑스 과학자들에게서 이와 같은 직관력을 잘 찾아볼 수 있는 것과는 대조적으로 독일의 과학자들에게는 좋은 직관이 부족하다는 점을 이 단어를 통해 기분 나쁘게 암시하려고 했는지도 모릅니다.[37]

아인슈타인은 막스 플랑크의 환갑을 기념하는 1918년도 논문에서 뒤엠이 말한 좋은 감각이 자신의 연구에 미친 영향을 넌지시 암시하고 있습니다. 이 논문에서 아인슈타인은 물리학자의 지상 과업은 일반적

---

* 역자주: 봉상스(le bon sens)를 직역하면 '좋은 감각', '좋은 분별력' 혹은 '직관력' 정도로 표현할 수 있을 것이다.

으로 성립하는 기본 법칙들을 탐구하고, 그것을 서로 엮어서 "세계에 대한 그림picture of the world('세계상[Weltbild]')"을 제시하는 것이라고 말했습니다. 그리고는 "이러한 법칙에 도달하는 논리적인 길은 존재하지 않는다."라고도 말했습니다.[38] 오히려 이와 같은 법칙들은 "경험에 대한 공감적 이해에 의존하는 직관"을 통해 드러난다는 것입니다. 아인슈타인의 이 말은 그의 논문의 이면에 감추어져 있는 상상력으로 가득한, 직관적인 고찰의 과정에 관하여 어느 정도 설명해주는 대목입니다. 실제로 말년에 아인슈타인은 막스 베르트하이머Max Wertheimer에게 자신은 기본적으로 논리적인 기호나 방정식의 형태로 생각하기 보다는, 이미지와 느낌 그리고 심지어는 음악의 형태로 생각한다고 말하기도 했습니다.[39]

궁극적으로 아인슈타인이 제안했던 질량과 에너지의 등가성이 사실이라는 것을 확인시켜준 것은 제1원리로부터 유도되는 어떤 논증이 아니라 실험을 통한 현상의 관측이었습니다. 아인슈타인의 공식 $E=mc^2$을 입증해준 실험이 콕크로프트와 월턴의 유명한 1932년도의 연구 '원자의 쪼개짐'이었다는 데에는 일반적으로 의견이 일치합니다. 케임브리지의 캐번디시 연구소에서 수행된 이 실험으로 콕크로프트와 월턴은 1951년에 "인공적으로 가속시킨 소립자를 이용한 원자핵 변환에 기여한 선구자적 연구"로 노벨 물리학상을 수상하였습니다.

그렇다면 콕크로프트와 월턴이 한 일은 과연 무엇이었을까요? 그들은 거의 70만 볼트의 전위차가 걸려있는 긴 유리관을 따라 방전관 속에서 생성된 수소 원자핵양성자을 리튬 금속 판 위로 가속시킬 수 있는 장비를 만들었습니다. 만일 이렇게 가속된 양성자가 리튬 원자핵에 흡수되어 버린다면 불안정한 상태가 되어 두 개의 헬륨 원자로 쪼개질 것이고, 그 과정에서 에너지가 방출될 것입니다. 이 과정을 다음과 같이 표현할 수 있습니다.

$$Li^3 + H \rightarrow He^2 + He^2$$

『네이처Nature』지의 에디터에게 보낸 짧은 편지에서 콕크로프트와 월튼은 그들이 어떻게 충돌을 통해 알파 입자헬륨의 원자핵가 생성되는 것을 관찰했는지 위와 같이 설명하였습니다.[40] 그들은 원자를 쪼갠 것입니다.

콕크로프트와 월턴은 논문에서 아인슈타인의 방정식을 언급하지 않았을 뿐만 아니라, 자신들의 실험이 아인슈타인이 제안한 질량과 에너지의 등가성을 확인하기 위한 시도였다는 식으로 소개하지도 않았습니다. 그럼에도 불구하고 그들이 수행했던 이 실험은 아인슈타인의 공식을 경험적으로 확증시켜 준 첫 번째 사례로 계속해서 인용되고 있습니다. 그 이유는 다음과 같습니다. 위에 적어 놓은 식은 반응 과정에서 에너지가 생성된다는 사실을 표현하고 있지는 않기 때문에 아주 정확한 식이라고 말할 수는 없습니다. 실제로 이 과정에서 생성된 두 개의 알파 입자*의 에너지와 이 과정에서 발생한 질량의 결손을 에너지

---

* 역자주: 헬륨의 원자핵을 알파 입자라고 부른다.

로 환산한 값을 서로 비교해보면 아인슈타인이 이론으로 예측한 결과와 95%의 정확도로 일치합니다. 즉, 아주 작은 질량이 막대한 양의 에너지로 전환된 것입니다.[41]

그렇다면 이와 같은 방식으로 원자핵의 막대한 포텐셜을 이용하여 에너지를 뽑아내는 방법이 있지는 않을까요? 콕크로프트와 월턴의 실험 결과가 발표된 이듬해에 아인슈타인은 그와 같은 가능성에 대하여 회의적으로 생각했습니다. 왜냐하면 이러한 방식으로 원자를 쪼개기 위해 양성자를 가속시키는 데는 막대한 에너지가 사용될 것이지만, 이로부터 얻을 수 있는 에너지는 상대적으로 적을 것이기 때문입니다. 물론 아인슈타인의 생각은 옳은 것이었습니다. 당시 영국의 선도적인 물리학자였던 어니스트 러더퍼드Ernest Rutherford는 이를 두고 "과학적으로 흥미로운" 과정일지는 모르겠지만, "이는 에너지를 생산하는 매우 형편없는 비효율적인 방식"이라면서 아인슈타인의 생각에 동의를 표했습니다.[42] 콕크로프트와 월턴의 실험에서 부분적인 문제는 그들이 양성자(즉, 양으로 대전된 수소 원자핵)를 똑같이 양으로 대전된 원자핵을 향해 발사했다는 점입니다. 이렇게 되면 발사된 양성자 대부분이 전기적인 반발 때문에 어쩔 수 없이 표적에서 편향되어 버립니다. 즉, 원자핵을 뚫고 들어가지 못하는 양성자를 가속시키는 데 많은 양의 에너지가 소모되는 셈입니다.

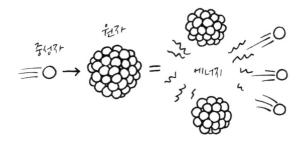

<그림> 핵분열: 원자의 쪼개짐

　그렇다면 양성자 대신 중성자를 사용하면 어떨까요? 중성자neutron 는 1932년에 제임스 채드윅James Chadwick에 의해 발견된 입자로서 양 성자와 같은 질량을 가지지만 전기적 전하량은 0인 입자입니다. 중성 자를 사용하면 실험 과정에서 쓸데없이 소모되는 에너지를 줄이고 에 너지 발생 효율을 증가시킬 수 있지 않을까요? 1934년, 이탈리아의 물 리학자 엔리코 페르미Enrico Fermi는 이와 같은 방식으로 느린 속력의 중성자와 원자를 충돌시킴으로써 방사성 원소를 만들어내는 데 성공 했다고 발표했습니다. 느린 속력의 중성자를 이용했던 페르미의 연구 는 핵반응으로부터 에너지를 추출하는 것의 핵심이라 할 수 있는 핵분 열의 발견에 문을 연 사건이었습니다. 그러나 원자핵으로부터 막대한 양의 에너지를 얻어내는 일의 핵심은 연쇄 핵반응에 있었습니다. 연쇄 핵반응nuclear chain reaction이란 중성자가 원자핵과 충돌하여 원자핵을 쪼개면서 에너지를 방출시키는 과정에서 또 다른 중성자가 방출되어 그것이 또 다시 다른 원자핵에 같은 반응을 일으키는 과정입니다. 이 와 같은 반응이 실제로 가능할까요?

제2차 세계대전이 발발한 1939년 초에 독일의 과학자들은 중성자와 충돌한 우라늄 핵이 분열하는 과정에서 막대한 양의 에너지가 방출되며, 소위 '핵분열 조각'이라고 부르는 두 개의 새로운 원자핵이 만들어진다는 것을 발견했습니다. 얼마 지나지 않아서 그들은 이 분열 과정에서 중성자가 방출된다는 것과 우라늄 핵의 분열 과정에서 나온 그 중성자가 또 다른 핵을 분열시킨다는 것을 확인하였습니다. 한 마디로, 연쇄 핵반응이 가능하다는 것입니다. 연쇄 핵반응은 지속적으로 일어나며, 막대한 양의 에너지를 방출합니다. 우리는 바로 이 에너지를 통제 가능한 방식으로 사용하여 전기 에너지를 생산한다든지 혹은 도시 전체를 파괴할 수 있는 폭탄을 제조할 수 있습니다.

　1938년에 미국으로 이주한 헝가리 태생의 물리학자 레오 질라드Léo Szilárd는 핵분열 기술 발전의 분위기를 감지하고, 핵분열의 잠재적인 의미를 이미 잘 깨닫고 있었습니다. 컬럼비아 대학에서 페르미와 함께 일하면서 질라드는 우라늄의 분열 결과로 '2차' 중성자가 방출되어 원자로 및 원자폭탄 개발에 필수 요소인 연쇄 핵반응을 일으킨다는 사실을 알았습니다. 나치 독일이 이 분야에서 범접할 수 없는 기술력을 선점하여 유럽 전쟁의 결과에 심각한 영향을 미칠 것을 우려한 질라드는 아인슈타인에게 면담을 요청해서 이 기술 발전의 중요성을 설명하였습니다.[43] 이미 질라드와 아인슈타인은 1920년대에 베를린에 함께 머물면서 비록 상업적으로는 실패했지만 새로운 형식의 냉장고를 함께 개발했던 일이 있을 만큼 서로에 대하여 잘 알던 사이였습니다.

　이 말을 들은 아인슈타인도 그 위험성에 공감했습니다. 아인슈타인은 핵무기가 개발될 경우 발생할 수 있는 위협과 미국이 이 분야를 연구하는 데 투자를 아끼지 말아야 한다는 건의사항을 담은 편지에 날인을 해서 루스벨트 대통령에게 보냈는데, 이 편지의 초안은 질라드가 작성한 것이었습니다. 이 편지는 1939년 8월 2일에 루스벨트 대통령에게 전달되었습니다. 사람들이 종종 생각하듯이 이 편지에 미국이 원자폭탄을 개발해야한다는 식의 건의사항은 담겨 있지 않았습니다. 당시 미국은 독일과 전쟁 중이 아니었기 때문에 그와 같은 일은 기대하기도 어려웠을 것입니다. 그러나 상황이 돌변했습니다. 1941년 12월, 일본이 진주만을 폭격한 것입니다. 이 사건으로 루스벨트 대통령은 일본과 나치 독일을 포함한 그 동맹국들을 향해 선전포고를 하였고, 세계 최초로 작동하는 원자폭탄의 개발과 사용을 이끌게 된 맨해튼 프로젝트Manhattan Project를 승인하였습니다.

아인슈타인은 맨해튼 프로젝트에서 어떠한 역할도 맡지 않았습니다. 그는 맨해튼 프로젝트의 존재와 그것이 어떤 결과를 의도하고 있는지도 몰랐던 것으로 보입니다. FBI는 아인슈타인을 정치적으로 신뢰하기 어려운 인물로 간주했습니다. 그래서 아인슈타인이 민감한 국가 정보에 접근해서는 안 된다고 생각했습니다.[44] 따라서 원자폭탄이 실제로 사용되었다는 소식은 아인슈타인에게 매우 달갑지 않은 충격으로 다가왔습니다. 그는 1952년 일본의 한 잡지에 "원자폭탄 프로젝트에 대한 나의 참여"라는 제목의 짧은 글을 기고하였는데, 이 기고문에서 나치가 원자폭탄을 먼저 개발할 수도 있다는 그의 믿음이 그를 루스벨트 대통령에게 편지를 써서 그의 제안을 고려하도록 촉구하게

된 동기가 되었음을 분명히 밝혔습니다.[45]

　그렇다면 핵무기 생산과 현재 인류의 미래에 미칠 위협에 대한 책임을 아인슈타인에게 물을 수 있을까요? 확실히 『타임Time』지는 그렇게 생각했던 것 같습니다. 1946년 7월 1일 『타임』지는 아인슈타인의 얼굴을 커버 사진으로 장식하였는데, 그의 얼굴 뒤편 배경에는 핵폭발 위로 피어오르고 있는 시커먼 버섯구름이 보입니다. 그리고 버섯구름의 꼭대기에는 아인슈타인의 가장 유명한 공식인 $E=mc^2$이 선명하게 새겨져 있습니다. 그러나 이와 같은 묘사는 아인슈타인에게 매우 불공정한 것입니다. 그는 자신이 제안했던 질량과 에너지의 등가성이 다른 사람들에 의해서 대량 살상 무기를 개발하고 실제로 사용되는 데 쓰일 것이라고는 생각하지 못했기 때문입니다. 1905년에 살았던 어느 누구라도 아인슈타인의 생각에 군사적인 함의가 있을 것이라고는 결코 예상하지 못했을 것입니다. 포탄이나 탄도 미사일의 궤적을 결정하는 데 뉴턴의 운동방정식이 사용된다는 이유로 뉴턴을 비난할 수 없는 것처럼, 핵무기 개발에 대해서 아인슈타인을 비난할 수는 없다고 봅니다.

　아인슈타인이 1905년에 쓴 이 마지막 논문은 과학의 발전 및 이를 활용하는 인간에 대한 어려운 질문을 우리에게 던지고 있습니다. 우리는 전 인류를 멸망시킬 수도 있는 병적인 핵무기를 개발하였습니다. 그리고 스스로 멸망을 초래한 최초의 종이 될 가능성이 있습니다. 아인슈타인은 과학의 발전이 윤리적 이슈들을 심각하게 고려하면서 더 큰 맥락에서 논의될 필요가 있다는 점을 정확하게 인식하고 있었습니다.

뼈아픈 경험을 통해서 우리는 이성적 사유가 우리 사회의 문제를 해결하는 데 충분치 않다는 것을 배우게 되었습니다. 세밀한 연구와 예리한 과학적 지식은 종종 인류에게 비극적인 결과를 초래하였습니다. 과학은 한편으로는 고단한 육체노동으로부터 인간을 해방시키는 발명품을 만들었지만, 다른 한편으로는 인간 전체를 파멸에 이르게 하는 수단을 제공하기도 했습니다.[46]

이어지는 장에서 우리는 아인슈타인의 윤리적, 종교적 관점을 살펴볼 것입니다. 이를 통해 과학이 어떻게 사용되어왔는지에 대한 그의 고민을 이해할 수 있을 것입니다. 특히 우리는 아인슈타인이 과학과 종교, 그리고 윤리적 차원의 문제들을 어떻게 의미 있고 실천 가능한 방식으로 한데 묶으려고 했는지 알아볼 것입니다. 그 전에 우선 1905년 **기적의 해** 이후에 아인슈타인에게 과연 무슨 일이 일어났는지부터 살펴볼 필요가 있습니다.

4장

일반 상대성이론:
최종 완성 그리고 실험적 확증

아인슈타인에게 1905년은 그야말로 '경이로운 해'였을지는 모르지만, 그가 발표한 일련의 놀라운 논문들에도 불구하고 교수 자리 제안이 쏟아진 것은 아니었습니다. 아인슈타인은 1905년 5월에 취리히 대학교에 박사 학위논문을 청구하였는데, 논문의 제목은 "분자 크기의 새로운 결정A New Determination of Molecular Dimensions"이었습니다. 이 논문은 같은 해 7월에 통과되었지만, 교수 임용으로 이어지지는 못했습니다. 그러나 그 시기에 좀 더 잔잔한 성과는 있었습니다. 1906년 4월, 베른의 특허 사무실에서 기술전문직 2급으로 승진한 것입니다. 이것은 아인슈타인이 마음 속 깊이 원했던 바는 아니었겠지만, 연봉이 오른 것만큼은 분명 환영할 만한 일이었습니다.

마침내 취리히 대학교에서 교수 초빙 공고를 냈고, 1909년 10월에 아인슈타인은 이론물리학 분야의 부교수로 임용되었습니다. 이로써 아인슈타인은 과학에만 전념할 수 있게 되었습니다.[1] 이로부터 2년 후, 아인슈타인은 프라하에 있는 카를-페르디난트Karl-Ferdinand 대학의 정교수가 되었습니다. 그리고 이후 1912년에는 취리히 연방공과대학ETH의 학장직을 맡기 위해 스위스로 되돌아왔습니다. 한편, 그 사이에 물리학자 막스 플랑크Max Planck와 물리화학자 발터 네른스트Walter Nernst 등을 주축으로 점점 불어나고 있던 독일의 아인슈타인 추종자들은 독일어 문화권과 과학 연구의 심장부로 아인슈타인을 모시고 오려는 노력을 기울이고 있었습니다. 플랑크는 1905년에 『물리학 연감Annalen der Physik』의 부편집자가 되었는데, 그해 아인슈타인이 해당 저널에 게재한 논문을 읽고 큰 감명을 받았습니다. (당시에는 동료 심사[peer review]*라는 시스템이 없었기 때문에 아인슈타인은 플랑크에게 직접 논문을 보냈습니다.) 사람들의 이 같은 노력은 성공적이었습니다. 1914년에 아인슈타인은 카이저 빌헬름 물리연구소Kaiser Wilhelm Institute for Physics의 연구소장 및 베를린 대학교의 교수로 임용되었습니다.

그러나 모든 것이 순조로웠던 것은 아닙니다. 베를린으로 이사한 지 얼마 지나지 않아서 아인슈타인의 결혼 생활은 삐걱대기 시작했고, 결국 밀레바와 그의 두 자녀들은 1914년에 취리히로 되돌아갔습

---

* 역자주: 과학 분야에서 어떤 학자가 특정 저널에 연구 논문을 제출할 경우, 같은 분야의 전문가들이 심사자로 배정되어(통상적으로는 2~3명) 논문의 내용을 평가하는 제도. 논문이 해당 저널에 게재되는 데 적합한지 여부를 평가하려는 목적도 있지만, 전문가 공동체가 연구 내용에 대한 균형 있는 피드백을 제공함으로써 논문의 질을 향상시키는 기능을 하기도 한다.

니다. 1917년에 몸이 상한 아인슈타인은 그의 사촌 엘사 뢰벤탈Elsa Loewenthal의 간호를 받게 되었습니다. 5년간의 법적 별거 끝에 1919년 아인슈타인은 밀레바와 이혼하고 엘사와 결혼했습니다. 당시 엘사는 이미 첫 번째 결혼에서 낳은 두 명의 딸을 데리고 있는 상태였습니다. 아인슈타인의 이혼 합의 내용은 이례적이었습니다. 그는 밀레바와 그의 두 아들들에게 즉각적인 재정 지원을 하는 데 동의했을 뿐만 아니라, 그가 만일 노벨상을 받게 된다면 그 상금을 두 아들을 위해 위탁하기로 밀레바와 합의했기 때문입니다.

그러는 동안 유럽의 정치적 긴장 상태는 점점 고조되고 있었습니다. 1914년 7월에 아인슈타인은 프로이센 과학 아카데미에서 첫 번째 강연을 하였는데, 이것은 그의 개인사에서 중대한 사건이었습니다. 학계의 변두리 인생을 끝내고 과학계에서 명성을 얻게 되는 분기점이 되었기 때문입니다. 그런데 바로 그 달에 오스트리아-헝가리 제국이 세르비아 정부를 향해 최후통첩을 발표했습니다. 오스트리아는 자신들의 취약한 국제적 지위에 대한 해결책으로 유럽 전역의 전쟁을 촉발시키려는 듯 보였습니다. 결국 1914년 8월, 제1차 세계 대전(당시에는 '대전쟁[Great War]'이라고 부름)이 발발함으로써 국제적인 지식의 교류와 공동의 과학 연구는 전면 중단되었습니다.

전쟁 기간 동안 아인슈타인은 독일에 고립된 채로 1909년 이후 그를 사로잡고 있던 한 가지 중요한 과학 문제를 해결하는 데 시간을 보낼 수 있었습니다. 그것은 바로 특수 상대성이론을 어떻게 일반화시킬수 있는가 하는 문제였습니다. 이 문제 자체를 이해하는 것은 어렵지 않습니다. 1905년에 발표했던 특수 상대성이론은 정지한 물체와 그것에 대하여 일정한 속도로 움직이고 있는 물체 사이의 관계에 대해서만 성립하는 이론입니다. 즉, 특수 상대성이론은 일정한 속도로 움직이고 있는 관찰자에 대한 상대성 효과만을 고려하고 있습니다. 그렇다면 속도가 **변하는** 운동을 하는 물체에 대한 상대성 효과는 무엇일까요? 또한 중력장은 시공간에 어떤 영향을 미치는 것일까요?

1. 일반 상대성이론

아인슈타인은 뉴턴의 만유인력 법칙이 자신의 상대성 개념과 근본적으로 양립할 수 없는 것처럼 보인다는 것을 깨달았습니다. 뉴턴이 전제로 삼았던 것은 중력이 순전히 물체의 질량에 의해 발생한다는 것입니다. 한편, 아인슈타인의 방정식 $E=mc^2$에 의하면 모든 형태의 에너지는 유효질량effective mass*을 가지게 되는데, 이에 따르면 에너지 또한 중력의 원천이 될 수 있어야 합니다. 즉, 질량과 에너지의 등가성은 중력을 이해하는 방식에 중대한 의문을 제기하고 있는 셈입니다.

앞 장에서 설명한 바와 같이 뉴턴은 중력을 공간 속에서 움직이는 물체들 사이에 존재하는 힘으로 제시했는데, 이때 공간은 거대한 텅

---

* 역자주: 아인슈타인의 공식 $E=mc^2$으로부터 에너지는 질량 값으로 환산될 수 있는데, 이렇게 환산된 질량을 '유효질량'이라고 부른다.

빈 용기와도 같은 것으로 이해되고 있었습니다. 즉, 뉴턴은 공간이 무엇으로 만들어져 있는지에 대해서는 이해하지 못했습니다. 뉴턴이 이해한 공간은 거대한 박스 같은 것으로서, 그 안에서는 물체에 힘가령, 중력 같은 힘이 가해져서 물체의 운동 경로를 변경시키거나 휘게 만들지 않는 한 물체는 직선운동을 합니다. 19세기에 영국의 물리학자 마이클 패러데이Michael Faraday와 제임스 클러크 맥스웰James Clerk Maxwell은 전자기장electromagnetic field이라는 개념을 도입하였습니다. 맥스웰은 빛이 "전자기학 법칙을 따르는 전자기장을 매개로 하는 파동 형태의 전자기적 교란"이라는 점을 입증했습니다.[2] 이에 아인슈타인은 전기와 자기처럼 중력도 '중력장gravitational field'을 통해 전달된다는 관점에 이르게 되었습니다. 더 급진적으로 그는 이러한 중력장이 사실상 뉴턴이 생각했던 바로 그 '공간'이라고 생각했습니다. 물체는 공간을 통과해서 움직이는 것이 아니라, 중력장을 통해서 움직인다는 것입니다. 공간은 박스와 같고 그 안에서 행성들이 중력의 영향을 받아 움직인다는 식의 이미지를 그리는 대신, 공간 자체를 중력장으로 생각해야 한다는 것입니다. 그리고 바로 이 중력장이 천체의 질량에 의해 국소적으로 일그러진다는 것입니다.

이와 같은 접근 방식을 기초로 하여 아인슈타인은 중력에 의한 시간 지연 현상을 예측하였습니다. 어떤 물체가 질량이 매우 큰 천체 주변으로 가까이 가면 강한 중력장 때문에 시간이 느리게 간다는 것입니다. 이것은 마치 중력이 시간의 흐름 자체에도 영향을 주는 것과 같은 것입니다. 오늘날 이 현상은 매우 잘 알려진 것으로써 GPSGlobal

Positional System 내비게이션이 작동하는 데 중요한 과학적 원리가 됩니다. GPS 장치는 지구 주위를 돌고 있는 인공위성이 송출하는 신호를 사용하여 관찰자의 위치 정보를 산출합니다. 그런데 인공위성에 탑재되어 있는 원자시계는 하루당 백만 분의 45초 씩 지표면 위에 있는 시계보다 빠르게 갑니다. 지표면 위에서는 지구의 중력이 더 크기 때문에 그 효과로 인해서 시간의 흐름이 인공위성에서의 시간의 흐름과 다른 것입니다.

뉴턴은 물질이 빈 공간을 통해서 다른 물질을 끌어당긴다고 생각했습니다. 하지만 아인슈타인의 이해 방식은 이것과는 매우 달랐습니다. 그에 따르면 물질은 시공간spacetime*을 변형시킵니다. 즉, 실제로 질량이 있는 물체 주변에서는 중력이 시공간을 휘게 만든다**는 것입니다. 뉴턴은 자신의 만유인력 이론을 빛의 경로에 대하여 적용한 적이 없습니다. 그렇지만 앞서 언급한 바와 같이 빛을 입자의 다발로 이해할 수 있다고 생각한 여러 과학자들은 중력이 공간 속을 날아가는 빛의 경로에도 영향을 미칠 수 있을 것으로 예상했습니다. 그중에서도

---

* 역자주: 아인슈타인의 새로운 관점에 의하면, '시공간'은 '시간'과 '공간'을 단순히 줄여서 부르는 말이 아니라 분리될 수 없는 하나의 독립적 실체로서의 장(field)을 가리키는 말이다.

** 역자주: '중력이 시공간을 휘게 만든다'라는 표현은 분명히 오해의 소지가 있다. 우리말로 '중력'은 'gravity'를 번역한 것인데, 영어 단어 'gravity'와는 달리 한문의 '중력(重力)'에는 힘이라는 뜻이 이미 들어있기 때문이다. 뉴턴이 '힘'으로서의 중력을 제시한 것과는 달리 아인슈타인은 중력이라는 '힘'은 없다고 생각했다. 단지 '중력장'이 휘어진 곳에 놓여 있는 물체가 '마치 힘을 받는 것처럼' 움직일 뿐이다.

특별히 두 가지 흥미로운 예측이 있었습니다. 그중 첫 번째는 존 미첼John Michell이 예측한 내용입니다. 1783년에 그는 중력으로부터 빛조차 탈출할 수 없는 별, 즉 외부에서 볼 수 없는 '어두운 별dark stars'이라는 것을 예견하였습니다. 두 번째 사례는 1804년 요한 게오르크 폰 졸트너Johann Georg von Soldner의 예측입니다. 그는 태양과 같은 별의 중력장 때문에 주변을 지나는 광선이 편향될 수 있다는 것을 예견하였습니다. 졸트너는 광선이 어느 정도 편향되는지를 계산을 통해 구체적으로 보이기도 했습니다.

물론 아인슈타인은 빛이 질량을 가진 입자들의 다발이기 때문에 중력의 영향을 받는다는 식으로 생각했던 것은 아닙니다. 그는 약간 다른 방식으로 논변을 만들었습니다. 아인슈타인이 주장했던 '질량과 에너지의 등가성'에 따르면, 빛은 매우 빠른 속력 때문에 소위 '유효 질량effective mass'이라는 것을 가질 수 있습니다.* 뉴턴은 빛이 질량을 가지는 것으로 생각한 반면, 아인슈타인은 빛이 마치 질량을 가지고 있

---

* 역자주: 정확하게 말하면, 빛이 에너지를 갖고 있기 때문에 유효질량을 가진다는 것이다. 3장에서 소개된 것처럼 1905년에 아인슈타인은 빛을 광자(photon)로 이해하기 시작했는데, 여기서 한 개의 광자는 진동수에 비례하는 에너지를 가진다($E=h\nu$). 그리고 $E=mc^2$을 사용해서 이 에너지를 유효질량으로 환산할 수 있다. 사실 유효질량이라는 개념을 사용하여 접근하는 것이 완벽한 논변은 아니다. 정성적으로는 그럴 듯해 보이지만 유효질량 개념만으로는 관측과 일치하는 정량적인 결과를 얻을 수 없기 때문이다. 아인슈타인도 1907년 무렵에는 이렇게 생각하고 있었지만, 일반 상대성이론이 완성된 1915년에는 더 이상 이러한 유효질량 개념을 가지고 빛의 경로를 계산한 것이 아니었다. 어쨌든 이러한 발상은 아무런 이유도 없이 빛도 질량을 가질 것이라고 막연하게 가정하는 것에 비해서는 한 단계 깊은 차원에서 이해한 것이라고 말할 수 있다.

는 것처럼 **행동한다**고 생각한 것이고, 따라서 태양이나 다른 별들과 같이 질량을 가진 물체에 의해 끌어당겨진다고 주장했습니다. 실제로 아인슈타인의 일반 상대성이론에 의해서 위의 두 가지 예측이 모두 확증되었지만, 이러한 결론이 나오게 된 이론적 기초는 미첼과 졸트너가 생각했던 방식과는 사뭇 다른 것이었습니다.

<그림> 트램펄린:
물체가 시간과 공간을 뒤틀리게 만드는 방식에 대한 한 가지 비유

　그렇다면 중력에 대한 우리의 변화된 이해 방식을 어떻게 시각적으로 나타낼 수 있을까요? 제가 본 것들 중에서 가장 도움이 되는 비유는 시공간을 일종의 트램펄린으로 비유한 것입니다. 만일 트램펄린 위에 무거운 물체를 놓으면 트램펄린의 고무막이 늘어나서 물체가 있는 부분이 움푹 처지면서 휘어질 것입니다. 그림처럼 트램펄린의 한 가운데에 금속 덩어리를 얹어 놓으면 당연히 그 부분이 아래로 축 늘어질 것입니다. 이 상태에서 또 다른 작은 공 하나를 트램펄린 고무막 위에서 굴리면 어떻게 될까요? 작은 공이 가운데 있는 금속 덩어리 쪽으로

움직일 것입니다. 왜 그럴까요? 금속 덩어리가 공을 끌어당기기 때문일까요? 아니면 금속 덩어리의 무게 때문에 변형된 고무판의 모양에 따라서 작은 공이 자연스럽게 움직이는 것일까요? 바로 이 두 번째 설명이 옳다는 것입니다.

일반 상대성이론을 통하여 우리는 시공간을 휘게 만드는 태양과 행성의 문제를 다시 생각하게 됩니다. 태양 주변을 돌고 있는 행성은 실제로는 태양으로부터 인력을 받는 것이 아니라 태양에 의해서 변형된 시공간의 굴곡을 따라 움직인다는 것입니다. 이러한 관점을 천체물리학자 존 아치볼드 휠러John Archibald Wheeler는 "물질은 시공간이 어떻게 휘어지는지 말해주고, 시공간은 물질이 어떻게 움직여야 할지를 말해준다."라는 말로 멋지게 표현하였습니다.[3] 따라서 아인슈타인은 중력에 의한 상호작용으로 묘사되던 물리학을 시공간의 기하학으로 전환시킨 사람이라고 말할 수 있습니다.

1915년 11월 무렵, 아인슈타인은 상대성이론을 보다 일반적인 이론으로 발전시키기 위한 세부 작업의 대부분을 해결했고, 앞선 여름에는 괴팅겐 대학에서 일반 상대성이론의 초안과 불완전한 버전의 내용을 강의 형식으로 발표하기도 했습니다. 그리고 이듬해인 1916년 3월, 아인슈타인은 독일의 과학 저널인 『물리학 연감Annalen der Physik』에 "일반 상대성이론의 기초"라는 제목의 논문을 제출하였습니다. 이 학술지는 그가 1905년에 쓴 대표적인 논문들이 실린 학술지였습니다. 당시는 전쟁 중이었기 때문에 이 논문은 아인슈타인이 기대한 만큼 널리 읽히지는 못했습니다. 그럼에도 이 논문을 통해 아인슈타인이 종합적이고 세부적인 일반 이론을 제시한 것은 분명하며, 그 연구 결과는 관측을 통해 검증받을 수 있는 내용을 담고 있었습니다.

그렇다면 특수 상대성이론과 일반 상대성이론의 관계는 어떻게 이해해야 할까요? 아인슈타인은 1919년 11월에 쓴 "상대성이론이란 무엇인가?"라는 글에서 그의 이론에 관심이 있는 대중들에게 이 두 이론의 관계에 대하여 다음과 같이 간결하게 설명하였습니다.

> 상대성이론은 마치 두 개의 분리된 층특수 이론과 일반 이론으로 이루어진 하나의 건물과도 같습니다. 특수 상대성이론은 중력 현상을 제외한 모든 물리 현상에 적용됩니다. 그리고 그 위에 쌓아올려진 일반 상대성이론은 중력 현상에 관한 법칙을 제공함과 동시에 자연에 존재하는 다른 종류의 힘들과의 관계를 말해줍니다.[4]

아인슈타인이 쓴 "일반 상대성이론의 기초"라는 제목의 논문에서 가장 두드러진 특징 중 하나는 만일 이 이론이 옳다면 어떤 관측 결과를 얻게 될지에 대한 구체적인 예측까지 포함하고 있다는 점입니다. 아인슈타인은 자신의 이론이 총체적으로 검토되어야 한다는 점을 분명히 알고 있었습니다. 그가 1919년에 언급한 바와 같이 이 이론이 지니고 있는 가장 큰 매력은 바로 이론의 논리적 완결성에 있었습니다. "만일 이 이론에서 이끌어낸 결론들 중에서 어느 하나라도 틀린 것으로 판명이 난다면 이론 자체를 버려야 할 것입니다. 이론의 전체 구조를 무너뜨리지 않고 일부분만 수정한다는 것은 불가능해 보입니다."

아인슈타인이 볼 때 이론을 시험대 위에 올릴 수 있는 예측에는 다음과 같은 세 가지가 있었습니다.

① 수성의 근일점 이동: 이 현상은 행성이 태양의 거대한 질량에 의해 휘어진 공간 위를 움직이기 때문에(즉, 태양의 중력장 속에서 움직이기 때문에) 나타나는 것이다. 근일점 이동은 모든 행성에서 나타나지만 태양과 가장 가까워서 중력 효과가 큰 수성의 경우에 가장 두드러진다.

② 중력렌즈gravitational lensing 현상: 태양의 중력에 의한 영향으로 휘어진 시공간 때문에 빛의 경로가 굽어진다.

③ 우주론적 적색편이redshift 현상*: 이 현상은 아인슈타인이 1907년에 언급한 등가원리의 결과이다.

그런데 위의 목록에 한 가지 예측이 빠져있다는 점이 눈에 띄는데, 그것은 바로 우주의 팽창입니다. 아인슈타인은 그의 장방정식field equation의 첫 번째 우주론적 해solution를 탐탁지 않게 여겼습니다. 왜냐하면 그의 장방정식은 우주가 팽창하고 있다는 것을 암시하고 있었기 때문입니다.** 1917년에서 아인슈타인은 그의 장방정식에 소위 "우

---

* 역자주: 적색편이는 물체가 방출하는 빛의 파장이 늘어나 보이는 현상이다. 빛을 방출하는 천체가 지구로부터 멀어지는 경우 빛의 파장이 길어지게 된다. 한편, 우주론적 적색편이는 공간 자체가 팽창함으로 인해서 빛의 파장이 길어지는 현상이다.

** 역자주: 물리이론은 어떤 형식으로든 물리량의 변화를 기술하는 방정식을 포함하고

주론적 기능cosmological function"을 하는 한 개의 항을 더해줌으로써 정적이고 변하지 않는 우주가 도출되도록 만들었습니다. 훗날 조지 가모프George Gamow는 아인슈타인이 이것을 자신의 경력 중에서 "가장 큰 실수"로 여겼다고 술회했습니다. (물론 가모프의 이 기억이 정말 신뢰할 만한 것인지는 의문입니다.) 1922년에 러시아의 수학자 알렉산드르 프리드만Alexander Friedmann은 아인슈타인의 장방정식을 사용해서 정적인 우주가 불가능하다는 것을 보였습니다. 그리고 1929년에 에드윈 파월 허블Edwin Powell Hubble의 연구를 통해 오히려 팽창하는 우주가 관측 사실과 더욱 잘 부합한다는 것이 밝혀졌습니다. 아인슈타인의 이론에 의하면 은하들의 운동 때문이 아니라 시공간 자체의 팽창 때문에 우주도 팽창하는 것입니다.

그렇다면 아인슈타인은 왜 자신이 유도했던 처음 방정식을 신뢰하지 않았던 것일까요? 그는 왜 곧 폐기되어버릴 정적이고 영원한 우주 모형에 끼워 맞추기 위해서 비평가들이 "임시방편적 요소"라고 일컫는 추가적인 그 항을 도입했던 것일까요? 이에 대한 여러 가지 추측들이 제시되어왔지만, 저로서는 확실한 대답을 찾지 못했습니다. 어쩌면 아인슈타인은 그 당시 물리학자들의 생각과 잘 어울리는 이론을 만들고자 했는지도 모릅니다. 혹은 네덜란드의 유대인 철학자 스피노자Spinoza의 추종자로서 아인슈타인은 진심으로 우주가 영원해야만 한

있는데, 이 방정식을 풀어서 얻게 되는 해는 조건을 어떻게 부여하는가에 따라 매우 다양할 수 있다. 이론을 만들 때 그것으로부터 얻을 수 있는 가능한 해를 처음부터 전부 파악할 수 있는 것은 아니다.

다고 생각했을 수도 있습니다. 그러나 한 세기가 지난 오늘날의 시점에서 보면 아인슈타인의 바로 그 '실수'가 사실은 성공적인 설명으로 판명된 것인지도 모릅니다. 왜냐하면 아인슈타인이 도입했던 우주상수가 초기 우주를 설명하는 지배적인 모형인 람다-CDM 모형Λ-CDM model에서 중요한 역할을 하기 때문입니다.* 특히 우주 상수는 '암흑 에너지dark energy'라 불리는 불가사의한 개념을 이해하는 데 결정적인 도움을 주는 것처럼 보입니다.[5]

만일 아인슈타인이 상대성이론을 토대로 팽창하는 우주를 예측했더라면 그의 이론은 1930년에 세상을 떠들썩하게 만들며 입증되었을 것입니다. 그러나 우리는 아인슈타인이 제안했던 세 가지 예측으로 되돌아와서 이 예측들이 왜 중요한지 살펴보려고 합니다.

첫 번째 예측은 사실상 예측이라기보다는 과거에 이미 알려진 현상에 대한 설명에 더 가깝습니다. 다시 말해서, 수성의 근일점 이동은 이미 **알려져** 있었으나 당시에 존재하던 이론으로는 **설명할** 수 없었던 현상입니다. 1915년 11월 18일, 아인슈타인은 그의 새로운 이론인 일반 상대성이론으로 수성의 근일점 이동을 설명하는 논문 한 편을 프로이센 과학 아카데미에 제출하였습니다.[6] 물론 이 주제를 풀어나갔던 아인슈타인의 방식은 훗날 카를 슈바르츠실트Karl Schwarzschild의 연구를 통해 수학적으로 보다 정밀하게 보완되었지만, 그럼에도 불구하고 아

---

* 역자주: 람다-CDM 모형은 우주상수(Λ, 람다)와 차가운 암흑물질(Cold Dark Matter, 줄여서 CDM)을 포함하는 우주론 모형으로서 오늘날 관측된 거의 모든 데이터와 가장 잘 일치하기 때문에 '표준 우주 모형'이라고도 부른다.

인슈타인이 제시했던 기본적인 해법은 도무지 풀리지 않던 이 현상에 대해 우아하고 설득력 있는 방식의 설명을 제공했다고 보기에 충분합니다.

세 번째 예측을 관측으로 확인하기 위해서는 상당한 수준의 기술적 발전이 필요했기 때문에 실제로 확인하는 것은 미래로 미룰 수밖에 없었습니다.[7] 실제로 일반 상대성이론이 나온 후 몇 년 안에 영국 과학계에서는 스펙트럼 선spectral lines*에서 적색편이가 일어난 어떠한 증거도 볼 수 없다는 것이 일반 상대성이론을 의심할 만한 근거로 인용되기도 하였습니다.

반면, 두 번째 예측은 당시의 측정 기술로도 확인할 수 있는 것이었습니다. 이 예측을 위해 필요한 것은 태양의 일식 현상뿐이었습니다. 즉, 일식을 이용해서 태양의 질량이 별빛에 미치는 영향을 측정할 수 있었습니다. 이 관측에 성공했는가 하는 스토리는 그 자체만으로도 하나의 흥미진진한 이야깃거리입니다.

---

* 역자주: 천체로부터 오는 빛을 프리즘에 통과시키면 무지개와 같은 스펙트럼을 얻게 되는데, 자세히 보면 특정 부분이 검정색 띠처럼 나타나 있다. 이것을 '스펙트럼 선'이라고 부르는데, 스펙트럼 선은 마치 사람의 지문처럼 천체를 이루고 있는 원소의 고유한 식별 패턴으로 기능한다.

2. 일반 상대성이론의 확증

일식이 일어나는 동안 별빛이 편향되는 것을 관측함으로써 아인슈타인의 이론을 검증해보는 일은 이미 몇몇 연구팀들에 의해서 시도된 바 있습니다. 예를 들어, 캘리포니아의 해밀턴 산Mount Hamilton에 위치한 릭 천문대Lick Observatory의 미국 연구팀은 1918년 6월 8일에 일식을 관측하였습니다. 그들의 결론은 뚜렷하지는 않았지만, 어쨌든 아인슈타인의 예측에 대해서 부정적인 판단을 내렸습니다. 그러나 릭 천문대에서 사용했던 장비는 품질이 떨어지는 것이었기 때문에 관측 결과의 신뢰성에 의문점을 남기게 되었습니다. 다시 말해서, 좀 더 신뢰할만한 관측 장비를 사용해서 아인슈타인의 예측을 검증해볼 여지가 분명히 남아 있었던 것입니다.

아인슈타인은 주로 독일과 스위스에서 과학 연구를 했고, 논문은 독일어로 작성하였습니다. 여러 증거에 비추어볼 때 영국과 미국의 과학자들은 아인슈타인의 아이디어를 거의 알지 못했던 것 같습니다. 혹 아는 사람들이 있다고 해도 그들은 아인슈타인의 아이디어에 특별히 공감하지는 않았습니다. 이는 켈빈 경Lord Kelvin이나 올리버 로지Oliver Lodge 등과 같은 저명한 영어권 과학자들의 아이디어를 대하는 태도와는 상반된 모습이었습니다. 더 심각한 것은 제1차 세계대전으로 인하여 과학 분야에서도 국제 커뮤니티에 적지 않은 긴장감이 드리워졌다는 것입니다. 다수의 영국과 미국 과학자들은 패전국인 독일을 다시 그들의 과학 커뮤니티 안으로 받아들이는 것에 공개적으로 적대감을 표명하였습니다.

그러나 그 와중에 놀랍게도 아인슈타인은 자신의 이론을 옹호해줄 영국의 물리학자 아서 에딩턴 경Sir Arthur Eddington을 찾아냈습니다. 에딩턴은 아인슈타인의 상대성이론을 단지 이해하는 것을 넘어서 그 이론에 관심을 기울이는 몇 안 되는 영국 과학자들 중의 한 명으로 알려져 있었습니다.[8] 일설에 의하면 한때 그는 전 세계에서 아인슈타인의 이론을 이해하는 세 명 중의 한 명이라는 찬사를 들었다고 합니다. 에딩턴은 이러한 찬사를 듣고도 아무런 반응을 하지 않았는데, 사람들이 왜 반응이 없냐고 묻자 에딩턴은 그 세 번째 사람이 누구일지 생각 중이라고 대답했다고 합니다.

한편, 영국의 왕립 천문학자 프랭크 왓슨 다이슨 경Sir Frank Watson Dyson은 공동 상설 일식 위원회Joint Permanent Eclipse Committee(JPEC)의 의장이었습니다. 1917년 3월에 그는 별빛의 편향에 관한 아인슈타인의 예측 내용을 듣자마자 1919년 3월 29일에 일어날 개기일식이야말로 이 예측이 맞는지의 여부를 시험할 수 있는 기회가 될 것이라고 생각했습니다. 더군다나 이번 개기일식 때는 태양 주변의 별들의 수가 특별히 많을 것으로 예상되었습니다. 뿐만 아니라 영국 천문학자들은 개기일식이 가장 길게 지속되는 장소가 어디인지도 파악할 수 있었습니다. 다이슨 경은 에딩턴을 채용해서 원정대를 이끌도록 했습니다.

당시 퀘이커 교도였던 에딩턴은 제1차 세계대전 동안 양심적 병역 거부를 하고 있었습니다. 이런 경우에 통상적으로는 군복무 대신 노동 캠프에 참여하도록 되어 있었습니다. 그러나 다이슨은 번뜩이는 아이디어로 영국 당국을 설득해서 에딩턴에게 군복무를 대신해 개기일식 원정대에 참여하도록 했습니다. 당시 개기일식을 온전히 볼 수 있다는 조건과 기상 여건, 접근의 용이성 등을 고려할 때, 브라질의 소브라우Sobral와 아프리카 서쪽 해안 근처의 프린시페Principe 섬이 최적의 관측 장소라는 데 의견이 모아졌는데, 에딩턴 본인은 프린시페 관측팀을 이끌었습니다.* 그렇지만 일식이 일어난 시각에 상당한 양의 구름이 하늘을 덮고 있어서 좋은 사진을 얻는 데 방해가 되었습니다. 뿐만 아니라 사진 건판을 해석하는 데서도 논쟁적인 부분이 있었습니다.

여기서의 관건은 태양을 비껴 지나가는 별빛이 태양의 중력장에 의해서 과연 몇 도 만큼 편향되는가 하는 것이었습니다. 에딩턴은 원정을 떠나기 전에 개기일식 관측 결과의 세 가지 가능한 결과 및 각각의 함의에 관한 논문을 썼습니다. 아인슈타인의 이론을 검증하는 데 이 관측 결과는 워낙 중요하기 때문에, 이와 관련한 에딩턴 본인의 말을 한 번 들어볼 필요가 있습니다.

광속이 매우 빠르다는 점을 고려하면 오직 태양만이 관측 가능한 효과를 제공할 수 있을 것이다. 별에서 방출된 빛은 태양 근

---

* 역자주: 관측에 실패할 것을 대비하여 브라질의 소브라우 지역에도 보조 관측팀이 파견되었다. 소브라우에서도 여러 장의 관측 사진을 얻을 수는 있었지만, 열기 때문에 사진판이 변형되어서 분석에 어려움이 있었다. 한편, 프린시페 섬에서는 계속 구름이 껴 있다가 개기일식이 절정을 이루기 직전에 하늘이 개이면서 원하는 관측 결과를 얻을 수 있었다.

처를 지나면서 살짝 휘어질 것이다. 이 현상은 밝은 별들이 분포해있는 곳에서 개기일식이 일어나는 내년에 검증될 수 있다. 이 실험의 결과는 다음과 같은 세 가지 가능성 중의 하나가 될 것이다. ① 태양의 가장자리 부근에서 편향각이 1.75초*가 되어 아인슈타인의 이론을 확증한다. 이 편향각의 크기는 다른 방식으로 예측한 값의 두 배이다. ② 편향각이 0.83초가 되어 빛이 무게를 가지고 있다는 것을 확증하면서, 아인슈타인의 이론이 틀렸음을 증명한다. ③ 광선이 편향되지 않는다는 것을 관측함으로써 빛이 질량을 가짐에도 불구하고, 무게는 없다는 것을 증명한다. 이것은 질량과 무게가 서로 비례한다는 뉴턴의 법칙이 전혀 예상치 못한 또 다른 방향으로 깨진다는 것을 의미한다.[9]

그러나 에딩턴의 논문을 읽은 모든 사람들이 단지 위의 세 가지 가능성 밖에 없다는 말에 설득된 것은 아니었습니다. 비판적 의견 중에는 개기일식이 진행되는 동안 지구의 상층부 대기가 불균일하게 냉각되는 것의 영향 등 혹 별빛의 편향이 관측되더라도 이에 대한 또 다른 설명이 가능하다고 주장하는 사람들도 있었습니다. 에딩턴은 왜 이러한 가능성들을 논의에 포함시키지 않았던 것일까요?

오늘날 많은 사람들이 미디어 연출에서 예민한 부분으로 인식하듯

---

* 역자주: 각도의 단위인 초(sec 또는 arcsec, 기호는 ″)는 일상에서 가장 많이 사용하는 단위인 도(°)의 60분의 1인 분(′)을 다시 60등분한 것이다. 즉, $1″=1/3600°$이다.

이, 당시 다이슨과 에딩턴은 아인슈타인의 이론에 대한 대중의 견해를 결정적으로 이끌어 낼 수 있는 하나의 극적인 사건을 구상했던 것입니다. 1919년 11월 6일, 다이슨과 에딩턴은 당시 천문학계를 이끌고 있던 크로멜린A. C. D. Crommelin과 함께 왕립학회와 왕립 천문학회의 런던 합동 회의에 참석했는데, 이 회의는 이미 대대적으로 광고가 되어 있었습니다. 이 자리에 모여 있던 영국 과학계의 대표들 앞에서 다이슨과 에딩턴은 개기일식을 관측하러 떠난 아프리카와 브라질 원정이 실제로 아인슈타인의 예측을 확인한 것이며, 뉴턴 이론을 추방시키는 것임을 선언했습니다.

이 원정대의 관측 결과는 우주에 대한 우리의 이해를 변화시킨 놀라운 성취로 제시되었습니다. 이전에 언급했던 「타임스Times」의 헤드라인 "과학의 혁명. 우주에 관한 새로운 이론. 뉴턴의 생각을 뒤집다."라는 문구는 대중을 사로잡았고, 여론을 형성했습니다. 다운 마켓 타블로이드 신문인 「데일리 메일Daily mail」의 경우에는 "잡아당겨진 빛"이라는 건방진 헤드라인을 통해 비슷한 대중의 분위기를 만들어냈습니다. 다른 신문사들도 마찬가지로 이러한 과열된 분위기에 휩싸였습니다. 「뉴욕타임즈New York Times」는 선두적인 과학자들이 "개기일식 관측 결과에 다소 들떠있다."라고 발표했습니다. 과학에서 혁명이 일어난 것입니다. 그리고 그 혁명의 승리는 아인슈타인의 이론이었습니다! 그러나 「뉴욕타임즈」는 이 발견이 "지구에 미치는 영향"은 없는 만큼 너무 경솔하게 놀랄 필요는 없다는 내용으로 독자들을 안심시켰습니다.[10] 아인슈타인의 뛰어난 이론은 대대적인 미디어 보도에 힘입어 대중의 상상력을 사로잡았고, 아인슈타인은 즉시 국제적 명성을 얻게 되었습니다.

한편, 과학계의 입장은 엇갈렸습니다. 아인슈타인의 상대성이론 자체의 과학적 가치에 대한 입장도 나뉘어 있었고, 1919년 개기일식의 관측 결과가 정말 상대성이론을 확증한 것인지에 대한 판단에서도 서로 엇갈린 입장들을 보이고 있었습니다. 이 원정에서 얻은 사진 건판 속 여러 지점들이 해석상의 어려움을 보였습니다. 어떤 점들은 너무 흐릿해서 버려야만 했습니다.[11] 이러한 사실 때문에 사람들은 에딩턴과 그의 공동 연구자들이 이미 가지고 있던 그들의 생각과 부합하지 않는 사진 건판들을 버림으로써 결과를 수정한 셈이라고 의심(때로는 여론몰이 식으로)하기도 했습니다. 그러나 1979년에 사진 건판들을 다시 조사한 결과에 의하면 이와 같은 의심은 근거가 없는 것으로 밝혀졌습니다.[12] 다이슨을 비롯하여 당시의 여러 천문학자들은 논쟁이 사그라들기 전에 1922년에 예정된 개기일식 때 이 실험을 반복해야 한다고 생각하기도 했지만, 사실상 1919년 관측에서 얻은 사진 건판만으로도 충분히 확실한 증거였습니다. 에딩턴의 홍보 솜씨가 뛰어나기는 했지만, 어쨌든 과학자로서의 진실성에 문제가 있는 것은 아니었던 것입니다.

에딩턴의 관측 결과로 아인슈타인의 이론이 확증되기는 했지만, 뉴턴의 이론을 "뒤집은" 이론이라든지 "과학 혁명"과 같은 선정적인 신문 매체의 보도 문구들은 영국의 많은 과학자들의 심기를 불편하게 만들었습니다. 그들이 볼 때, 이러한 신문 보도들은 뉴턴과 아인슈타인을 연결하는 명확하고도 중요한 **연속성**continuities을 전혀 강조하지 않는, 단순하고도 얕은 수준의 저널리즘이었습니다. 1921년 4월, 이와 같은 문제를 인식하고 있던 아인슈타인은 「뉴욕타임즈」와 인터뷰를 했습니다. 그 인터뷰에서 아인슈타인은 자신의 이론이 뉴턴의 이론을 폐기시킨 혁명이라기보다는 뉴턴이 남긴 유산을 통합하고 강화시킨 진화된 이론이라는 점을 강조했습니다.

> 대중들 사이에는 상대성이론을 이전에 있던 물리학의 발전과는 급진적으로 다른 것으로 간주하는 잘못된 생각이 널리 퍼져있습니다. …(중략)… 제 이론의 토대가 된 물리학의 기초를 놓았던 사람들을 열거하자면 갈릴레오, 뉴턴, 맥스웰, 로렌츠가 있습니다.[13]

아인슈타인은 과학에서의 "혁명"이라고 하는 느슨하고, 성의 없는 표현에 맞서고자 했습니다. 그래서 그는 자신의 이론이 이전 물리학자들이 이룩해 놓은 업적의 "자연스러운 완성"이라는 점을 분명히하고자 했습니다. 그럼으로써 자신의 새로운 접근이 세계를 바라보는 더 나은 방식으로의 "질서정연한 전환"으로 비춰지도록 했습니다.[14] 아인슈타인은 자신의 이론이 17세기의 뉴턴이나 19세기의 맥스웰과 같은 선구자들의 이론과 연속선상에 있다는 점을 지속적으로 강조하였습니다. 따라서 아인슈타인은 자신의 특수 상대성이론을 혁명적인 이론으로 생각하기보다는 오히려 이전의 접근을 체계적으로 발전시킨 이론으로 여겼습니다. 그러나 대중 언론의 통념은 아인슈타인을 기존 과학의 권위를 무너뜨린 혁명적 사상가로 묘사했습니다. 이것은 마치 러시아 혁명가들이 황제를 무너뜨리고 이전과는 전적으로 다른 세상을 수립한 것과 같은 식으로 아인슈타인을 묘사한 것입니다.

영국과 미국의 독자들이 아인슈타인을 천재로 추켜세우며 법석을 떠는 동안, 아인슈타인을 향해 딱 잘라 반감을 드러내는 사람들이 있었는데, 그 사람들은 다른 곳이 아닌 독일 안에 있었습니다.

3. 독일의 물리학: 아인슈타인에 대항하는 움직임

1919년에 아인슈타인은 독일 시민권을 가지고 있었고, 명문대학인 베를린 대학교의 교수이자 카이저 빌헬름 물리연구소의 소장이라는 직함을 가지고 있었습니다. 그는 독일 과학 발전의 중심부에 있으면서 국제적인 명성을 얻게 되었는데, 이 부분에서는 에딩턴이 큰 영향을 끼쳤습니다. 「베를리너 타게블라트Berliner Tageblatt」 역시 아인슈타인을 향한 과찬을 아끼지 않았는데, 이 신문에서 아인슈타인은 "갈릴레오와 뉴턴을 넘어서, 그리고 칸트를 넘어서 가장 높은 수준의 진리"를 밝혀낸 천재로 묘사되었습니다. 이러한 분위기에서, 1919년 12월 14일 『베를리너 일러스트리어트 차이퉁Berliner Illustrirte Zeitung』은 1면에 아인슈타인의 이미지를 게재함으로써 "세계사의 새로운 명성"의 출현을 선언하였습니다. 이 잡지는 독자들에게 아인슈타인의 연구가 "자연에 대한 우리의 이해 방식에 완전한 혁명"을 일으켰다고 확신을 심어주었습니다. 그러나—아인슈타인도 눈치를 챘겠지만—이와 같은 무비판적인 찬사와 대중의 환호는 일부 달갑지 않은 반응을 초래하기도 했습니다.

아인슈타인에 대한 포퓰리즘적인 존경이 급증하면서 독일 과학계 내의 비평가들은 그를 경박한 학자로 묘사했습니다. 즉, 아인슈타인이 자신의 기발한 아이디어들을 홍보하기 위해서 사기와 표절을 일삼았다는 것입니다.[15] 1920년에 독일에서 일어났던 두 가지 사건을 살펴보면 아인슈타인이 상대성이론을 발표한 이후 자라나고 있던 그에 대한 적대감이 어떠했는지 좀 더 잘 이해할 수 있습니다.[16] 아인슈타인에 대항하는 움직임은 1920년 8월 6일 베를린의 일간지 「테글리헤 룬트샤우Tägliche Rundschau」의 인기 저널리스트였던 파울 바일란트Paul Weyland가 쓴 한 편의 선동적인 기사로부터 시작되었습니다. 그는 이 기사에서 아인슈타인이 자기 스스로를 높이는 후안무치 인간이요, 다른 과학자들의 아이디어를 훔치는 사람이며, 실험적 탐구가 아닌 순전히 이론적인 말만 가지고 물리학을 보여주는 사람이라고 비난했습니다.

이것을 독일 과학이 오염되는 것으로 이해했던 바일란트는 이를 막기 위해 "순수 과학을 지키는 독일 과학자들의 실천 협회"를 창설하였고, 1,600명 이상을 수용할 수 있는 베를린 필하모닉 오케스트라의 커다란 공연장을 빌려서 대중을 위한 연속 강좌를 기획하기도 하였습니다. 이 강좌의 개회 강의를 맡은 바일란트는 아인슈타인을 코페르니쿠스, 케플러, 뉴턴 등과 비교하는 것은 웃기는 일이라며 조롱하였습니다. 그에 따르면 아인슈타인은 미디어를 통해 자기를 홍보하는 뻔뻔한

짓을 멈춰야만 했습니다. 아인슈타인은 미디어 세계에서 자신을 홍보해 줄 적임자들을 잘 알고 있는 것처럼 보였기 때문입니다.

여기서 바일란트는 1920년대를 거치면서 점점 중요하게 부각되던 무언가를 넌지시 암시하고 있었습니다. 그것은 바로 아인슈타인이 유대인이라는 사실이었고, 유대인은 정통 독일인이 아닌 것으로 간주되었습니다. (아인슈타인의 과학적 업적에 대하여 긍정적으로 보도했던 신문들은 베를린의 유대인 커뮤니티와 긴밀하게 연관되어 있었습니다.) 이 시기에 '유대인 물리학'이라는 표현이 사용되기 시작했는데, 이는 종종 '독일 물리학'과 대비되는 뜻을 가진 부정적인 의미로 사용되었습니다. 1937년에 아인슈타인의 상대성이론은 나치의 동조자들로부터 비판을 받았습니다. 상대성이론은 유대인의 뿌리에서 나왔고, 이는 과학의 신뢰성을 떨어트린다는 것이 그 이유였습니다.[17]

1920년 9월에는 아인슈타인과 저명한 물리학자였던 필립 레나르트 사이의 공개 논쟁으로 긴장이 더욱 고조되었습니다. 막스 플랑크가 의장을 맡아 진행되었던 이 열띤 공개 논쟁은 결론에 쉽게 이르지 못하였습니다. 비록 언론에서는 이 논쟁의 냉정하고 학문적인 성격을 강조하기는 했지만, 이 사건을 통해 아인슈타인은 요동하지 않을 수 없었고, 자신이 독일 학계에서 발을 딛고 서있을 만한 자리가 있을까 하고 고민하게 되었습니다. 더 걱정스러운 것은 그의 상대성이론이 문화적, 정치적 의제들과 뒤섞이게 되었다는 것이고, 결국 아인슈타인이 아닌 레나르트로 대표되는 '독일 물리학'의 고유한 물리학 전통이 상대성이론에 있는가 하는 질문을 던지게 되었습니다. 그러면 아인슈타인은 이렇게 비非-독일인이 되어갔던 것일까요?

비록 이러한 환경이 아인슈타인을 확실히 난처하게 만들기는 했지만, 1920년대까지만 해도 그는 독일을 떠나야겠다고 생각하지는 않았습니다.[18] 아인슈타인은 그 시대의 정치적, 사회적 논쟁으로부터 동떨어지지 않았고, 또 그럴 수도 없었습니다. 오히려 그는 이러한 논쟁을 통해 적극적으로 영향을 받기도 했습니다. 일반적으로 아인슈타인뿐만 아니라 우리가 만일 어떤 과학자들을 이해하고자 한다면 그들이 몸담고 있던 사회와 정치적 역사의 맥락 속에서 그들을 이해할 필요가 있습니다. 1920년대에 아인슈타인의 상대성이론은 독일의 많은 사람들에 의해서 잘못 이해되었습니다. 그중 일부는 문자 그대로 그 내용을 잘못 이해한 경우에 해당하겠지만, 한편으로 어떤 사람들은 특정한 사회, 정치적 집단의 관점에서 아인슈타인의 평판을 떨어뜨릴 목적으로 그의 이론을 일부러 왜곡한 것으로 보입니다.[19]

4. 노벨 물리학상

아인슈타인은 뛰어난 이론적 업적을 인정받아—특히 1905년도에 발표한 논문들을 중심으로—노벨상 수상자의 반열에 오를 수 있었습니다. 그는 1910년부터 1922년 사이에 1911년과 1915년을 제외하고 모든 해에 걸쳐 노벨 물리학상 후보에 올랐습니다. 그러나 앞서 설명했던 독일 내에서의 사건들 때문에 1920년까지 그에게 노벨상을 수여하는 문제는 논쟁의 대상이 되었습니다. 아인슈타인을 비판하는 사람들은 상대성이론이 지나치게 이론적이라는 이유로 너무도 쉽게 그의 업적을 무시했습니다. 그러나 다른 한편으로 아인슈타인은 과학의 설명력과 예측력의 상징과도 같은 인물로 국제적인 명성을 얻게 되었습니다. 결국 1921년 노벨 물리학상 수상자로 아인슈타인이 선정되었는데, "이론물리학에 대한 기여, 그리고 특별히 광전효과에 대한 법칙을 발견한 공로"가 수상의 이유였습니다.

그렇다면 아인슈타인이 노벨 물리학상을 받기까지 왜 이렇게 오랜 시간이 걸렸던 것일까요? 노벨 물리학상은 왕립 스웨덴 과학한림원에서 수여하는 상인데, 수상자 선정은 물리학 및 화학 분야에서 선출된 5명의 노벨 위원회의 추천을 통해 결정됩니다. 1900년대 초반에 이 노벨 위원회의 주도적인 세력은 움살라Uppsala 대학교를 중심으로 하는 학파였는데, 그들은 정확한 측정이야말로 자신들의 주된 사명이라고 생각했던 사람들입니다. 왜냐하면 결국 이론적 발전이라는 것은 정확한 측정에 달려있는 문제라고 여겼기 때문입니다.

1907년 노벨 물리학상은 "광학적 측정 도구와 그 도구들을 사용하여 수행한 분광 분석 및 계측 연구"에 기여한 공로로 미국의 물리학자 앨버트 마이컬슨Albert Michelson에게 돌아갔습니다. 이것은 노벨 위원회가 마이컬슨이 발전시킨 이론보다도 그 이론이 가능하게 만든 정밀한 측정 장비의 개발을 더욱 중요하게 생각했다는 것을 잘 보여줍니다.

1920년 노벨 물리학상은 불변강Invar*을 발견한 공로로 스위스 물리학자 샤를 에두아르 기욤Charles Édouard Guillaume에게 수여되었습니다. 불변강은 니켈과 강철의 합금으로써 주변 환경으로부터 상대적으로 영향을 거의 받지 않고 그대로 유지되는 특성 때문에 과학 기구들이 훨씬 향상된 정확도로 물리량을 측정할 수 있는 길을 열어주었습니다. 많은 사람들이 이 노벨상 수상은 아주 이례적인 결정이었다고 말합니다. 기욤은 이름 있는 대학에서 연구하던 학계의 과학자가 아니고, 국제 도량형국에서 일했던 사람입니다. 기욤이 1920년에 노벨상을 받았다는 사실에서 우리는 왜 아인슈타인이 그 당시에 노벨상을 받지 못했는지를 이해할 수 있습니다.[20]

예상대로 알베르트 아인슈타인은 1921년에 또다시 노벨물리학상 후보에 올랐습니다. 그러나 웁살라 대학교의 광학 교수였던 알바르 굴스트란드Allvar Gullstrand가 상대론과 중력 이론에 관한 아인슈타인의 기여에 대한 보고서를 작성한 뒤, 어떠한 상도 주지 말 것을 권고하였습니다.[21] 노벨 위원회는 교착 상태에 빠졌고, 결국 1921년의 노벨 물리학상 수상자는 결정되지 못했습니다.

웁살라 대학교의 이론물리학자 칼 빌헬름 오신Carl Wilhelm Oseen은 우연한 대화를 통해 굴스트란드가 그야말로 아인슈타인의 이론적 업적과 그 중요성을 이해하지 못했다는 결론에 이를 수 있었습니다. 그러나 그는 후보자를 평가하는 노벨 위원회의 일원이 아니었기 때문에

---

* 역자주: 그냥 '인바'라고도 부름

이 문제에 관해서 할 수 있는 일이 없었습니다. 그런데 1922년에 상황이 달라졌습니다. 오신이 노벨상 후보자 선정 위원회의 일원이 된 것입니다. 그는 아인슈타인이 이룬 업적의 중요성을 이해하면서 그의 업적에 적대감을 드러냈던 굴스트란드—이러한 적대감의 대부분은 아직 실험적으로 확증되지 않은 상대성이론에 대한 것이었습니다—를 어떻게 설득할 것인지 고민한 끝에 한 가지 전략을 생각해냈습니다.

상대성이론 대신 실험을 통해 이미 확증된 광전효과에 대한 업적으로 아인슈타인에게 노벨상을 수여하면 되지 않을까 하는 것이 바로 그 전략이었습니다. 결국 이 절묘한 타협이 이루어졌습니다. 아인슈타인은 "그의 상대성이론과 중력이론이 미래에 확증되었을 경우 보여줄 가치가 고려되지 않은 채로" 광전효과를 설명한 공로로 한 해 미뤄졌던 1921년의 노벨상의 수상자가 된 것입니다. 노벨 위원회는 훗날 상대성이론이 실험적으로 확증되었을 때 다시 한 번 아인슈타인에게 상을 줄 여지를 남겨두었던 것일까요?

노벨상 수상을 계기로 아인슈타인의 명성은 더욱 자자해졌고, 국제적 관심도 더욱 높아졌습니다. 아인슈타인은 1919년 밀레바와 이혼할 당시의 계약 조건을 이행했고, 밀레바는 명예 대신 재정적 이득을 취하게 되었습니다. 이 돈으로 밀레바는 투자 목적으로 취리히에 있는 아파트 세 블록을 구입해서 그중 한 곳에 거주했고, 나머지 둘은 다른 사람에게 임대하였습니다. 아인슈타인은 베를린에 남았고, 그의 명성은 국제적 인정과 함께 높아졌습니다. 그러나 점점 고조되고 있던 반유대주의는 그에게 점점 큰 근심거리가 되었고, 개인적인 상황도 여전히 문제가 많았습니다.

5. 미국으로의 이주

제1차 세계대전에 패배한 독일은 1920년대 초에 정치적, 재정적 위기에 연달아 직면하게 되었습니다. 왜냐하면 전후 바이마르 공화국이 막대한 금액의 배상금을 떠안게 되었기 때문입니다. 독일 마르크의 화폐가치는 곤두박질쳤고, 엄청난 인플레이션이 초래되었습니다. 1921년 상반기만해도 미국 달러화의 가치가 90독일 마르크에 해당했는데, 1923년 11월에 미국 달러는 4,210,500,000,000독일 마르크의 가치가 있을 정도가 되었습니다. 저축의 가치는 완전히 바닥으로 곤두박질쳤습니다.

독일 정치에서 이제 반유대주의가 주요 세력으로 떠오르기 시작했습니다. 1921년에 발표한 한 기고문에서 아인슈타인은 독일 내에 존재하는 유대인에 대한 편견과 차별을 점점 크게 느끼고 있다고 말했습니다. 그러나 아인슈타인은 유대인으로서의 정체성을 숨기기보다는 오히려 자신의 정체성을 재확인하고 분명하게 말하는 태도를 보였습니다.

스위스에 살았던 7년 전까지만 하더라도, 그리고 거기에 사는 동안 저 자신이 유대인이라는 것을 의식하지 못했습니다. …… 그런데 베를린에 거주하기 시작하면서 상황이 달라졌습니다. 베를린에서 많은 유대인 젊은이들이 곤경을 당하는 것을 보았습니다. …… 이러한 사건들, 그리고 유사한 경험들을 겪으면서 제 안의 유대인으로서의 민족적 감정이 깨어났습니다.[22)]

1929년 10월 월스트리트의 붕괴는 전 세계적으로 전례가 없던 심각한 경기 침체를 불러일으켰습니다. 그리고 이것은 바이마르 공화국의 정치적 안정에도 치명적인 영향을 끼쳤습니다. 민주 정부가 위기를 대처하지 못하자 공산주의와 국가사회주의National Socialism—나중에는 '나치즘Nazism'이라는 약칭으로 더 잘 알려진—같은 권위주의적 대안들을 바라보는 대중적 관심이 높아졌습니다. 사람들은 이러한 대안적 체제 속에서 위기를 극복할 리더십을 찾을 수 있을 것으로 기대했습니다. 국가사회주의 정당의 지도자는 아돌프 히틀러Adolf Hitler였습니다. 그의 수하에 있던 요제프 괴벨스Joseph Goebbels는 국가사회주의의 이데올로기에 대중적인 옷을 입히고자 선전하였는데, 이것은 흡사 종교적이라고 할 정도의 상징주의와 강력한 반유대주의 신화로 가득 차 있었습니다.

나치 이데올로기의 등장으로 아인슈타인은 정치적, 사회적, 그리고 종교적 신념을 더욱 발전시키게 된 것으로 보입니다. 이 점에서 우리는 『전망 좋은 방A Room with a View』을 집필한 영국의 소설가 포스터 E. M. Forster와의 흥미로운 유사성을 발견할 수 있습니다. 1939년에 포스터는 그가 나치 독일과 소련에서 목도한 공격적 이데올로기에 대한 반동으로 자신의 신념을 발전시킬 수 있었다고 다음과 같이 썼습니다.

"공격적인 신념들이 너무 많기 때문에 자기 자신을 지키기 위해서는 누구든 자신만의 신념을 형성해야만 합니다."[23]

아인슈타인은 나치즘이 부상하는 상황을 보면서 당연히 놀랐습니다. 그러나 1930년만 하더라도 아인슈타인은 히틀러의 영향력이 커지고 있는 상황은 당시 경제 위기를 반영하는 것일 뿐이라고 생각하고 있었습니다. 만일 경제 상황이 호전되기 시작한다면 히틀러는 더 이상 대중들에게 호소력을 갖지 못할 것이라고 생각했습니다. 그러나 1932년 후반이 되자 아인슈타인은 권력을 향한 히틀러의 부상을 누구도 막을 길이 없다는 것을 깨달았습니다. 유대인으로서 그는 자신뿐만 아니라 가족들까지도 독일에서는 더 이상 안전을 보장 받지 못하리라는 것을 알았습니다. 1932년 12월 12일, 마침내 아인슈타인은 부인 엘사와 함께 베를린을 떠나 미국으로 갔습니다. 그로부터 한 달 후, 히틀러가 독일 총리로 취임했습니다. 독일의 신문들은 헤드라인 기사를 통해 아인슈타인이 돌아온다면 결코 환영받지 못할 것이라고 분명히 밝혔습니다. "아인슈타인에 관한 좋은 소식: 그는 돌아오지 않는다!"

불가피한 상황에 직면한 아인슈타인은 프로이센 과학 아카데미를 사임하고, 독일 국적도 포기했습니다. 결국 그는 1940년에 미국 시민권을 얻었고, 당시 프린스턴 대학교에 갓 설립된 고등연구소Institute for Advanced Study에 새로운 둥지를 틀었습니다. 그리고 그곳에서 이후 22년의 여생을 보냈습니다. 아인슈타인이 미국에서 보낸 시간 동안, 누가 보더라도 평안했음에도 불구하고 기대할 만큼의 과학적 성취는 이뤄지지 못했습니다. 아인슈타인이 과학에서 이룩한 중대한 발견은

1900년대와 1910년대에 이루어진 것입니다. 그 이후에 시도된 것들은 이전의 아이디어들을 통합하고 확장하려는 시도였다고 말할 수 있습니다. 그러나 그 당시까지 알려져 있던 위대한 이론적 통찰들을 통합하려는 그의 엄밀한 시도는 궁극적으로 결실을 맺지는 못했습니다.

아인슈타인은 1955년 4월 18일에 프린스턴 병원에서 복부대동맥류로 사망했습니다. 아마도 사후에 유명 인사를 숭배하는 일이 일어날 수 있다는 위험을 감지한 아인슈타인은 자신의 유해를 화장시켜서 델라웨어Delaware 강에 뿌려달라고 했습니다. 하지만 적어도 한 가지 중요한 점에서 그의 마지막 유언은 무시되었습니다. 기이한 사건이 전개되면서 아인슈타인의 뇌는 사망한 당일 저녁에 병리학자 토마스 하비Thomas Harvey에 의해 적출되었고, 어떠한 승인 절차도 없이 병원에서 반출된 것입니다. 하비는—이것 또한 승인 없이—아인슈타인의 안구도 제거하여 이를 아인슈타인의 안과 주치의였던 헨리 아브람스Henry Abrams에게 넘겨주었습니다. 아마도 하비는 아인슈타인의 뇌를 불법적으로라도 소유함으로써 명성과 부를 얻을 수 있을 것으로 기대했을지도 모릅니다. 그러나 결국 아인슈타인의 뇌는 1997년에 프린스턴 병리학 연구실로 반환되었습니다.[24]

6. 이론적 통합을 향한 아인슈타인의 실패한 탐구

양자역학의 형성에 결정적으로 기여한 1905년도 논문에서부터 일반 상대성이론에 이르기까지 아인슈타인이 이룩한 업적은 가히 놀라운 것이었습니다. 그럼에도 불구하고 아인슈타인은 자신의 업적을 미완성으로 생각했습니다. 왜 그랬을까요? 그 이유는 그가 추구했던 **아인하이트리히카이트**die Einheitlichkeit, 모든 현상의 근본적인 통합가 완성되지 못했기 때문입니다. 1910년대에 그가 쓴 글들을 보면 아인슈타인이 이 생각에 얼마나 경도되어 있었는지 알 수 있습니다. 1916년 11월에 네덜란드의 천문학자 빌럼 드지터Wilem de Sitter에게 보낸 편지에는 실재에 대한 통합된 시각을 발견하고자 하는 강박과도 같은 그의 열망이 매우 잘 드러나 있습니다. "일반화하고 싶은 열망이 나를 이끌고 있습니다."[25]

아인슈타인의 이러한 열망은 위대한 독일 물리학자 막스 플랑크의 회갑을 기념하는 1918년 베를린 강연에서도 아주 잘 드러납니다. 아인슈타인에게 있어서 "단순하고도 선명한 세계상"을 단일한 이미지로 그려낸다는 것은 단순히 과학의 궁극적인 목적으로만 표현할 수 있는 것이 아니었습니다. 그것은 일상의 평범함을 벗어나서 객관적인 지각과 사유가 가능해지는 더 순수한 세계로 탈출하고자 하는 인간 심연의 정신적 요구에 부응하는 것이었습니다. 그렇기 때문에 자연 세계를 탐구하는 과학자의 헌신적인 노력은 종교적 신앙의 상태와도 비슷한 '감정의 상태state of feeling'를 요구하는 것이었습니다.

많은 사람들은 일반 상대성이론이 현재로서는 중력 및 시공간 구조에 관한 가장 일반화된 이론이라는 점에 동의하고 있습니다. 그러나 비록 일반 상대성이론이 놀라울 정도로 광범위한 현상을 설명하고 있기는 하지만, 아원자 세계를 지배하는 양자적 효과가 반영되어 있지 않다는 점에서는 불완전한 이론입니다. 오늘날 대다수의 물리학자들은 천문학이나 우주론처럼 거시적 스케일의 현상을 기술할 때에는 일반 상대성이론을 사용하고, 원자나 기본 입자들의 행동을 설명할 때에는 양자역학을 사용하는 실용적 노선을 취하고 있습니다. 일반적으로 이 두 분야는 서로 너무나도 멀리 떨어져 있기 때문에 실용적 차원에서 이와 같은 전략은 꽤 잘 작동한다고 볼 수 있습니다. 그러나 사실그것은 이론적인 차원에서 임시방편으로 얼버무리는 것일 뿐입니다.

이러한 접근은 개념적 차원에서 볼 때 분명히 만족스럽지 못한 것입니다. 즉, 그것은 해법이라기보다는 문제를 껴안고 가는 차선책에불과합니다. 우선, 이 두 가지 이론의 체계는 매우 다릅니다. 일반 상대성이론은 기하학적으로 엄밀하게 묘사되고 결정론적입니다. 반면, 양자역학의 세계는 불확정성으로 이루어져 있으며 확률적입니다. 양자역학의 이러한 확률적 특징 때문에 아인슈타인은 양자역학의 성공 가능성에 대하여 심각한 의혹을 품었고, 신은 우주와 "주사위 놀이를 하지 않는다."라는 유명한 (그리고 종종 오해를 받는) 발언을 하기도 했습니다.[26] 보다 근본적인 차원에서 아인슈타인은 일반 상대성이론과 양자역학을 특수한 경우로서 포괄하는 더 크고 완전한 이론이 있어야만 한다고 생각했습니다. '경험적 사실들의 총체'를 아우르는 더 큰 이론을 찾는 것이야말로 아인슈타인에게는 일생일대의 목표였습니다.

아인슈타인은 실재에 대한 완전하고 정합적인 설명을 해내고 싶었습니다. 이와 같은 목표가 어떤 사람에게는 과학적 목표라기보다는 철학적 목표인 것으로 비춰질 수도 있습니다.[27] 하지만 어쨌든 아인슈타인은 이러한 탐구에 실패했습니다. 아인슈타인이 생애 마지막 20년을 보냈던 프린스턴 고등연구소의 소장이었던 로버트 오펜하이머Robert Oppenheimer는 이와 같은 통일 이론unified theory을 만들고자 했던 아인슈타인의 시도가 "완전한 실패"였다고 평가했습니다. 아인슈타인은 그저 "시간을 낭비"했을 뿐이라는 것입니다.[28] 그러나 또 다른 사람들은 아인슈타인의 시도에 대하여 훨씬 관대하게 평가하기도 합니다. 예를 들어, 물리학자 브라이언 그린Brian Greene은 아인슈타인이 단지 시대를 앞서갔기 때문이라고 생각합니다. 아인슈타인이 살았던 시대의 물리학의 흐름은 대통일 이론을 받아들이기에 아직 준비가 덜 된 상태였고, 따라서 아인슈타인에게서 대통일 이론은 감질나게 손에 잡힐 듯 말 듯 했다는 것입니다. "반세기 이상이 지난 후에야 통일 이론을 향한 아인슈타인의 꿈이 현대물리학의 성배가 되었다."[29] 비록 아인슈타인이 잘못된 출발점에서 시작했을지는 모르지만, 복잡한 우주를 단일한 대통일 이론으로 통합하려는 가능성을 포착한 것은 분명히 제대로 본 것입니다.

세계에 대한 통합된 관점을 추구했던 아인슈타인의 시도는 물리학의 세계를 넘어서까지 중요합니다. 이 책의 중심 주제 가운데 하나는 과학, 윤리, 정치, 종교를 (하나의 정합적 실체로 엮지 못한다면 적어도) 한데로 모으는 것이 가능하다는 아인슈타인의 신념에 대하여 고찰하는 것입니다.[30] 실재에 대한 통합된 관점을 추구하는 것은 물리학자와 우주론 연구자들에게만 국한된 것은 아닐 것입니다. 우리는 각자 나름의 방식으로 우리가 믿고 있는 신념들과 열과 성을 다하는 일들을 한 가닥으로 엮어서 실재에 대한 정합적인 그림을 그리고 싶어 합니다. 아인슈타인은 이것을 **세계상**Weltbild이라는 독일어로 표현하는 것을 선호했습니다.

아인슈타인에 관하여 연구했던 초기의 학자들은 그의 과학적 아이디어의 발전 과정 및 그것이 어떻게 형성되었고, 과학적 사유의 방향을 어떻게 바꾸었는지 등에 집중하였습니다. 한편, 최근의 연구들은 아인슈타인이 종교와 윤리, 정치적인 이슈에 대하여 놀라울 정도로 많은 글들을 썼다는 것과 이것들이 서로 어떻게 연관성을 지니고 있는지 등을 밝혀냈습니다. 한 인간으로서의 아인슈타인에 대한 이와 같은 관심의 증가는 우리로 하여금 두 가지 질문을 던지게 하는데, 이 질문들이 이 책에서 분명하게 설명하고자 하는 내용이기도 합니다. 첫 번째 질문은 아인슈타인이 인생의 큰 질문들을 어떻게 대했으며, 또한 이 질문들에 대하여 그가 취한 대답은 무엇이었는가 하는 것입니다. 두 번째 질문은 과학과 종교, 윤리에 대한 아인슈타인의 관점에 우리가 동의하는가의 여부와 관계없이 그가 이것들을 통합하고자 했던 방식이 (비록 그리 대단하지는 않고 제한적으로 여겨질지라도) 우리로 하여금 실재에 대한 우리 나름의 관점을 발전시키는 데 도움을 줄 수 있겠는가 하는 것입니다.

이 책의 후반부에서는 바로 이 질문들에 대하여 생각해보려고 합니다.

a theory of everything
that matters

2부

중요한 모든 것의 이론

God

$\mathcal{E}=mc^2$

5장

아인슈타인과 더 큰 그림: 여러 시각을 하나로 엮는 것

아인슈타인은 '큰 그림'을 그리는 사상가였습니다. 그는 근본적인 차원에서의 실재, 그리고 그 안에서 살아가고 있는 인간의 위치를 중요하게 생각했습니다.[1] 1920년대 후반에 아인슈타인은 상대성이론과 양자역학을 하나로 아우르는 단일한 이론 체계를 만드는 계획에 착수했습니다. 물론 이 계획이 성공적인 것은 아니었지만, '모든 것의 이론theory of everything'을 추구했던 그의 정신은 여전히 현대 과학의 성배로 남아 있습니다. 서로 분절되어 있는 것처럼 보이는 생각의 끈들을 하나의 정합적인 체계로 엮는다는 것, 이것이 어떻게 가능할까요?

1944년 11월, 아인슈타인은 당시 푸에르토리코 대학교University of Puerto Rico에서 교양 교육과정을 시작하려고 준비 중이었던 로버트 쏜튼Robert Thornton 교수에게 한 통의 편지를 보냈습니다. 이 편지에서 아인슈타인은 학생들이 세상에 대하여 더 풍성한 시각을 갖도록 하기 위해서는 과학철학philosophy of science이 중요하다는 점을 다음과 같이 강조하였습니다. "오늘날 많은 사람들은 숲은 한 번도 본 적이 없으면서, 수천 그루의 나무들만 본 사람들과 같습니다."[2] 여기서 아인슈타인이 말한 '많은 사람들'에는 전문적인 과학자까지도 포함됩니다. 아인슈타인에게서 통합된 **세계상**Weltbild, 즉 세계를 바라보는 정합적이고 포괄적인 방식은 매우 중요했습니다. 인간은 이와 같은 세계상을 가질 때 비로소 각각의 나무가 보일 뿐 아니라 동시에 이 나무들이 그보다 더 큰 무엇의 일부라는 점을 알게 됩니다. 세계상은 아인슈타인의 과학적 사유와 그 너머의 폭넓은 사유 속에 담긴 **통일성**die Einheitlichkeit(즉, 모든 현상에 대한 근본적인 통일성)을 이해하는 데 있어서 중요한 이미지입니다.

그런데 모든 것을 하나로 통일한다는 개념은 증명할 수 있는 것이라기보다는 직관에 가까운 것이었습니다. 독일의 저명한 물리학자 막스 플랑크Max Planck는 아인슈타인의 사유에 담긴 이러한 특징을 누구보다 잘 인식하고 있었습니다. 그는 아인슈타인 식의 직관이 과학적 방법에서 없어서는 안 될 필수 요소라는 점을 다음과 같이 말했습니다.

아인슈타인이 말했듯이 만일 여러분이 외부 세계가 실재로서 존재한다는 것을 알지 못한다면 애당초 과학자가 될 수도 없었을 것입니다. 그런데 이와 같은 지식은 어떠한 추론의 과정을 통해서 얻을 수 있는 것이 아닙니다. 오히려 이것은 직접적인 지각이며, 본질상 믿음에 가깝습니다. 즉, 그것은 형이상학적 신념입니다.[3]

따라서 현상이 보여주는 근본적인 통일성은 과학 활동에 동기를 부여하고 정당성을 제공해주는 철학적 신념 혹은 심지어 신학적 신념이라고도 말할 수 있습니다. 이것은 증명할 수 있는 성질의 것이 아닙니다. 그럼에도 불구하고 통일성은 과학 연구를 수행하는 데 실질적인 기초를 제공해줍니다. 플랑크는 과학자가 사물의 보이지 않는 질서에 대한 믿음을 가지고 있다고 생각했습니다. 그리고 과학자는 과학의 성공으로 이러한 믿음을 정당화합니다. "어떤 종류든 과학 연구에 본격적으로 참여해본 사람이라면 누구든지 과학이라는 사원의 입구에 '그대는 믿음을 가져야 한다.'라는 문구가 적혀있다는 것을 알고 있을 것입니다. 이것은 결코 간과해서는 안 되는 과학자의 자질입니다."[4]

아인슈타인에 따르면, 어떤 이론에 대한 궁극적인 평가는 그 이론이 실재에 대하여 보여주는 시각이 얼마나 우수한가에 달려 있습니다. 여기서 시각이 우수하다는 것은 단순히 얼마나 넓은 범위를 보여줄 수 있는가의 문제가 아니라, 그 시각을 통해서 여러 대상을 정합적으로, 서로 연결된 총체로서 묶어낼 수 있는가 하는 것이 중요하다는 의미입니다.

새로운 이론을 만드는 것은 옛 헛간을 부수고 그 자리에 고층건물을 세우는 것과는 전혀 다른 것입니다. 오히려 그것은 산에 오르는 것과 같습니다. 산에 오를 때 우리는 새롭고 더 넓은 시야를 가지게 되는데, 이를 통해 출발점과 그 주변의 풍부한 지형 사이의 새로운 연관성을 발견하게 됩니다. 그러나 산에 오르는 과정에서 여러 가지 장애물을 극복하며 얻게 된 넓은 시야에서는 우리가 출발했던 지점이 매우 작은 부분에 불과했던 것으로 보이겠지만, 그곳은 여전히 존재하고 또 산 위에서도 여전히 그 출발점을 바라볼 수 있습니다.[5]

아인슈타인에게서 가장 우수한 이론이란 가령 뉴턴 역학과 같은 옛 이론의 통찰을 충분히 수용할 수 있으면서도 동시에 우리의 우주에 관해 보다 넓은 시야를 제공해주는 이론이었습니다[*] 즉, 가장 우수한 이론은 분리되어 있던 끈들을 서로 엮어주는 이론이며, 그러면서도 각각의 끈이 이제는 하나의 '큰 그림' 안에서 중요한 구성 요소로서 이해되는 그러한 이론이라고 말할 수 있습니다.[6] 그리고 아인슈타인이 제대로 보았듯이 최고의 이론을 만든다는 것은 **이해**하는 일이기도 하지만 **상상**하는 일이기도 합니다. 과학에서 상상이 중요하다는 것을 아인슈타인이 얼마나 크게 인식하고 있었는가 하는 것은 그가 쓴 "과학에 관하여On Science"라는 제목의 짧은 에세이에 매우 잘 표현되어 있습니다. "상상은 지식보다 더 중요합니다. 왜냐하면 지식은 제한적인 반면 상상은 전 우주를 품을 수 있고, 전진하도록 자극을 주며, 결국에는 발전하도록 만들기 때문입니다. 엄밀히 말해서 상상이야말로 과학 연구의 진짜 중요한 요소입니다."[7]

---

* 역자주: 예를 들어, 일반 상대성이론은 뉴턴의 중력이론을 특수한 경우로 포함하면서 더 넓은 시야를 보여주는 이론이다. 양자역학도 특별한 극한을 취하면 다시 고전역학으로 환원된다는 점에서 이와 비슷한 성격을 지닌다.

비록 합리주의 쪽의 성향으로 좀 더 치우친 과학자들에게는 위와 같은 말이 이상하게 들릴지도 모르겠으나, 과학계에서는 이론의 발전 과정과 실재의 상호 연결성을 파악하는 과정에서 상상이 중요한 역할을 한다는 점이 널리 인식되고 있습니다.[8] 아인슈타인은 이론과 실재를 연결하는 데 논리가 제한적 가치를 가진다는 점을 자주 언급하곤 했습니다. 가령 "과학에 관하여"라는 에세이의 서두에서 아인슈타인은 다음과 같이 말했습니다. "과학의 위대한 성취는 모두 직관적인 지식에서부터 출발해야만 합니다. 나는 직관과 영감을 믿습니다. …… 때때로 나는 이유를 정확하게 알 수는 없지만 내가 옳다는 것을 확실히 느끼곤 합니다."[9] 막스 베르트하이머Max Wertheimer와의 대화에서도 아인슈타인은, 과학을 통해서는 단지 부분적으로만 이해할 수 있는 복잡한 실재에 관하여 묘사하고자 할 때, 본인은 결코 논리 기호나 수식을 통해 생각하지 않고 오히려 이미지나 느낌, 심지어는 음악적인 구조를 사용하는 것이 훨씬 자연스러웠다고 말했습니다.[10] (아인슈타인은 자신이 만일 물리학자가 되지 않았더라면 아마도 음악가가 되지 않았을까 하고 말한 적도 있습니다.)

'큰 그림'이 중요하다는 아인슈타인의 관점은 그가 남긴 글들 여기저기에서 발견됩니다. 그러나 그는 이러한 관점을 체계적이고 이해하기 쉬운 방식으로 정리해놓지는 않았습니다. 아인슈타인에게 실재 세계는 단 한 개만 존재하며, 이 세계는 인간이 마음대로 조작할 수 있는 것이 아니었습니다. 그럼에도 불구하고 부분적으로나마 인간은 실험과 반성적 사유와 같은 이성적 기능을 사용해서 이 세계의 기본적인 구조를 파악할 수 있고, 이것을 수학적으로 표현할 수 있습니다. 이 세계를 탐구하는 연구 방법과 모델은 다양할 수 있습니다. 종종 접근 방법에 따라 서로 일치되지 않는 결과들이 나타나기도 합니다. 그러나한 번 제대로 이해하고나면 이전에 일치되지 않았던 각각의 결과들이통합적으로 이해된 실재의 부분으로 보이게 됩니다. 아인슈타인의 천재성은 과학과 정치, 종교를 하나로 묶는 방법을 찾았다는 데 있습니다. 다시 말해서, 아인슈타인은 중요한 모든 것을 개인적인 차원에서종합하는 방법을 찾았다는 점에서 천재인 것입니다. 아인슈타인이 이모든 것을 하나로 엮었던 방식은 그 예시를 보여주는 식이지 결코 규범적이지는 않습니다. 즉, 아인슈타인은 이것이 충분히 가능하다는 것을 실천적으로 보여줄 뿐, 모든 측면에서 그의 생각을 따르라는 식으로 강요하지는 않습니다.

아인슈타인은 종종 정합적인 **세계상**Weltbild을 만드는 것의 중요성에 관하여 글을 썼습니다. 독일어 단어 '벨트빌트Weltbild'는 '세계에 관한 그림' 또는 '세계를 바라보는 방식' 정도로 번역될 수 있습니다. 아인슈타인은 자신에게 중요하고 의미 있는 주제들을 다룬 에세이들을모은 책의 제목에도 Weltbild라는 단어를 사용하였습니다.[11] 이 책의영문 제목—The World as I See It*—은 아인슈타인의 생각을 충분히표현하지 못하고 있습니다. 아인슈타인의 본래 제목에는 우주에 관한

---

* 역자주: 우리말로는 <나의 세계관> 또는 <나는 세상을 어떻게 보는가> 등으로 번역되어 있다.

보다 깊고 근본적인 통일성과 조화가 반영되어 있기 때문입니다. 아인슈타인은 인간이 세계를 '볼 수' 있다는 점을 강조한 것이 아닙니다. 그보다는 우리의 복잡한 세계에는 어떤 통일성과 정합성 같은 것이 있다는 점을 강조한 것입니다. 바로 세계의 이러한 특성 때문에 인간은 비록 완벽하지는 못하더라도 이성과 상상을 통해 세계를 이해할 수 있다는 것입니다. "세계에 관한 영원한 수수께끼 중 하나는 그것이 이해 가능하다는 것입니다."[12]

아인슈타인이 윤리적 이슈와 정치적 이슈에 대하여 열과 성을 다하는 모습이 그가 남긴 여러 글들에서 드러납니다. 또한 이 세계의 신비에 대한 적절한 답변으로서 종교에 대한 지대한 관심도 발견할 수 있습니다. 누군가는 삶의 이러한 여러 가지 측면들을 서로 구획 짓고, 이들이 서로 정합적이지 않은 것으로 바라볼 수도 있습니다. 그러나 아인슈타인은 과학과 윤리, 그리고 종교적 믿음까지도 이 모든 것을 진정한 인간의 실존에 대한 중요한 측면들—비록 각기 다르기는 하지만—로 바라본 것 같습니다. 중요한 것은 아인슈타인이 과학과 정치, 종교와 윤리에 관해서 어떤 생각을 가졌는가 하는 것이 아니라, 그가 실제로 이것들을 한데 아우를 수 있었다는 사실 자체입니다. 어쩌면 우리는 아인슈타인의 도움을 받아서 그와 비슷한 시도를 해볼 수도 있을 것입니다.

일반적으로 아인슈타인이 이룩한 가장 위대한 지적 성취로 인정되는 일반 상대성이론의 이면에는 세계를 통합적 관점으로 바라보고자 했던 아인슈타인의 정신이 깃들어 있습니다. 뉴턴의 고전 역학과 맥스웰, 로렌츠의 전자기학 사이에 존재하는 모순에 직면한 아인슈타인은 시간과 공간을 이해하는 전혀 새로운 방식을 고안해냈고, 그 결과 물리학은 상당한 수준의 통일성을 회복하게 되었습니다.[13] 물론 여전히 난제들이 남아있기는 합니다. 많은 사람들은 실제로 아인슈타인이 생애 마지막 30년 가까이를 중력과 전자기학을 하나의 아름다운 이론으로 통합하고자 노력했지만 결국은 성공하지 못했다고 평가합니다. 그러나 이러한 개인적인 실패에도 불구하고 아인슈타인은 여전히 자연이 하나의 통일성을 갖춘 대상이고, 궁극적으로는 자연을 표상해낼 수 있는 단 하나의 이론을 발견할 수 있을 것이라고 확신했습니다.

아인슈타인이 추구했던 '큰 그림', 즉 모든 것을 하나의 정합적인 체계로 묶으려는 노력은 아주 예외적이거나 특이한 것이 아닙니다. 사실 이러한 노력은 인간에게 기본적으로 탑재되어 있는 성향처럼 보입니다. 다시 말해서, 의미를 추구하는 것은 "인간 본성의 기본적인 특징"으로 보입니다. 그리고 의미에 대한 추구는 인간으로 하여금 "가치 있는 것과 우리가 기꺼이 희생을 감내하고자 하는 대상"을 아우르게 만듭니다. 예를 들어, 정의나 예술, 아름다움 같은 것이 이에 해당합니다.[14] 다수의 문학가, 철학자, 신학자들이 인간의 본성 안에 깃들어 있는 본능 혹은 직관에 관하여 말하고 있습니다. 이들에 의하면 인간은 본성적으로 실재를 통합된 것으로 바라보는 시각을 가지고 있고, 또한 그 본성이 우리 스스로를 자극해서 통합된 실재를 발견하게끔 합니다. 아인슈타인이 특별히 존경했던 데이비드 흄David Hume은 이러한 관점을 지녔던 대표적인 철학자입니다. 흄은 인간의 이성이 지닌 맹점들에 관하여 끊임없이 경종을 울렸습니다. 그는 인간 이성의 가장 후미진 곳으로부터 이와 같이 자연스럽게 통합된 실재를 향한 추구가 생겨난다고 말했습니다. "인간의 이성reason은 우리의 삶 전체에 영향을 미치는 원리에 관하여 충분히 변론해 줄 수 없습니다. 그래서 본성nature이 그 역할을 인계받는 것입니다. 인간의 본성은 우리의 정신 안에 중요한 원리들을 각인시켜 놓습니다. 합리적인 정당화가 더 이상 불가능할 때, 인간은 자연스러운혹은 본성에 따르는 방법에 따라 계속 걸어갑니다."[15]

그러나 우리의 우주를 통일된 체계로 바라보는 것이 중요하다고 강조하는 아인슈타인의 생각에 모든 사람들이 동의하는 것은 아닙니다. 예를 들어, 포스트모던 철학에서는 '큰 그림'이라는 것은 없고, 단지 서로 굳이 연결될 필요도 없는 작은 그림들이 편재할 뿐이라고 말합니다. 포스트모던 철학에서 실재라는 것은 조각조각 기워 만든 누비이불 같은 것입니다. 각각의 조각은 서로 다른 모습을 하고 있고, 누비이불을 만든 사람에 의해 실로 연결되어 있다는 것 이외에는 그 옆에 있는 조각들과 딱히 관련성이 없습니다. 철학자 낸시 카트라이트Nancy Cartwright가 쓴 『얼룩진 세계The Dappled World』나 소설가 마거릿 애트우드Margaret Atwood가 쓴 『그레이스Alias Grace』 등을 보면, 우리의 우주에 근본적인 정합성이 없다고 말하는 사람들과 그들의 주장이 얼마나 다양한지 볼 수 있습니다. 그들에 의하면 기껏해야 국소적인 패턴과 의미의 영역이 존재할 뿐, 그중 어느 것도 결정적인 권위를 가진다고 말할 수 없습니다.

1. 사자의 비유

아인슈타인은 인간이 광대한 자연을 총체적으로 이해하는 과정에서 직면하게 되는 한계를 강조하면서도 여전히 자연에 대한 통합적인 관점을 견지했습니다. 1914년에 아인슈타인이 한 친구에게 보낸 편지에는 자연의 실재에 대한 제한적인 이해라는 것이 무엇을 의미하는지를 잘 보여주는 한 가지 비유가 소개되어 있습니다. "자연은 우리에게 사자lion의 꼬리를 보여줄 뿐이지. 비록 사자의 몸집이 너무 커서 한 번에 그 모습을 드러내지는 않는다 해도 나는 사자가 자연에 속해 있다는 점을 조금도 의심하지 않는다네."[16] 아인슈타인이 제시한 사자의 비유는 우주의 심오한 구조를 이해하고 그 안에서 우리의 역할을 찾고자 하는 인간의 시도가 실재와 긴밀히 연결되어 있다는 것과 그럼에도 불구하고 아직은 실재와 거리를 두고 있다는 것, 이 두 가지 측면을 동시에 조명하고 있습니다.

아인슈타인이 이 비유를 통해 말하고 싶었던 첫 번째 요점은 우리가 관측하는 우주는 우리가 이해하고 조작할 수 있는 능력을 넘어선 더 큰 보이지 않는 실재의 현현顯現이라는 것입니다. 1927년 6월, 아인슈타인은 베를린의 한 저녁 파티에서 약간은 다른 맥락에서지만 비슷한 의도에서 다음과 같이 말했습니다. "비록 우리는 제한적인 방법을 사용할 수밖에 없지만, 자연의 비밀을 관통해보려고 노력해보십시오. 그러면 분절되어 있는 대상들 너머에 무언가 미묘한, 만져지지도 않는, 설명할 수 없는 그 무엇을 찾게 될 것입니다."[17] 즉, 우리가 보고 있는 것은 더 큰 실재와 연결되어 있는데, 다만 우리는 관찰과 실험을 통해서만 자연을 알고 있을 뿐이라는 것입니다.

아인슈타인은 통상적인 의미에서 말하자면 실재론자였습니다. 여기서 실재론자라는 말은 물리학을 실재 세계에 대해 개념적 모델을 구성하는 시도로 생각한다는 의미로 통용됩니다. 1924년에 아인슈타인은 모든 과학자가 "그들의 생각과 존재로부터 독립적으로 존재하는 실재"를 이해하려는 존재로 스스로를 인식하고 있다고 말했습니다.[18] 아인슈타인은 종종 '실재'가 우리에게 직접적으로 주어지는 것은 아니며, 우리에게 주어지는 것은 **경험**이라는 점을 강조하였습니다.[19] 따라서 과학은 '실재' 자체를 묘사하는 학문이 아니라 실재에 대한 우리의 **경험**을 설명하는 체계를 제시하는 학문입니다. 우리의 경험과 실재 사이에 관련이 있는 것은 분명합니다. 그러나 그 관련은 간접적인 것입니다.

이러한 관점은 당시 아인슈타인의 학문적 동료들 사이에서는 널리 강조되었던 생각입니다. 양자론의 발전에 지대한 공헌을 했던 베르너 하이젠베르크Werner Heisenberg의 경우, 우리가 자연을 **직접적으로** 알지는 못하지만 연구라는 수단을 통해서 **간접적으로** 알 수 있다는 점을 다음과 같이 강조하기도 하였습니다. "우리가 관측하는 것은 자연 그 자체가 아니라, **우리의 탐구 방식에 의해서 드러난** 자연일 뿐입니다."[20] 따라서 만일 자연이 그 자체로 단일한 총체라고 한다면, 하이젠베르크의 말에 따르면, 서로 다른 연구 방법은 실재에 대한 서로 다른 **관점**perspectives—실재 자체에 대한 총괄적인 관점이 아닌—을 드러낼 수 있다는 결론에 이르게 됩니다. 만일 우리가 실재를 이해하고 싶다면 이러한 다양한 관점을 하나로 통합할 수 있는, 다시 말해, 하나로 엮을 수 있는 방법을 찾아야 합니다.

아인슈타인이 사자의 비유를 통해 말하고자 했던 것이 바로 이것입니다. 우리는 사자의 꼬리만 다룰 뿐, 사자 자체를 다루고 있는 것은 아닙니다. 아인슈타인이 인생의 마지막 30년 동안 찾고자 했던 것은 그를 '사자'에게로 인도해주는 '꼬리'였습니다. 아인슈타인에게 '꼬리'는 모든 종류의 힘을 하나의 방정식으로 통합하는 '모든 것의 이론 theory of everything'이었습니다. "뉴턴의 떨어지는 사과와 빛의 전파, 라디오파와 별, 그리고 물질의 구성"을 모두 설명할 수 있는 하나의 이론을 그가 발견할 수 있었을까요? 비록 아인슈타인의 마음 깊은 곳에서는 그와 같은 통일 이론이 어딘가에 있어야 한다는 것을 알고 있었음에도 불구하고, 그것은 늘 교묘하게 아인슈타인을 피해 다녔습니다.

2. 과학을 더 큰 실재와 연결하기

어떤 과학자들은 그들이 일하는 실험실이 곧 그들의 세계라고 생각합니다. 이러한 과학자들은 실험이든, 계산이든 혹은 이론적 고찰이든 간에 실험실의 벽 안쪽에서 일어나는 일에만 관심을 가집니다. 물론 그들도 실험실 벽 바깥에 세상이 있다는 것을 모르는 것은 아닙니다. 그러나 이 사람들은 과학을 추구하는 일에만 오롯이 자신의 지성과 인생을 투자합니다. 그들에게 과학 외의 다른 일들은 둘째 순위에 불과합니다.

아인슈타인은 이러한 부류의 과학자가 아니었습니다. 아인슈타인이 쓴 편지에는 그가 음악, 철학, 정치, 종교 등 얼마나 넓은 분야에 관심을 가지고 있었는지 소상히 기록되어 있을 뿐만 아니라, 이 다양한 분야의 통찰을 어떻게 하나로 모으고자 했는지도 잘 나타나 있습니다. 아인슈타인은 물리학 이외의 또 다른 사유 체계와 자신을 연결 짓는 일에도 가치를 두었던 과학자였습니다. 당연히 아인슈타인은 물리학 이외의 영역에서는 뛰어나지도 않았으며, 물리학에서처럼 국제적인 명성을 얻은 것도 아니었습니다. 그럼에도 불구하고 아인슈타인은 물리학 이외의 세계를 중요하게 생각했고, 가치 있는 것으로 여겼습니다. 예를 들어, 아인슈타인은 음악을 매우 사랑했고, 공개적인 장소에서 종종 연주를 하곤 했습니다(아인슈타인이 직접 연주한 것이 음원으로 남아있지는 않지만). 그런데 음악에 대한 그의 사랑은 특정 작곡가가 세계에 대한 깊은 이해에 도달했다는 사실과 긴밀하게 연관되어 있었습니다. 이 점에 관해서 아인슈타인은 다음과 같이 말했습니다. "모차르트의 음악은 너무도 순수하고 아름다워서 내 눈에는 그의 음악이 우주의 내적인 아름다움을 반영하고 있는 것처럼 보입니다."[21] 실제로 아인슈타인은 닐스 보어Niels Bohr의 원자 모형이 "물리적 사유의 영역에서 최고의 음악적 요소를 보여주는 형식"이라고 평가하기도 했습니다.[22]

이것을 토대로 아인슈타인이 발견한 이론들 중 일부가 왜 음악에 의해 자극되고 촉진되었는지를 설명할 수 있지 않을까요? 예를 들어,

1931년에 엘사 아인슈타인Elsa Einstein이 비버리 힐스에서 있었던 찰리 채플린Charlie Chaplin과의 저녁식사 자리에서, 아인슈타인이 일반 상대성이론을 발견했던 상황을 설명하면서 했던 말을 떠올려 봅시다.[23] 1915년 경 어느 날, 아인슈타인은 엘사에게 "놀라운 아이디어"가 떠올랐다고 말하면서 피아노 앞에 앉았다고 합니다. 그리고는 때때로 메모를 해가면서 피아노를 연주하기 시작했습니다. 반시간 쯤 지나자 아인슈타인은 아이디어를 구체적으로 표현하기 위해서 서재로 올라갔습니다. 그리고는 두 주 후에 이론을 완성하였습니다. 이 일화를 보면 아인슈타인은 고전 음악을 연주하는 것을 일종의 브레인스토밍brainstorming 기술로 여겼던 것 같습니다. 피아노 연주는 그의 사고를 자극하는 것이었고, 떠오른 생각들을 하나로 합치는 데 도움을 주었습니다.

그러나 이 지점에서 우리는 더 깊은 질문을 던질 수 있습니다. 즉, 과연 인간의 사유와 우주의 심오한 구조 사이에 근본적인 조화가 존재하는가 하는 질문입니다. 이러한 생각은 르네상스 시대에 "천구의 음악music of the spheres"이라는 용어로 종종 논의되었던 주제입니다. 비록 아인슈타인의 논문은 전형적인 과학적 방법에 충실한 것처럼 보이지만, 그는 종종 이론물리학을 "천구의 음악"을 밝혀내려는 시도라고 말하곤 했습니다. 즉, 그는 이론물리학을 우주의 거대한 구조 안에서 "이미 잘 조직되어 있는 조화"를 밝히 드러내는 학문이라고 생각했던 것입니다.[24] 위대한 천문학자 요하네스 케플러Johannes Kepler의 『우주의 조화Harmonies of the World』1619라는 책에서도 이와 매우 유사한 생각을 찾아볼 수 있습니다. 이 책에서 케플러는 행성의 궤도를 설명하면서 음악과 천문학을 서로 연결하고 있습니다.

아인슈타인은 베토벤이 그의 음악을 "창조"한 반면, 모차르트의 음악은 "우주 안에 항상 존재하는 것으로서 장인에 의해 발견되기를 기다리는" 것으로 평가하였습니다.[25] 아인슈타인의 이와 같은 생각을 다음 경구에서 발견할 수 있습니다. "모든 자연주의자는 일종의 종교적인 느낌을 가지고 있습니다. 왜냐하면 그가 바라보는 것들 사이의 연결성을 자신이 처음 생각한 것이라고 생각하지는 않을 테니 말입니다."[26] 이와 같은 생각은 갈릴레오Galileo나 케플러Kepler 등 근대 초기의 과학자에게서 자주 찾아볼 수 있는 생각입니다. 즉, 과학자는 우주에 표현되어 있는 하나님의 합리성을 드러내는 일을 한다는 생각입니다. 우주에 관한 과학자의 생각은 하나님의 생각을 다소간 반영하는 것입니다. 종종 인용되는 스티븐 호킹Stephen Hawking의 말을 빌자면, "우리와 우주가 왜 존재하는지"에 대한 답을 찾는다는 것은 "신의 마음을 아는 것"입니다.[27]

그렇다면 아인슈타인은 왜 유독 모차르트의 음악에 친밀감을 느꼈을까요? 아인슈타인이 이 위대한 작곡가를 존경하기 시작한 것은 1880년대였습니다. 이는 20세기 초반에 모차르트의 위대성이 재발견되기 한참 전입니다. 아인슈타인이 1905년에 쓴 논문들을 연구한 미국의 물리학자 존 릭든John S. Rigden은 아인슈타인이 과학에서 이룩한 업적을 모차르트가 음악에서 이룩한 업적과 견주었습니다.[28] 아인슈타인과 모차르트 두 사람 모두 자신이 살고 있던 시대가 전제하고 있던 방식과 관습에 뿌리를 두고 있었습니다. 그러나 이 둘은 모두 시대의 전제와 관습이 도달할 수 있는 지점을 넘어서는 직관적인 도약을 보여주었으며, 사물을 바라보는 전혀 새로운 관점을 제시하였습니다.

20세기의 초입에 드리워진 과학의 종말적 모습과 여러 가지 수수 께끼와 같은 질문들에 대한 아인슈타인의 탁월한 이론적 해법은 이러 한 수수께끼와 모순 너머에 놓여있는 심오하고 근본적인 그 무언가를 바라보았던 그의 안목으로부터 나온 것입니다. 릭든에 따르면, 아인슈 타인이 일단 이와 같은 깊은 이해에 도달한 이후에는 모든 현상이 그 에게 새로운 방식으로 보였고, 새롭게 이해되었다는 것입니다. 아인슈 타인은 모차르트의 음악을 단지 그의 사유를 방해하지 않는 수준에서 들을 만한 배경음악 같은 것으로 여긴 것이 아니었습니다. 오히려 모 차르트의 음악은 아인슈타인으로 하여금 우주에 관한 보다 근본적인 그 무언가에 민감할 수 있도록 실제적으로 도와준 셈입니다.

그렇다면 우리의 귀는 어떻게 해야 이러한 조화의 소리를 들을 수 있을 정도로 민감해질 수 있을까요? 아인슈타인은 우주의 아름다움 특히 우주의 구조가 보여주는 수학적인 표현을 알아듣지 못하는 귀머 거리와도 같은 사람들에게 가차 없는 태도를 보였습니다. 아인슈타인 에게는 이와 같은 우주의 아름다움과 수학적 표현 속에 진리와 연관된 우아함이 깃들어 있었기 때문입니다. 아인슈타인은 "전통적인 종교를 '민중의 아편'이라고 부르면서 악감정을 품고 있는" 사람들을 "광적인 무신론자"라고 칭하면서, 이러한 부류의 사람들은 "천구의 음악을 듣 지" 못하는 사람들이라고 말했습니다.[29]

어떤 사람들은 아인슈타인이 '천구의 음악'을 운운하는 것으로 보아 그가 일종의 신비주의에 빠져있던 것은 아닐까 하는 느낌을 받을 수도 있습니다. 그러나 일반적으로 통용되는 의미에서 '신비적'이었다고 볼만한 어떤 근거도 아인슈타인에게서 발견할 수 없습니다.[30] 그렇지만 아인슈타인은 단어들에 내포되어 있는 상상력에 확실히 민감했습니다. 뉴턴과 케플러를 포함한 아인슈타인 이전의 수많은 학자들처럼 아인슈타인 역시 '조화'에 관한 음악적 은유가 우주의 근본적인 통일성에 대한 연구를 표현하고 촉진하는 데 도움을 준다는 것을 깨달았습니다.[31] 어쩌면 1919년 11월, 일반 상대성이론이 옳다는 것이 관측으로 확인되었을 때 이를 자축하는 의미로 새 바이올린을 구입했다는 아인슈타인의 다소 독특한 행동을 이해하는 데는 그가 품었던 이러한 생각이 어느 정도 도움을 줄 수 있을지도 모르겠습니다.

3. 중요한 모든 것의 이론

아인슈타인이 1930대와 1940년대에 쓴 글들을 보면, 그의 관심이 비단 자연과학의 영역에만 국한되어 있는 것이 아니라 윤리적 문제와 정치, 그리고 종교의 영역으로까지 확장되어 갔다는 것을 알 수 있습니다. 각 영역에 대해서 아인슈타인은 본인만의 방식으로 해당 주제를 정의했고, 그만의 독특한 접근 방식을 보여주었습니다. 비록 아인슈타인은 자신이 "매우 사색적인 삶으로 기울어져 있다."[32]라는 것을 숨기지 않았지만, 어쨌든 자신이 참여하고 관여해야 하는 사안들이 있다는 것을 직시하고 있었습니다. 어떤 면에서 보면 이와 같은 태도는 별로 특별한 것이 아니었습니다. 사실 대부분의 과학자는 윤리적인 문제와 정치, 종교의 문제에 관해 저마다의 관점을 가지고 있고, 이러한 문제들을 둘러싼 논쟁이나 프로그램에 적극적으로 참여하는 과학자도 적지 않기 때문입니다. 그러나 아인슈타인이 특별한 이유는 이 모든 주제들을 **상호 연결된** 것으로 바라보고자 노력했다는 점에 있습니다. 좀 더 정확히 말하자면, 여러 분야들을 서로 연결시켰다는 것 자체보다도 아인슈타인이 품었던 **세계상**Weltbild의 특징이 특별한 것입니다. 여러 주제에 대한 다양한 관점들은 그것을 사유하는 개인의 정신 속에서 상호 연결되어 있는 큰 전체의 부분에 불과합니다. 이러한 연결 관계는 외부 관찰자에게는 명백하지 않거나 쉽사리 이해되지 않을 수도 있습니다.

1949년에 쓴 "왜 사회주의인가?"[33]라는 글에서 아인슈타인은 자연과학이 도덕적 목표를 성취하는 데 필요한 방법을 제공할 수는 있을지언정 도덕적 목표 자체를 설정해주지는 못한다고 주장하였습니다. 도덕적 목표는 과학적 탐구의 결과로서 생기는 것이 아닙니다. 과학은, 가령 의학 분야에서 볼 수 있는 것처럼, 도덕적 목표를 적용하고 실행하는 데 도움을 줄 뿐입니다. "과학은 …… 목적을 만들어낼 수 없습니다. 그리고 인류에게 목적을 심어 넣는 것은 더더욱 아닙니다. 기껏해야 과학은 특정한 목적을 달성하는 데 필요한 방법을 제공할 뿐입니다."[34] 아인슈타인은 도덕적 규범이 자연과학에 의해서 만들어지거나 확증될 수 없다는 점을 충분히 인식하는 가운데 사회주의에 대한 도덕적 논거를 제시하였습니다.

그렇다면 자연과학과 사회주의는 양립 불가능하며, 서로 화해할 수 없는 것일까요? 무엇보다도 이 둘은 매우 다른 사유의 과정으로부터 나온 결과물이고, 서로 매우 다른 평가 기준을 가지고 있으니 말입니다.[35] 만일 어떤 사람이 순전히 과학적 사유에만 몰두하고 있다면 이 사람이 어떻게 사회주의자가 될 수 있을까요? 또는 과학적 방법을 통해 가치를 이끌어낼 수는 없다고 하는 아인슈타인의 관점을 고려할 때, 과학적 사유에만 몰두하는 사람이 정치적인 헌신과 윤리적인 헌신을 할 수 있을까요? 아인슈타인은 개인과 공동체가 서로 다른 사유의 방식을 통해 세계에 대한 정합적인 관점을 만들어간다는 점을 제대로 보았습니다. 이러한 정합적 관점에는 합리적인 사고와 직관적인 사고가 복잡하게 얽혀있습니다. 중요한 것은 아인슈타인이 과학이 규범과 가치를 만들어주지 못한다는 **바로 그 이유 때문에** 규범과 가치를 무효로 한다든지 비이성적인 것으로 간주하는 결론에 이른 것은 결코 아니라는 것입니다.

아인슈타인은 그보다 10년 전에도 자연과학과 종교 사이의 건설적인 관계를 주장하면서 이와 비슷한 논의를 펼친 바 있습니다.[36] 아인슈타인은 데이비드 흄의 관점을 반영하여 사물이 작동하는 방식에 대한 지식이 성공적인 도덕적 가치를 만드는 것이 아니라는 점을 다음과 같이 말했습니다.

과학적 방법은 사실들 간의 관계 및 이들 간의 조건적 관계를 넘어선 것까지 우리에게 알려주지는 못합니다. 객관적인 지식을 향한 이러한 열망은 인간이 도달할 수 있는 최고의 열망 중 하나일 것입니다. …… 그러나 어떤 대상이 **어떠한지**what is 사실을 안다는 것이 그 대상이 **어떠해야만 하는지**what should be를 필연적으로 말해주는 것은 분명히 아닙니다. 어떤 사람이 어떤 대상이 **무엇인지**에 관해 명확하고 완전한 지식을 가질 수는 있겠지만, 인간의 열정이 향하는 **목표**가 어떠해야만 하는지를 그것으로부터 이끌어낼 수 있는 것은 아닙니다.[37]

아인슈타인에게 "우리가 행동하고 판단하는 데 필요한, 그리고 결정적인" 근본적 신념은 "탄탄한 과학적 방법"을 통해 개발되고 유지될 수 있는 것이 아니었습니다.

아인슈타인의 저술 속에 명시적으로 적혀있든 혹은 암시적으로만 드러나 있든 그가 품고 있던 윤리 체계가 난해하다는 점에는 대부분의 사람들이 공감하고 있습니다. 그럼에도 불구하고 아인슈타인은 직관적인 윤리관을 분명히 가지고 있었습니다. 이를 토대로 아인슈타인은 과학 연구로부터 나온 산출물에 대해서는 비판하되, 그 과학 연구 자체의 가치는 긍정하는 태도를 가질 수 있었습니다. 예를 들어, 과학자의 도덕적 책임을 강하게 주장했던 1948년도의 글에서 그는 다음과 같이 말했습니다.

이성적 사고만으로는 우리의 사회생활을 둘러싼 문제들을 충분히 해결할 수 없습니다. 과학 연구에만 몰두하는 것은 종종 인류에 대한 비극적인 함의를 갖게 만들었습니다. 한편으로는 과학이 극심한 노동으로부터 인간을 해방시키는 발명을 하도록 이끌기도 했지만, …… 다른 한편으로는 …… 대량적인 파괴를 가져오는 방법을 만들어내기도 했습니다. …… 멸망의 방법을 훨씬 섬뜩하고 효과적으로 만드는 데 도움을 줌으로써 비극적인 결말을 경험한 우리 과학자들은 야만적인 목적으로 무기가 사용되는 것을 방지하는 데 애쓰는 것을 엄숙하고 초월적인 의무로 여겨야 합니다.[38]

과학이 우리로 하여금 특정한 일을 하게 만들 수 있다고 해서 그 일이 도덕적이 되는 것은 아닙니다. 어떤 일이 도덕적인지의 여부를 판단하기 위해서는 과학 외부로부터 발생한 가치 체계가 필요합니다. 아인슈타인에 의하면, 과학자는 도덕적인 판단을 내릴 수 있어야 하지만 과학 자체가 도덕적 지침을 준다거나 우리의 도덕적 가치를 형성시켜 주는 것은 아닙니다.

그래서 아인슈타인은 개인적 차원에서든 또는 공동체적 차원에서든 인간이 제대로 기능하기 위해서는 "우리의 실존에 대한 순전히 이성적인 이해"가 제공해 주는 것을 넘어선 무언가가 필요하다고 주장했습니다. 그러나 의미와 가치에 관한 근본적인 질문을 논한다는 것을 곧 우리가 이성적이기를 포기했다는 식으로 이해하는 것은 곤란합니다. "객관적인 지식은 특정 목표를 성취하는 데 강력한 도구를 제공할 수 있습니다. 그러나 궁극적인 목표와 그것에 도달하고자 하는 열망은 다른 원천으로부터 와야 합니다."[39]

가치의 문제와 비슷하게 아인슈타인의 윤리적 관점으로부터 파생된 그의 정치적인 헌신도 과학과는 독립적인 것으로 봐야 합니다. 전쟁의 위협을 줄이는 방법으로써 지성인들끼리 연대를 구축하는 것의 중요성, 그리고 상호 연대에 기반을 둔 세계 공동체의 모형으로서 문화적 시온주의 운동, 이 두 가지가 정치에 있어서 아인슈타인이 품고 있던 핵심 가치였습니다.[40] *

그렇다면 이렇듯 다양한 생각과 가치를 한 데 모을 수 있는 단일한 원리 혹은 중심이 되는 주제가 있는 것일까요? 혹은 이것들은 단순히 아인슈타인의 개인사와 삶의 내러티브 안에서만 묶여있던 것일 뿐일까요? 이 질문에 답하기 위해서는 아인슈타인이 종교에 관해서 얼마나 독특한 생각을 가지고 있었는지, 그리고 종교가 그의 사유 체계에서 어떤 역할을 했는지 더욱 세밀하게 살펴볼 필요가 있습니다. 본격적으로 나아가기 전에 이 시점에서 여러분들에게 한 가지 철학적 견해를 소개하는 것이 도움이 될 것입니다. 이 철학적 견해는 아인슈타인이 했던 일을 이해하는 데 도움이 되는 일종의 비유를 제공하고, 뿐만 아니라 우리 나름의 접근 방식을 발전시키는 데도 도움을 줄 수 있을 것입니다.

---

* 시오니즘에 대한 아인슈타인의 비전이 곧 유대인 국가에 대한 지지를 의미하지는 않는다는 점을 명확히하는 것이 중요하다. 스위스의 사례처럼 아마도 아인슈타인은 유대인 이민자들을 환영하고 유대인 문화 발전을 장려하는 동시에 아랍인들에게 평등한 권리를 보장하는 "국가적 고향"의 건설을 구상했을 것이다.

4. 실재에 대한 다중 지도

복잡한 실재를 과연 어떻게 표현할 수 있을까요? 영국의 철학자 메리 미즐리Mary Midgley는 우리가 사는 세계에 대하여 가능한 한 잘 이해하고 그 안에서 의미 있는 삶을 살아가기 위한 시도로서, 우리가 다중 지도multiple maps를 사용한다는 아이디어를 제시하였습니다.[41] 지도책을 펼쳐 보면, 가령 북미 지역이나 유럽 등 어느 한 지역에 대해 여러 종류의 지도가 책 속에 포함되어 있는 것을 보게 됩니다. 왜 한 지역에 대해 여러 종류의 지도가 필요한 것일까요? 지구라는 행성은 단 하나인데 말입니다. 이에 대한 미즐리의 대답은 단순합니다. 서로 다른 종류의 지도는 같은 실재에 대해 서로 다른 정보를 제공해주기 때문입니다.

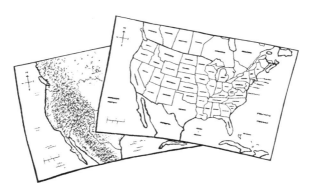

<그림> 같은 실재에 대한 다중 지도
: 복잡한 실재를 이해하는 방식을 보여주는 한 가지 비유

가령 유럽의 지형을 나타내는 지도는 우리에게 지리적인 전경을 보여줍니다. 한편 정치와 관련된 지도는 우리에게 국경이 어디인지를 보여줍니다. 미즐리가 말하는 요점은 어떠한 지도라도 모든 것을 보여주지는 못한다는 것입니다. 각 지도는 '이 지역은 어떤 언어를 사용하는가?', '이 영토를 다스렸던 왕은 누구인가?' 등 특정한 질문에 답하기 위한 목적으로 만들어진 것입니다. 각 지도는 바로 이 특정 질문에 대답하는 방식으로 전체 전경을 보여주는 것일 뿐, 다른 종류의 질문에는 대답하지 못합니다. 복잡한 실재에 대해 전체적인 관점을 얻기 위해서 우리는 한 가지의 지도에만 의존해서는 안 됩니다. 대신 우리는 여러 지도를 하나로 모으는 방법을 찾아야 하고, 그렇게 함으로써 얻은 정보를 유용하게 사용할 수 있게 됩니다. 북미 지역의 지형 지도가 사용된다고 해서 그 지역의 정치적 지도가 부적절한 것은 아닙니다. 이 두 가지 지도는 서로 다른 질문에 대답하고 있고, 이 두 질문은 모두 중요한 것입니다.

비록 아인슈타인이 이러한 구체적인 이미지를 사용하지는 않았지만, 그의 사유를 이해하는 틀로서 미즐리가 제안한 지도의 비유가 도움을 줄 수 있을 것입니다. 아인슈타인이 보기에 복잡한 삶은 우리에게 '이 현상은 어떻게 일어나는 것일까?', '내가 무엇을 해야만 할까?', '이것의 의미는 무엇일까?' 등 서로 다른 차원의 질문에 대해 다양한 답을 요구합니다. 사실상 아인슈타인은 우리가 던져야할 필요가 있는 질문들, 그리고 그 질문들에 답하는 데 사용할 수 있는 자원들을 삶의 서로 다른 여러 영역들과 대응시켰습니다. 그리고 우리가 이미 살펴본 바와 같이 아인슈타인은 건강한 생각을 지닌 다른 과학자들과 마찬가지로 과학이 자신의 영역을 넘어선 질문에까지 대답할 능력은 가지고 있지 않다는 점을 잘 알고 있었습니다. 우리가 세계의 전경을 파악하고 탐험하기 위해서는 과학, 윤리, 정치, 사회, 종교 등 다양한 영역의 지도가 필요합니다. 어느 한 가지 지도만 가지고는 우리가 던지는 질문에 모두 답할 수가 없습니다.[42] 우리는 이 대답들을 한데 모아서 정합적이고 통일성을 갖춘 것으로 엮으려는 노력을 기울여야 합니다.

이제 우리는 아인슈타인이 종교에 관하여 어떤 관점을 지니고 있었는지, 그리고 그의 관점이 전체적인 틀 안으로 어떻게 퍼즐처럼 맞춰질 수 있었는지 살펴보려고 합니다.

6장

"우월한 정신에 대한 확고한 신념": 아인슈타인과 종교

종교란 무엇일까요? 어떤 분들에게는 종교라는 단어가 기피의 대
상입니다. 그분들이 보기에 종교는 현대 사회와는 어울리지 않는 시대
착오적인 미신일 뿐입니다. 반면, 어떤 사람들에게는 종교가 삶에 의
미와 목적을 주는 것이기도 합니다. 아인슈타인은 **종교**라는 단어를 본
인만의 독특한 방식으로 사용했는데, 이것은 많은 사람들이 종교라는
단어에 대하여 가지고 있는 생각과 그리 간단하게 연결되는 것은 아닙
니다.[1] 이 장에서 우리는 아인슈타인이 종교라는 단어를 어떤 의미로
사용했는지 신중하게 살펴보고자 합니다. 종교적인 믿음에 대하여 아
인슈타인이 품었던 생각이 같은 주제를 고민하는 우리에게 어떤 식으
로 영향을 미치는지, 그리고 어떻게 우리의 생각을 풍성하게 만드는지
묻기 전에 우선은 아인슈타인이 종교라는 단어를 어떤 의미로 사용했
는지부터 파악해야 할 것입니다.

우선, 아인슈타인은 **통상적인 의미에서의** 종교적인 사람은 아니었

다는 사실을 분명히 말할 필요가 있겠습니다. 물론 유대인으로서의 그의 정체성이 1930년대를 지나면서 점차 뚜렷해진 것은 사실이지만, 아인슈타인은 어떤 형태의 종교적인 예배에도 참석하지 않았습니다. 무엇보다 중요한 것은 그의 죽음을 애도하는 어떠한 종교적 의식도 없었다는 점입니다. 아인슈타인은 자신이 죽은 후에 자신의 유해를 즉시 화장해서 델라웨어 강에 뿌려달라고 말했습니다.

그럼에도 아인슈타인은 신God에 관하여 많은 말들을 남겼습니다. 1979년 2월, 취리히 연방공과대학에서는 아인슈타인의 과학적 업적을 기념하는 강연이 열렸는데, 그날 강단에 섰던 프리드리히 뒤렌마트Friedrich Dürrenmatt는 농담조로 다음과 같이 말했습니다. "아인슈타인이 신에 관한 말을 얼마나 많이 했는지, 나는 그가 변장을 하고 나타난 신학자가 아닐지 의심할 정도였습니다."[2] 아인슈타인이 발표했던 글들을 보면 우주의 배후에 놓인 혹은 그 너머에 존재하는 '지성', '정신', '힘' 등을 반복적으로 언급하면서 이것을 신과 동일시하는 모습을 볼 수 있습니다. "우리의 경험 세계 속에 자신을 드러내고 있는 우월한 정신에 대한 확고한 신념. 그것이 바로 제가 신을 이해하는 방식입니다."[3]

그러나 아인슈타인은 자신이 '인격적인 신personal God'을 믿고 있는 것은 아니라고 분명하게 말했습니다. 어떤 사람들은 아인슈타인의 이 말을 근거로 그가 어떤 종류의 신도 믿지 않았다고 생각하기도 합니다.[4] 하지만 아인슈타인은 확실히 어떤 초월적 실재에 대한 믿음을 가지고 있었습니다. 비록 그가 이러한 신을 '인격적'인 대상으로 이해하지 않았다는 점은 분명할지라도, 그 대상을 '신'이라고 부르는 데는 주저하지 않았습니다. 리처드 도킨스Richard Dawkins에게서 무신론atheism이란 "자연적이고 물리적인 세계 너머에 아무 것도 없다는 믿음, 즉 관측 가능한 우주의 배후에 숨어 있는 초자연적이고 창조적인 지성이 없다는 믿음"입니다.[5] 이러한 정의에 따르면, 아인슈타인은 분명 무신론자는 아닙니다.

비록 아인슈타인의 신이 비인격적인 것으로 묘사되고 있고, 주로 우주의 질서 혹은 아름다움이라는 식으로 표현되기는 하지만, 그가 생각했던 신을 단지 주관적인 경외감 정도로 축소시켜서 이해하는 것은 적절하지 않습니다. 경외감과 경탄, 신비감과 같은 감정을 불러일으키는 그 무엇이 우리 너머에 존재하는데, 아인슈타인은 종종 이것을 "우주적인 종교 감각"이라고 표현했습니다. 그리고 그는 이러한 감각을 "과학 연구에 가장 강력하고 숭고한 동기"라고 생각했습니다.[6]

몇 가지 점에서 아인슈타인은 신이라는 개념에 대하여 자신이 가지고 있는 이미지를 17세기 네덜란드의 유대인 철학자 바뤼흐 스피노자Baruch Spinoza의 이른바 '비인격적 우주 질서impersonal cosmic order'라는 개념과 구체적으로 관련짓기도 했습니다. "저는 인간의 운명과 행동에 관여하는 신을 믿는 것이 아니라, 존재하는 것들의 질서정연한 조화 속에서 자신을 드러내는 스피노자의 신을 믿습니다."[7] 아인슈타인은 베른에 머물던 시기에 스피노자의 사상을 공부했고, 1920년대부터는 명시적으로 그 이름을 언급하기 시작했습니다.[8]

그렇다면 아인슈타인은 스피노자의 신 개념에서 어떤 매력을 느꼈던 것일까요? 1943년에 윌리 아론Willy Aron에게 보낸 편지에서 아인슈타인은 스피노자가 자신과 동일한 유대인의 뿌리와 문화를 공유한다는 점에서 그의 사상에 마음이 끌린다고 넌지시 드러내기도 했습니다.[9] 그러나 아인슈타인이 스피노자를 아주 올바르게 이해한 것은 아니었습니다. 왜냐하면 아인슈타인의 말에 따르면, 스피노자의 신은 우주의 질서와 구조 속에서 "자신을 드러내는" 신이기 때문입니다. 그러나 사실 스피노자가 생각한 신은 스스로 자기를 드러내는 신이라기보다는 세계의 "질서정연한 조화" 같은 것이었습니다. 즉, 스피노자의 신은 스스로를 드러내는 신이 아니라 인간에 의해 발견되는 신입니다.

앞서 언급한 바와 같이 아인슈타인은 무신론자는 아니었습니다. 그렇다면 그는 인본주의자였을까요? 노던 브리티시 컬럼비아 대학교의 알렉스 미칼로스Alex Michalos 교수는 아인슈타인처럼 "비교적 냉정한 인본주의자"가 어떻게 종교를 그렇게 진지하게 받아들일 수 있었는지, 그리고 종교를 통해 "그의 과학 연구에 대한 감정과 동기의 매우 중요한 측면"을 포착할 수 있다고 인정할 수 있었는지 의아해했습니다.[10] 제가 보기에 미칼로스 교수는 아인슈타인이 1929년에 뉴욕 최초의 인본주의자 협회First Humanist Society of New York의 고문을 맡았다는 사실에 주목한 것 같습니다. 오늘날 **인본주의자**humanist라는 용어는 '무신론자', '비종교적', '세속적인' 등과 비슷한 의미로 이해되고 있습니다. 그러나 1929년에는 일반적으로 인본주의자라는 단어가 이러한 의미로 이해되지 않았습니다. 아인슈타인이 뉴욕 인본주의자 협회의 고문을 맡은 지 1년 후, 협회의 창시자인 찰스 프란시스 포터Charles

Francis Potter는 그의 아내 클라라 포터Clara Cook Potter와 함께 『인본주의: 새로운 종교Humanism: A New Religion』라는 제목의 책을 출간하였습니다. 이 책에서 인본주의는 종교에 대한 한 가지 **대안**으로 제시된 것이 아니라, 오히려 종교의 **한 형태**로 제시되고 있습니다.

이와 같은 '종교적인 인본주의'가 아인슈타인에게는 꽤 설득력 있게 다가왔을 것입니다. 왜냐하면 종교적 인본주의는 종교성에 대하여 아인슈타인이 가지고 있던 긍정적인 생각뿐만 아니라, 유대교와 기독교 등 특정한 종교적 전통에 대하여 그가 가지고 있던 비판적인 관점을 두루 반영하고 있었기 때문입니다. 그 이후로 미국과 유럽의 공공 담론의 영역에서는 세속적이고 무신론적인 인본주의 개념이 우세하게 되었고, 결국에는 **인본주의**humanism라는 용어가 비非종교적인 세계관, 또는 심지어 반反종교적인 세계관을 의미하게 되었습니다. 이것은 유럽사회에서 르네상스 시대에 이해되던 인본주의의 의미도 아니고, 아인슈타인이 1920년대와 1930년대에 이해하고 있던 인본주의라는 단어의 뜻과도 다릅니다.* 아인슈타인은 특별히 1930년대에 유럽사회에 드리웠던 전체주의의 발흥과 관련해서 인간의 자유와 행복well-being에 대한 그의 관심을 나타내기 위한 의도로 이 단어를 종종 사용하였습니다.

---

* 역자주: 르네상스 시대까지만 해도 인본주의는 인간의 가치와 중요성을 강조하였을 뿐 반종교적이지는 않았다. 인본주의의 의미는 시대와 맥락에 따라 상이하기 때문에 이 주제를 다룰 때에는 상당한 주의가 요구된다. 사람들은 오늘날 반종교적이며 무신론적 세계관을 의미하는 인본주의를 세속적 인본주의라고 부른다.

1. 아인슈타인에게서 종교의 의미

종교에 관하여 아인슈타인이 남긴 여러 진술들은 특히 사람들이 저마다 추구하는 논쟁적 의제를 가지고 있을 때 각자의 관점에 따라 선택적으로 인용되어 왔습니다. 아인슈타인의 여러 진술들을 교묘하게 취사선택하여 인용한다면, 어렵지 않게 그를 매우 다른 세 가지 방식으로 소개하는 것이 가능해집니다. 즉, 그를 전통적인 종교적 사상가로 묘사할 수도 있고, 종교라는 것이 끼어들 여지가 없는 무신론자로 묘사할 수도 있으며, 이 문제에 관하여 심각하게 고려하지 않은 채 혼란스러워 했던 인물로 묘사하는 것도 가능합니다.[11] 앞으로 이어지는 내용에서 우리는 다른 사람들이 이미 짜 놓은 범주 속으로 아인슈타인을 억지로 밀어 넣기보다는 그의 접근 방식이 보여주는 핵심 요소를 파악하는 데 집중하고자 합니다.

일반적으로 사람들은 **종교**라는 용어를 "초자연적인 존재에 대한 믿음"과 비슷한 의미로 이해합니다. 그러나 학자들은 **종교**를 과학적으로 혹은 문화적으로 정의하는 것이 매우 어렵다는 것을 오래전부터 알고 있었습니다. 예를 들어, 종교를 신 또는 영적인 존재에 대한 믿음으로 정의한다면("**유일신**[God] 또는 **신**[gods]이 없는 종교는 척추 없는 척추동물과도 같다."[12]라고 말한 대니얼 데닛[Daniel Dennett]의 단순하고 부정확한 진술에서 볼 수 있듯이) 불교는 종교에 대한 이러한 정의에 잘 부합하지 않는다는 문제가 발생합니다.[13] 또한 동양의 많은 종교들은 사람들이 통상적으로 생각하는 종교의 이미지라기보다는 고전적인 스토아 철학에 더 가까운, 사실상 삶의 철학으로 볼 수 있습니다. 그럼에도 불구하고 실제로 많은 사람들은 **종교**를 그냥 북미 지역과 서유럽 사람들이 이해하는 방식으로 이해하고 있으며, 또한 그렇게 이해하는 것으로 충분하다고 생각하고 있습니다.

아인슈타인이 종교라는 용어를 어떻게 이해했는지를 분명하게 파악하기 위해서 그가 종교를 어떻게 생각**해야만** 했는가와 같은 우리의 입장은 잠시 접어두고, 오직 그의 독특한 관점이 무엇인지를 알아내는 일에 집중해봅시다. 철학자 루트비히 비트겐슈타인Ludwig Wittgenstein 은 어떤 단어의 의미는 그것이 사용되는 방식에 의해서 규정된다고 말했습니다. 따라서 저는 우선 아인슈타인이 **종교와 종교적**이라는 용어를 어떻게 사용했는지 간략하게 소개한 다음, 이를 근거로 해서 우리가 어떤 결론에 이를 수 있는지 살펴보고자 합니다.[14] 종교에 관한 아인슈타인의 이해 방식에는 네 가지 주요한 특징이 있습니다.

첫째, 아인슈타인은 반복해서 '인격적인 신'을 믿지 않는다고 말했습니다. 이것은 앞서 언급한 것처럼 아인슈타인이 스피노자의 신 개념, 즉 존재하는 것들의 질서정연한 조화 속에서 드러나는 신 개념을 믿는다고 말한 것과 일맥상통합니다. 아인슈타인은 구체적으로 비인격적인 신 개념에 대한 자신의 생각을 다음과 같이 말했습니다. "우리와 같은 스피노자의 추종자들은 존재하는 모든 것의 경이로운 질서 혹은 합법성 속에서 신을 발견합니다."[15] 아인슈타인은 인격적인 신에 대한 믿음이 "오늘날 종교와 과학 이 두 가지 영역 사이에 존재하는 갈등의 주된 원천"이라고 생각했습니다. 왜 그렇게 생각했을까요? "인간사에 이리저리 간섭하는 인격적인 신에 대한 교리"는 자연적 과정의 "질서정연한 규칙성"과 어울리지 않기 때문입니다.[16] 즉, 아인슈타인은 신이 자연 법칙을 깨뜨리지 않는다고 생각했던 것입니다.

　아인슈타인이 인격적인 신이라는 개념에 대하여 우려를 표했던 또 다른 이유는 그것이 "신인동형론적 신의 개념"*을 나타낸다고 생각했기 때문입니다. 인간이 생각하는 신의 관념이란 단순히 인간이 가지고 있는 여러 가지 정체성을 반영한 것에 불과합니다. 이와 관련하여 아인슈타인은 출애굽기 20장 4절**을 토대로 신인동형론적 신 개념이 유대교에서 금지된 것이라고 생각했습니다.[17] 그런데 여기서 저는 아마도 아인슈타인이 두 가지 구분되는 개념을 혼동한 것이 아닐까 생각합니다. 왜냐하면 신인동형론적 가정을 군이 하지 않더라도 신에 대한 인격적인 이해가 가능하기 때문입니다.

　어쨌든 아인슈타인의 이와 같은 우려를 통해 우리는 그가 왜 개별 종교에 대하여 그렇게 적대감을 가지고 있었는지를 이해할 수 있습니다. 아인슈타인은 기존의 개별 종교에서 제시하고 있는 내용들이 종교가 마땅히 가져야 할 모습에 대한 자신의 관점과는 다르게 왜곡되어 있다고 보았습니다. 특히 그는 기독교에 대해서 성경이 이야기story를 사용하고 있다는 점에 비판적이었습니다. 우주의 신비가 어떻게

---

* 역자주: 신인동형론(神人同形論, anthropomorphism)이란 신의 형상, 감정, 품성 등을 인간에 빗대어 의인화한 것을 뜻한다.
** "너를 위하여 새긴 우상을 만들지 말고 또 위로 하늘에 있는 것이나 땅 아래 물 속에 있는 것의 어떤 형상도 만들지 말며"

이야기라는 방식으로 전달될 수 있단 말인가? 아인슈타인은 이와 같은 비판적 생각을 여러 곳에서 표현했습니다. 그중에서도 1954년에 쓴 유명한 "신의 편지God letter"에서 그는 성경에 대하여 "경의를 표할 만하지만, 그럼에도 불구하고 원시적인 전설들의 모음집일 뿐"이라고 표현했습니다. (아인슈타인이 사망 직전에 독일의 철학자 에릭 구트킨트[Eric Gutkind]에게 보낸 이 편지는 2018년 12월 뉴욕 크리스티 경매에서 기록적인 금액으로 경매되었습니다.)[18] 그러나 기독교와 유대교에 대한 이와 같은 비판은 아인슈타인이 머릿속에 그리고 있었던 복잡한 그림 중 일부분에 불과합니다. 우리는 아인슈타인이 종교에 관하여 가지고 있던 더 넓은 시각이 무엇이었는지 보다 세밀하게 살펴볼 필요가 있습니다.

둘째, 아인슈타인은 종교를 자연 너머에 궁극적으로 놓여있는 무언가에 대한 응답이라고 보았습니다. 이것은 자연 세계의 광대함 앞에서 느끼는 경외감과는 구분됩니다. 카를 에디Karl Eddi와 주고받은 편지에 따르면, 아인슈타인은 비록 자기 자신이 인격적인 신에 대해 의구심을 가지고 있기는 하지만, 인격적인 신에 대한 믿음을 가지는 것이 "삶에 대한 초월적인 인생관을 전혀 가지지 않는 것보다는 낫다."라고 말했습니다.[19] 종교는 이러한 "초월적인" 인생관을 인정하는 것이고, 아인슈타인은 종종 이것을 자연 자체와 자연 세계를 충분히 이해하고자 하는 인간의 역량 모두를 능가하는 힘, 정신, 이성 등과 같은 용어로 표현하였습니다. "우리의 제한적인 방법을 사용해서 자연의 비밀들을 파헤쳐보십시오. 그러면 인식 가능한 모든 사건들 너머에 미묘하고, 만질 수도 없으며, 설명할 수도 없는 무언가가 있을 것입니다. 우리가 이해할 수 있는 것들 너머에 존재하는 이 힘을 숭배하는 것이 바로 저의 종교입니다."[20]

때때로 사람들은 아인슈타인이 우주의 광대함 앞에서 느낄 수 있는 순전히 주관적인 경외감 같은 경험을 이런 식으로 표현한 것일 뿐이지, 그것이 어떤 초월적인 근원에 대하여 긍정한 것은 아니라는 식으로 해석하기도 합니다.[21] 실제로 아인슈타인이 쓴 글들을 살펴보면 그가 이러한 경외감의 중요성을 강조하면서도 이것을 굳이 신과 같은 초월적인 대상과 관련짓지 않은 구절들도 있기는 합니다. 그러나 이러한 구절들을 해석할 때에는 그가 경외감 같은 느낌이나 감정의 초월적인 기초를 구체적으로 긍정하고 있는 다른 문맥들, 예를 들어, 앞서 인용했던 "우리의 경험 세계에 자신을 드러내고 있는 우월한 정신에 대한 확고한 신념"과 같은 구절들과 함께 고려해야 합니다. 아인슈타인이 강조하고 있는 요점은 우주에 대한 주관적인 반응조차도 관찰자에 의해 임의적으로 만들어진 것이 아니라 관찰자 너머에 놓여있는 무언가에 제대로 뿌리를 내리고 있다는 것입니다.

셋째, 신에 대한 아인슈타인의 관점은 스피노자의 관점, 특히 그의 범신론pantheism과 **동일시**되어서는 안 됩니다. 아인슈타인과 스피노자의 생각 사이에 연속성이 있다는 것도 일면 타당하기는 하지만, 중대한 차이가 존재한다는 것 또한 사실입니다. 1929년 4월, 「뉴욕 타임즈」에 실린 기고문에서 아인슈타인은 "스피노자의 범신론에 매료되었다."라고 밝혔습니다. 그러나 한편으로 자기 자신을 범신론자라고 부를 수는 없다고 분명히 말했습니다. 특히 주목해야 하는 것은 스피노자가 우리 세계를 이해하는 것이 중요하다고 강조하기는 했지만, 그는 우주에 대한 이성적 이해가 깊어질수록 자연 앞에서 느낄 수 있는 신비로운 느낌은 사라질 것이라고 보았다는 점입니다. 다시 말해, 스피노자는 일단 우리가 세계의 명료성을 이해하고 나면 신비로운 느낌을 갖는 태도가 사라질 것이라고 생각했습니다.[22]

그러나 아인슈타인의 관점은 달랐습니다. 그는 우주의 합리적인 행동을 이해하는 우리의 한계, 그리고 우주의 광대함 앞에서 신비로운 느낌과 경외감을 가지는 것의 중요성을 끊임없이 강조했습니다. 비록 아인슈타인은 문자 그대로의 의미에서 신비주의자는 아니었지만,[23] 마치 "신비성의 경험"이 종교의 핵심인 것과 마찬가지로 "신비로운 것"에 대한 감각은 모든 진정성 있는 예술과 과학의 원천이 된다고 분명하게 말했습니다. "저는 자연 속에서 장엄한 구조를 봅니다. 이 장엄한 구조를 우리는 매우 불완전하게 이해할 수밖에 없습니다. …… 이것은 신비주의와는 관계없는 진짜 종교적인 감정입니다."[24] 스피노자는 자연의 이해 가능성을 인간 이성이 가진 능력에 대한 확신으로 바라본 반면, 아인슈타인은 신비롭고 수수께끼와 같은 어떤 것으로 보았습니다. "저는 우리가 '자연 법칙'이라고 공식화하는 우주의 조화를 깊이 이해하려고 노력하는 인간의 무능함에 대한 생각으로 가득 차 있습니다."[25]

넷째, 종교에 대한 아인슈타인의 이해 방식은 헌신적인 실천이나 종교적인 의례를 수반하지 않는다는 점입니다. 아인슈타인이 유대인 예배에 참석했었다는 기록은 전혀 없습니다. 많은 사람들에게 종교라는 것은 일종의 의식에 참여하는 것과 관련되어 있고, 심지어 요구되는 일이기도 합니다. 그러나 아인슈타인에게는 그렇지 않았습니다(적어도 그렇게 보입니다). 아인슈타인은 유대교에 관하여 자신이 매우 중요하다고 생각했던 점을 세 가지로 정리하여 설명했습니다. "지식 그 자체를 향한 추구, 정의를 향한 거의 광신적인 사랑, 개인적 독립에 대한 열망—이러한 유대교 전통의 특징 때문에 저는 유대인에 속한 것을 감사하게 생각합니다."[26] 그가 언급한 유대교 전통의 특징 중에는 유대교 종교 의식이 전혀 포함되어 있지 않습니다. 더 나아가 그는 윤리적 가치보다는 종교 의식이나 제의祭儀에 초점을 맞추는 종교적 교육의 행태에도 반대했습니다.

그렇다면 아인슈타인의 종교관이 보여주는 네 가지 폭넓은 특징과 그의 저술 전체에 걸쳐 산발적으로 언급되는 종교에 대한 그의 생각을 어떤 식으로 이해하는 것이 적절할까요? 제가 보기에 아인슈타인이 종교에 대하여 가지고 있던 일반적인 생각, 특히 그 어떤 "신인동형적인 신 개념"과도 연결되지 않는 "우주적이고 종교적인 느낌"은 **종교 철학**philosophy of religion이라는 이름으로 이해하는 것이 가장 적절해 보입니다. 여기서 종교 철학이라 함은 우주의 초월적인 기초에 관한 일련의 생각들, 그리고 경이로움 및 신비로움과 같은 시각을 잃지 않으면서 우주를 이해하고 적절하게 표현하는 방법에 대해 질문을 던지는 것을 뜻합니다.

제가 아인슈타인의 저술들을 읽으면서 깨닫게 된 것은 그의 생각이 '자연종교religion of nature'에 관한 18세기의 관점 중 하나와 상통하는

면이 매우 크다는 점입니다.* "종교는 자연에 대한 인간의 대체적인 태도, 개인과 공동체적인 삶에 대한 이상을 확립하는 일, 사람들 사이의 상호 관계 등과 관련이 있습니다."[27] 종교에 대한 아인슈타인의 이와 같은 생각은 부분적으로는 조직화된 종교에 대한 혐오, 특히 종교 기관들이 권위와 특권으로 말미암아 여러 가지 논쟁과 갈등에 휘말리는 모습에 대한 반감으로부터 생겨난 것으로 이해되어 왔습니다. 아인슈타인이 생각한 종교의 형태는 여타의 신앙 체계에 대해서도 회의적입니다. 그가 생각한 종교에서 가장 중요한 것은 자연이 보여주는 위엄과 아름다움 앞에서 느껴지는 경외감입니다.

이러한 '자연종교'에 대한 생각은 종교적 제의祭儀 및 특정한 종교 교리와 관련하여 아인슈타인이 반복적으로 보였던 혐오적인 표현과 잘 들어맞습니다. 기독교나 유대교 등 역사적인 종교들은 기도에 응답하는 인격적인 신에 대한 생각, 일련의 종교적 제의와 행사들, 기원론적인 내러티브와 상징들을 포함하고 있는데, 아인슈타인은 이것들을 불필요하거나 받아들일 수 없는 요소들이라고 생각했습니다. 한편, 아인슈타인은 이러한 역사적 종교 안에는 신화적인 요소가 포함되어 있다고 생각했는데, 그가 이해한 참된 종교에는 이러한 신화적 요소가 들어설 여지가 없었습니다.[28] 이것 역시 17세기 후반과 18세기 초반 유

---

* 역자주: 자연종교에는 크게 두 가지 의미가 있다. 그중 하나는 자연 자체를 숭배하는 원시적인 형태의 종교이다(예: 애니미즘이나 토테미즘). 다른 하나는 '계시종교'와 대립되는 개념으로서 인간의 이성과 경험을 통해 신에 대한 지식이 가능하다고 보는 신학적 태도이다. 여기서 저자가 언급하고 있는 '자연종교'는 후자의 의미이다.

럽에 등장했던 '자연종교'의 핵심 주제를 떠오르게 합니다.

아마도 종교 기관에 대한 불신 때문에 '자연종교'의 주창자들은 특권적 지위나 권위를 가진 성직자와 사제를 인정하는 대신 우주의 아름다움과 질서를 성찰할 줄 하는 모든 지성인을 일종의 '사제'로 보았습니다. 자연종교를 보여주는 대표적인 예시는 뉴턴과 동시대에 호흡했던 화학자 로버트 보일Robert Boyle의 저술에서 찾아볼 수 있습니다. 보일이 '자연 철학natural philosophy'이라고 명명한 것은 자연에 대한 경외심과 존경심을 불러일으키기 위한 일종의 영적 훈련이었다고 볼 수 있습니다.[29]

다시 아인슈타인이 말했던 "우주적이고 종교적인 느낌은 과학 연구에 가장 강력하고 숭고한 동기"[30]라는 표현으로 돌아가 보겠습니다. 이 말은 종교가 (물론 여기서 '종교'라는 용어는 아인슈타인이 이해한 의미에서) 과학 연구에 이해 추구를 넘어서는 더 근본적인 동기를 제공해준다는 아인슈타인의 핵심적인 신념을 분명하게 보여주고 있습니다. 자연스럽게 우리는 아인슈타인이 자연과학과 종교의 관계를 어떻게 이해했는지에 대한 질문을 던지게 됩니다.

2. 과학과 종교에 대한 아인슈타인의 관점

과학과 종교의 관계에 대한 탐구는 근대 초기 '자연 철학natural philosophy'이라는 개념이 하나의 독립된 연구 분야로 등장하기 시작하면서 발전하기 시작했습니다. 17세기를 거치며, 한때 죄악시되었던 인간의 호기심은 사람들이 자연세계를 탐구하고 그 안에 담긴 의미에 대해 깊게 질문할 수 있도록 독려하는, 일종의 덕목으로 여겨지기 시작했습니다. 당시의 자연 철학은 신의 본성에 대한 인간의 이해 방식에 영향을 미쳤을 뿐만 아니라 도덕적이고 종교적인 느낌을 고취시키기도 했습니다.[31] 뉴턴이 사망했을 무렵에는 자연과학이 기독교 신학에 어떻게 영향을 줄 수 있는지, 또 반대로 기독교 신학이 자연과학에 어떻게 영향을 줄 수 있는지에 대한 관심이 널리 퍼져 있었습니다.

오늘날 서구 문화에는 과학과 종교가 서로 어떤 관계에 있는지에 관해 세 가지 주된 입장이 존재합니다.[32]

① **전쟁**A War: 과학과 종교는 갈등 관계에 있다. 그리고 이러한 갈등은 결국 과학의 승리로 끝난다. 과학과 종교 사이에는 어떠한 의미 있는 대화도 있을 수 없다. 종교는 지적인 반역일 뿐이다.

② **사일로**A Silo: 과학과 종교는 완전히 다른 영역에 속하는 인간의 사유방식이다. 따라서 이 둘은 서로의 논의 속으로 들어올 수도 없고, 그래서도 안 된다. 이 둘은 인간의 정신세계 속에 존재하는 격리된 방사일로과 같아서 서로 상호작용을 하지 않는다.

③ **대화**A Dialogue: 과학과 종교는 삶의 위대한 질문들에 대하여 서로 다른 관점을 제공한다. 그리고 이 관점들은 서로를 조명

하면서 영향을 미친다. 이러한 대화는 건설적일 수도 있고, 동시에 비판적일 수도 있다.

저는 위의 입장들 중에서 세 번째 접근 방식을 지지하고 있습니다. 리처드 도킨스Richard Dawkins는 첫 번째 입장을 지지하는 대표적인 인물이라 할 수 있습니다. 아인슈타인이 남긴 말들은 대부분 두 번째 접근 방식과 어울리는 듯 보이기는 하지만, 사실 그의 생각은 위의 세 가지 입장 중 어느 범주에도 정확히 들어맞지는 않습니다. 아인슈타인은 과학과 종교를 아주 다른 것으로, 즉 서로 상호작용을 하지 않는 것으로 간주하기는 했지만, 가령 인간의 객관적 지식과 주관적 영감 사이의 관계를 탐구하는 데서는 분명히 이 둘이 긍정적으로 상호작용을 할 수 있을 것으로 확신하기도 했습니다.[33]

사실 과학과 종교의 관계를 논하는 어떠한 시도를 하든지 그것은 과거에 존재했던 오랜 논쟁의 그림자를 이어가는 일이 될 것입니다. 과거로부터 과학과 종교에 관한 이러한 논쟁은 해당 주제에 대한 대중 매체 속 논의의 틀을 형성해왔고, 지금도 계속해서 그 틀을 형성하고 있습니다. 1930년대와 1940년대를 거치면서 아인슈타인은 과학과 종교의 관계에 관하여 논의하는 자리에 초대되었는데, 이와 같은 논의는 대개 인간 문화의 두 측면이라 할 수 있는 과학과 종교가 전면전 같은 상황은 아닐지라도 적어도 서로에 대하여 긴장 관계에 있다는 당시의 지배적인 생각을 전제하고 있었습니다. 이와 같은 인식을 촉진시킨 데는 두 가지 요인을 꼽을 수 있습니다. 첫째, 앤드류 딕슨 화이트Andrew

Dickson White가 쓴『과학과 기독교 신학 간 전쟁의 역사A History of the Warfare of Science with Theology in Christendom』1896년의 출간입니다. 이 책의 경우, 저자는 종교사와 관련하여 매우 선택적이고, 비-학술적이며, 부정확한 내용들을 담아냈으며, 이를 통해 과학과 종교가 영구적으로 그리고 필연적으로 서로에 대하여 적대적이라는 생각을 관철시키고자 했습니다.[34] 둘째, 1920년대에 미국 내에서 발흥한 종교적 근본주의religious fundamentalism입니다. 종교적 근본주의는 종종 과학을 종교의 적으로 묘사하였습니다. 1925년도에 있었던 유명한 스콥스 재판Scopes Trial으로 인해 과학과 종교는 양립 불가능하다는 이미지가 대중들에게 각인되기 시작했습니다. 양측 모두에 적대감이 존재했습니다. 다시 말해, 한편에는 종교는 비이성적이며 과거의 유물이라고 생각하는 과학자들이 있었고, 다른 한편에는 과학을 지적으로나 도덕적으로 타락한 것으로 간주하는 일부 종교적인 사람들이 있었습니다.

비록 여전히 대중매체가 보여주는 인식은 지금도 이와 유사하게 이어지고 있습니다만, 현대의 학자들은 과학과 종교의 관계에 대하여 이보다 훨씬 더 신뢰할 만한 설명을 제공해왔습니다. 예를 들어, 옥스퍼드의 학자인 존 헤들리 브룩John Hedley Brooke은 중요하고 영향력 있는 역사 연구 시리즈를 통해 다음과 같이 주장했습니다. "과학사와 관련된 진지한 연구를 바탕으로 과학과 종교의 관계가 유별나게도 풍성하고 복잡하다는 것이 밝혀졌기 때문에 과거의 일반적인 명제들은 유지하기가 어렵습니다. 연구를 통해 얻은 진짜 교훈은 복잡성입니다."[35]

브룩의 분석은 학계에서 널리 받아들여졌습니다. 호주의 역사학자

피터 해리슨Peter Harrison은 브룩이 밝혀놓은 분석 결과의 윤곽을 더욱 뚜렷하게 보여주었습니다. 그는 "과학과 종교 사이의 역사적 관계에 대한 연구는 결코 단순한 패턴을 보여주지 않는다."라고 지적하였는데,[36] 이는 과학과 종교 사이의 관계가 '갈등'이라는 내러티브의 신화처럼 단순하지 않다는 것을 의미합니다. 오히려 그의 연구를 통해 역사 속 대부분의 시기에 종교가 과학적 탐구를 **촉진시켰다**고 하는 '일반적인 경향'이 드러났습니다. 이것이 바로 제가 과학과 신앙에 대한 '대화적dialogical' 접근을 좋아하는 이유 중 하나입니다. 대화적 접근 방식은 과학과 종교 이 두 가지 모두를 풍요롭게 만들 수 있는 가능성이 있으며, 우리에게 진지한 논의의 장을 열어줄 수 있습니다.

그러나 1930년대만 해도 과학과 종교에 대한 일반 대중들의 인식은 이 둘을 서로 적대적인 관계로 보는 것이었습니다. 그렇다면 어떻게 아인슈타인은 이 두 영역 사이에 모종의 긍정적이고 건설적인 관계가 성립할 수 있다고 생각했던 것일까요? 아인슈타인이 1930년대와 1940년에 미국에서 과학과 신앙의 관계를 설명할 때, 그는 당시 이 관계에 대해서 규범적인 것으로 받아들여지고 있던 몇 가지 부정적인 전제들을 다룰 필요가 있었습니다.

아인슈타인이 접근했던 방식은 우선 과학과 종교를 인간 사유의 두 가지 구별된, 다른 영역으로 다루는 것이었습니다. 이것은 우주에 대한 우리의 태도에 서로 다른 측면이 있다는 점에 초점을 맞춘 것입니다. 인간은 사물이 어떻게 작동하는지, 그리고 그것이 의미하는 바가 무엇인지 둘 다 알고 싶어 합니다. 1939년 5월, 프린스턴에서 열린 한 강연에서 아인슈타인은 삶의 거대한 질문들을 다루는 문제에서 이성주의가 지닌 한계에 대하여 논한 적이 있습니다.[37] 이 강연에서 그의 핵심 목표는 인간 사유의 서로 다른 두 영역 또는 두 양상, 즉 과학사실과 종교가치 사이의 관계를 고려하는 것이었습니다. 그는 19세기를 지나는 동안 "지식과 신념 사이에 양립할 수 없는 갈등이 존재한다는 생각이 널리 퍼져있다."라는 맥락을 소개하면서 강연을 시작했습니다. 이러한 생각은 "지식에 기초를 두지 않은 신념은 미신이다."라고 생각하는 이성주의자들의 관점과 연결되어 있습니다. 아인슈타인은 자신의 고유한 관점을 조금씩 개진하면서 "확신은 경험과 명확한 사고에 의해 가장 잘 뒷받침될 수 있습니다."라고 인정했습니다. 이것은 과학에 대해서 아인슈타인이 보여주었던 통합적인 접근 방식과 완전히 일관된 말입니다. 그런데 만일 이성이 우리가 삶을 살아가는 원칙을 제공해주지 못한다면 어떻게 될까요?

이 점에 대하여 아인슈타인은 "우리의 행동과 판단에서 필수적이고 결정적인 확신들은 이러한 탄탄한 과학적 방법에 따라서만 찾을 수 있는 것이 아닙니다."라고 분명히 말했습니다. 여기서 아인슈타인이 생각한 것은 도덕적 가치와 영감을 포함하는 것입니다. 과학적 방법을 제대로 이해하는 사람이라면 이와 같은 문제들이 과학의 범위를 넘어선 문제라는 것을 알 것입니다.

> 과학적 방법은 사실들 간의 관계 및 이들 간의 조건적 관계를 넘어선 것까지 우리에게 알려주지는 못합니다. …… 어떤 대상이

어떠한지what is 사실을 안다는 것이 그 대상이 **어떠해야만 하는**
지what should be를 필연적으로 말해주는 것은 분명히 아닙니다.
어떤 사람이 어떤 대상이 **무엇인지**에 관한 명확하고 완전한 지
식을 가질 수는 있겠지만, 인간의 열정이 향하는 **목표**가 어떠해
야만 하는지를 그것으로부터 이끌어낼 수 있는 것은 아닙니다.[38]

즉, 그 목표의 정체, 그리고 그 목표에 도달하기 위한 동기는 "또 다
른 원천으로부터 와야 한다."라는 것입니다.

"우리의 존재를 설명하는 순전히 이성적인 개념의 한계"에 대하여
거침없이 그리고 효과적으로 보여준 아인슈타인은 그 다음 단계로 종
교가 인간 이성이 지닌 이러한 한계를 어떻게 초월할 수 있는지를 물
었습니다. 아인슈타인에게 있어서 "인간의 삶에서 종교가 수행하는 가
장 중요한 기능"은 우리의 "근본적인 목적ends과 가치valuations"를 밝
히 드러내는 것, 그리고 "그것을 온갖 감정들로 가득한 개인의 삶에 확
립시키는 것"입니다. 즉, 종교는 우리가 인생에서 추구해야만 하는 목
표와 그 목표를 추구하는 데 우리에게 지침을 제공하는 윤리적 가치를
밝히 드러내줄 뿐만 아니라, 이러한 목표와 가치가 각자의 개인적 존재
라는 토양에 단단히 뿌리를 내릴 수 있도록 만들어 준다는 것입니다.

1941년에 발표한 두 번째 논문[39]에서 아인슈타인은 보다 명시적으
로 과학과 종교의 관계를 다루기 시작했습니다. 아인슈타인에 따르면,
기본적으로 과학은 "체계적인 생각을 통해 이 세계의 인지 가능한 현
상들을 한 데로 모아서 가능한 한 철저하게 연관시키려는" 시도입니

다.[40] 이것은 과학이 단지 관측 결과들을 긁어모으는 것을 넘어서 우리 세계를 이해하려는 시도이며, 더 나아가 실재에 대한 통합된 관점을 향한 탐구라고 생각하는 아인슈타인의 관점을 매우 잘 요약하는 말입니다. 과학의 목표는 사실들을 서로 연관지어주는 규칙을 발견하는 것입니다. 이 과정에서 과학은 "발견되는 연관의 수가 가능한 적은 수가 되도록" 규칙의 수를 줄이는 것을 목표로 합니다.[41] 이처럼 "사방으로 흩어져 있는 것들을 이성적으로 통합하려는 노력"은 실재에 대한 통합을 추구하는 아인슈타인 고유의 탐구 방식의 정수라고 할 수 있습니다.

그렇지만 종교를 정의하는 일은 좀 더 어려운 문제입니다. 아인슈타인은 한편으로는 사람들을 자신의 이기적 욕망으로부터 해방시키고, 다른 한편으로는 사람들이 저마다 가지고 있는 "강력한 의미부여"에 대한 확신으로부터 해방시키는 종교의 포용성에 초점을 맞출 필요가 있다고 말했습니다. 왜 그럴까요? 왜냐하면 이를 통해 사람들은 그들이 진짜 목표로 하는 것을 알게 되고, 그것을 달성하기 위한 동기를 얻게 되기 때문입니다.

이것이 사실이라면 아인슈타인이 보기에 과학과 종교는 갈등적 관계에 있는 것이 아닙니다. 과학은 가치를 만들어내지 못합니다. 그리고 종교는 사실 및 사실들 간의 관계를 다루지 못합니다. "과학은 어떤 대상이 **어떠한지**what is 사실을 밝혀낼 뿐, 그 대상이 **어떠해야만 하는지**what should be를 알려주지는 못합니다."[42] 따라서 아인슈타인이 보기에 종교가 '과학의 영역'에 개입할 때 갈등이 생기는 것입니다. 성경을 일종의 과학책으로 다루는 경우가 그러한 예입니다. 한편, 과학이 인간의 '가치와 목적'을 만들어내려고 시도할 때에도 갈등이 생기기 마련입니다.

지금까지의 내용을 보면, 아인슈타인이 과학과 종교를 서로 구별되고 분리된 "겹치지 않는 교도권nonoverlapping magisteria"으로 보는 스티븐 제이 굴드Stephen Jay Gould와 비슷한 관점을 지지하는 것처럼 보입니다.[43] 굴드의 생각에 따르면, 과학과 종교 사이에 의미 있고 생산적인 대화란 불가능합니다. 과학과 종교는 각각 나름의 문화적 사일로silo 또는 지적인 게토ghetto를 형성하고 있고, 각 영역 바깥의 외부인은 배제됩니다. 그러나 아인슈타인은 이와 같은 결론을 받아들이지 않았습니다. 과학과 종교의 각 영역이 실제로 "서로에 대하여 분명히 구획된 것은" 맞지만, 그럼에도 불구하고 "이 둘 사이에는 강한 상보적 관계와 의존성이 존재합니다."[44] 궁극적으로 과학은 종교로부터 동기를 부여받습니다. 그리고 종교는 과학으로부터 영향을 받습니다. 아인슈타인의 잘 알려진 다음 경구는 이러한 내용을 잘 요약하고 있습니다. "종교 없는 과학은 절름발이이고, 과학 없는 종교는 맹인입니다."[45]

1948년 6월에 아인슈타인은 다시 과학과 종교 사이에 있을 법한 갈등에 관해 질문을 받았습니다. 이에 아인슈타인은 과학과 종교를 제대로 이해한다면 이들이 갈등적 관계에 있지 않다는 그의 신념을 거듭 설명한 후에, 유대교나 기독교와 같은 역사적 종교들이 특정한 '서사와 신화'에 의존하고 있다는 점을 지적했습니다. 그에 따르면 과학과 종교가 충돌하는 지점은 바로 종교적 전통 안에 포함되어 있는 신화적이고 상징적인 내용 요소라는 것입니다. 특히 종교가 "과학의 영역에 속하는 주제에 관하여 교리적으로 단정적인 명제를" 제시할 때 과학과 종교가 갈등을 겪는다는 것입니다.[46]

　아인슈타인이 이러한 생각을 더 자세하게 설명하지는 않았지만, 성경을 과학책으로 취급하는 사람들, 예를 들어 성경이 우주의 기원을 설명하는 구조나 연대기 등의 정보를 제공한다고 보는 사람들을 비판적으로 겨냥한 것으로 보입니다. 이러한 태도는 앞서 말했던 아인슈타인의 생각과도 잘 부합합니다. 즉, 아인슈타인이 바라본 종교는 어떤 조직체계라든지 의미를 규정하는 서사구조, 어떤 개인의 카리스마적 권위 등에 의존하는 것이 아니라 우주의 경이와 신비에 대한 인식 그리고 우주의 배후에 놓여 있는 "우월적 정신"에 의존한다는 것입니다. 아인슈타인은 자신이 속한 유대교를 포함해서 좋게 말하면 불필요한, 그리고 나쁘게 말하면 발명품 혹은 망상이라고 부를 만한 생각들을 도입하는 특정 종교에 대해서 비판적이었습니다. 앞에서 말한 것처럼 특히 그는 **인격적인 신**이라는 개념에 대해서 비판적이었습니다. 아인슈타인이 보기에 인격적인 신은 자연의 법칙laws of nature을 방해하거나 무시할 수 있는 신이기 때문입니다.

3. '현재'의 문제

　앞에서 줄곧 설명한 바와 같이 과학과 종교의 관계에 관한 아인슈타인의 분석은 종교에 대한 그의 독특한 이해방식으로부터 형성된 것입니다. 그리고 그것은 대부분의 사람들이 종교라는 단어와 함께 연상하는 일상적인 현실에 그대로 투영되기는 어렵습니다. 그럼에도 불구하고 아인슈타인이 펼쳤던 논의의 저변에 깔려 있는 일반적인 생각은 여전히 중요합니다. 과학은 삶의 의미와 가치에 대하여 목말라하는 인간의 갈증을 채워주지 못합니다. 이런 것들은 과학 외의 다른 곳에서 찾아야 하는데, 바로 종교가 이러한 질문들을 다룰 수 있습니다.

앞에서 저는 자연과학과 윤리, 정치, 종교의 관계를 고찰하는 데서 복잡한 실재에 대한 다중 지도multiple maps라고 하는 메리 미즐리의 아이디어가 도움이 된다고 말씀드린 바 있습니다. 우리 인간은 의미를 추구하는 존재입니다. 과학은 자신의 존재를 이해하고자 하는 우리의 지속적인 욕구로부터 발생한 하나의 열매입니다. 자연과학은 사물이 작동하는 방식 혹은 우주의 여러 측면이 상호 연결된 방식에 대한 질문을 나름의 지도로 발전시킨 것이라고 볼 수 있습니다. 아인슈타인은 과학이 "사실들끼리 어떻게 연관되는지, 그리고 사실들이 서로에 대하여 어떤 조건을 형성하는지"를 드러낸다고 말했습니다. 이러한 지도는 중요합니다. 그러나 이것은 "우리의 행동과 판단에서 필수적이고 결정적인 확신들"을 밝혀주는 것은 아니기 때문에 우리에게 이 지도 하나만으로는 부족합니다. 외부 세계의 윤곽을 그리는 것은 중요한 일입니다. 그러나 다른 한편으로 우리 내면 깊은 곳의 열망과 두려움, 그리고 희망의 윤곽을 그려내기 위한 또 다른 종류의 지도도 필요합니다. 우리 세계에 대한 객관적인 설명은 우리의 가장 깊은 존재론적 질문들을 쉽게 그리고 적절하게 다루지 못합니다.

아인슈타인의 시공간 개념은 이 점을 더 깊이 이해하는 데 도움을 줍니다. 앞 장에서 살펴본 바와 같이, 아인슈타인의 일반 상대성이론에서는 4차원 시공간이라는 개념이 등장하는데, 이것은 질량 또는 에너지에 반응하여 굴곡이 생기고 휘어집니다. 시공간이 휘어진 결과로 태양과 같이 질량이 큰 물체 주변을 지나가는 빛이 편향되기도 합니다. 비록 우리는 직관적으로 시간과 공간을 동떨어진 개념으로 생각하지만, 아인슈타인의 이론에 의하면 이 둘은 하나로 융합되어서 4차원 연속체를 이룬다고 봐야 합니다. 사실상 시간과 공간이 시공간이라고 하는 하나의 개념으로 합쳐진 것입니다. 바로 이 시공간의 4차원 곡률을 기술하는 방식이 '리만 기하학Riemannian geometry'입니다. 시공간의 어떤 영역에서 곡률이 얼마나 되는가 하는 것이 바로 그 지점에서의 중력장의 세기를 반영합니다.

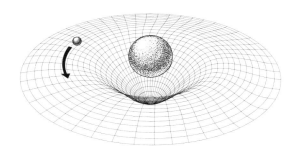

<그림 > 시간과 공간의 곡률: 시간과 공간은 물체의 질량에 반응하여 휘어진다.

그렇다면 이와 같은 구도 속에서 **우리 인간**의 지위는 어디라고 볼 수 있을까요? 분명히 우리는 우리 자신을 시공간 속에 위치한 대상이라고 생각합니다. 그러나 인간의 가장 구별되는 특징 가운데 하나는 우리 인간은 스스로의 존재를 이해하려고 노력한다는 점입니다. 이 점에 관하여 철학자들과 신학자들은 인간이 대상objects이면서 동시에 주체subjects라는 점을 강조하곤 합니다. 그렇습니다. 인간은 자연세계 안에 위치하고 있지만 그 세계에 대하여 생각하기도 하고, 우리 자신을 이 세계에 어떻게 맞출지, 그리고 삶이란 무엇인지 등을 이해하고자 노력하는 존재입니다. 1940년대에 오스트리아의 물리학자 에르빈 슈뢰딩거Erwin Schrödinger는 "과학으로부터 주체가 제거되는 것"에 대해 우려를 나타냈습니다. 물리학은 과학자의 주관적 경험이 외부 세계와의 필수적인 연결고리가 됨에도 불구하고 주관적 실재로서의 과학자를 무시해왔다는 것입니다. 서구 문화에서 나타나는 실존주의 사상에 대한 지속적인 관심은 과학에 대한 특정한 접근 방식이 인간을 생각하는 주체가 아닌 과학적 대상으로 다룸으로써 우리 자신을 탈脫인간화하고 있다는 우려를 반영하는 것입니다.[47] 막스 플랑크도 이와 비슷한 점을 지적하였습니다. 아인슈타인처럼 플랑크도 우주를 충분히 이해하는 데서 과학의 역량에는 한계가 있다고 생각하고 있었습니다. "과학은 자연의 궁극적인 비밀을 풀지 못합니다. 왜냐하면 결국 우리 자신도 자연의 일부이고, 따라서 우리가 풀고자 하는 바로 그 비밀의 일부이기 때문입니다."[48]

주관성subjectivity은 우리를 인간으로서 특별하게 만들어 주는 것 중 하나입니다. 우리는 '공간'이나 '시간'에 관해서 말할 수도 있고, 어떤 사람은 심지어 '시공간'에 관하여 말할 수도 있습니다. 그러나 사람들은 이보다 더욱 주관적인 용어인 '장소'라든지 '역사'에 관하여 생각하는 것이 더 자연스럽다는 것을 알고 있습니다. 장소는 그것과 연관되어 있는 것들이나 추억 때문에 특별한 공간입니다. '집'은 장소의 좋은 예시입니다. 집은 공간상의 특정한 위치 그 이상의 의미를 가집니다. 즉, 집은 소속이라든지 정체성 같은 느낌을 불러일으킵니다. 집은 우리의 마음이 있는 곳이자 감정적으로도 중요한 인상으로서 지도상의 위치를 초월하는 그 무엇입니다.

이와 비슷하게 **역사**라는 것은 단순히 시간의 흐름보다 훨씬 많은 것을 나타냅니다. 역사는 일어났던 중요한 일이라든지 우리에게 영향을 주었던 일에 관한 것입니다.[49] **대상**objects으로서 우리는 시공간 위에 존재하지만, **사람**people으로서 우리는 장소와 역사 안에서 살아갑니다. 우리는 개인으로서 우리 자신의 의미에 관하여 성찰하기 때문에 단지 시공간 위에서 좌표가 변하는 것 이상으로 과거와 현재, 그리고 미래를 구분하려고 하는 것입니다. 인간으로서 우리는 우리가 아직 태어나기 전을 과거로, 우리가 살고 있는 것을 현재로, 우리가 죽는 것을 미래로 바라봅니다. 그렇기 때문에 '현재'—우리는 시공간의 이 단면 안에서 생명체로서 그리고 반성적 존재로서 존재합니다—가 우리에게 그토록 중요한 것입니다. 그러나 아인슈타인이 깨달았던 것처럼 이와 같은 구분이 우리에게 아무리 중요하더라도 물리학이 그 구분을 제공하지는 못합니다.

물리학은 한 명의 인간이 경험하는 모든 사건을 '세계선world-line'*, 즉 4차원 시공간 위의 선으로 표현합니다. 그러나 이 세계선 위의 어떤 점도 **내가** 경험하는 '현재'를 구분지어 주지는 못합니다. 독일의 물리학자 헤르만 바일Hermann Weyl은 이러한 한계를 오히려 다행이라고 여겼습니다. 왜냐하면 물리학자들이 무의미한 철학적 논쟁에 휘말리는 것을 방지하기 때문입니다. "객관적인 세계는 단지 **존재하는**is 것일 뿐, **일어나는**happen 것이 아닙니다. 내 몸의 세계선을 따라 위로 거슬러 올라가는 동안 오직 내 의식이 응시해야만 이 세계의 단면이 시간에 따라 끊임없이 변화하는 공간의 찰나의 이미지로 생명력 있게 살아나는 것입니다."[50]

그런데 다른 물리학자들은 그렇게 확신하지 못했습니다. 인간 존재에 관한 이와 같이 초-객관적이고 완전히 비인격적인 설명에는 확실히 무언가 빠져 있는 것이 아닐까요? 바일의 관점을 읽다보면 C. S. 루이스C. S. Lewis의 『예기치 못한 기쁨Surprised by Joy』에 나오는 유명한 구절이 생각납니다. C. S. 루이스는 이성주의자들의 세계가 칙칙하다는 점을 지적하면서 그것이 인간의 마음속에 있는 깊은 열망 및 질문들과 연결되는 데 실패하고 있다는 것에 불만을 표했습니다. "한편으로는

---

* 역자주: 세계선(world-line)은 점입자가 4차원 시공간 위에 남기는 궤적이다. 상대성 이론에서는 모든 물리적 사건(event)이 시공간 위의 한 점으로 기술되는데, 그 점의 좌표는 그 사건이 발생한 시각과 위치에 관한 정보를 담고 있다. 따라서 일정한 기간 동안 존재하는 입자(가령, 수명이 유한한 인간처럼)는 시간에 따라 움직이면서 시공간 위에 수많은 연속된 점들, 즉 세계선을 흔적으로 남긴다.

시와 신화라는 섬들이 가득한 바다가 있고, 다른 한편으로는 그럴듯해 보이기는 하지만 사실은 얄팍한 이성주의가 있었습니다. 저는 제가 사랑했던 것들은 거의 모두 상상의 영역에 속해있다고 믿었습니다. 그리고 제가 실재라고 믿었던 것들은 거의 모두 암울하고 무의미하다고 생각했습니다."[51]

이 문제는 아인슈타인의 일반 상대성이론을 실험으로 확증하는 데 결정적인 역할을 했던 아서 에딩턴 경Sir Arthur Eddington도 지적했던 부분입니다. 1928년에 그가 쓴 『물리 세계의 본성The Nature of the Physical World』이라는 고전에 "시간의 화살"이라는 표현이 등장하는데, 에딩턴은 여기서 물리학이 추구하는 순수한 객관성과 개인이 주관적으로 경험하는 세계 사이에 존재하는 불일치에 관하여 지적하였습니다. "우리가 아는 세계에 대한 온전한 표상이 되기 위해서는 민코프스키Minkowski* 세계를 이루고 있는 기하학적 개념에 다른 무언가를 추가해야만 합니다."[52] 에딩턴이 보기에 "이러한 표상은 전적으로 자연의 기본 법칙들을 나타내는 데 적합"한 것이지, 시간의 흐름에 대한 우리의 내적인 인식이나 여타의 주관적인 관심을 다루는 데 적합한 것은 아니었습니다.

---

* 역자주: 3차원의 공간과 1차원의 시간이 결합된 4차원 시공간의 수학적 모델을 '민코프스키 세계' 또는 '민코프스키 시공간'이라고 부른다. 아인슈타인은 헤르만 민코프스키가 도입한 이 기하학적 모델을 사용해서 상대성이론을 성공적으로 기술할 수 있었지만, 이는 거시적인 물리 현상을 기술하는 것에 성공했다는 것을 의미할 뿐 심리적 현상이라든지, 인식과 관계된 현상을 기술하는 것과는 직접적인 관련이 없다.

아인슈타인은 이 문제에 관하여 철학자 루돌프 카르납Rudolf Carnap 과 논의한 적이 있습니다. 카르납은 1952년부터 2년 동안 프린스턴 고 등과학원에서 연구했는데, 이 기간은 아인슈타인의 생애 중 마지막 3 년과 겹치는 시기였습니다. 훗날 카르납의 개인적 회상에 따르면, 아 인슈타인은 '현재'라는 문제에 관하여 고민했다고 합니다. 인간은 과 거와 미래로부터 현재를 구별하여 그것을 특별한 것으로 생각하는데, 이처럼 구별하는 것은 물리학만으로는 설명될 수 없습니다. "아인슈 타인은 이와 같은 과학적 설명이 우리 인간의 필요를 충족시킬 수 없 다고 생각했습니다. 그리고 그는 '현재'에 관한 본질적인 무언가가 과 학의 한계 너머에 있다고 생각했습니다."[53]

과학과 종교의 관계에 대한 아인슈타인의 이해 방식은 인간의 경험 에 대한 객관적 측면과 주관적 측면이 모두 삶을 종합적으로 이해하는 데 중요한 부분이라는 것을 인식하면서 이 둘을 통합하려는 시도(또는 적어도 한데 아우르고자 하는 시도)라고 말할 수 있습니다. 어떤 무신론자들 은 이와 같은 시도를 우스운 생각으로 여길 수도 있습니다. 또 어떤 사 람들은 대부분 이러한 시도는 더 발전시키기 어렵다는 점을 지적하면 서도 그 생각 자체는 환영할 수도 있을 것입니다. 종교에 대한 아인슈 타인 특유의 개념은 많은 사람들이 동조하는 생각은 아닙니다. 확실히 특정한 신앙 공동체와의 대화 속에 아인슈타인을 끌어다 놓고, 그 대 화가 어떤 방향으로 흘러가는지 지켜볼 필요가 있을 것입니다. 이러한 과정에서 그 누구도 단순히 아인슈타인과의 대화가 가치 있는 결실을 얻게 해준다고 해서 그를 자기들이 속한 공동체의 일원이라고 이야기하지는 않을 것입니다.

　이 책의 마지막 장에서 이 부분에 대한 이야기를 조금 더 이어가고자 합니다. 즉, 마지막 장에서는 '기독교인이 아인슈타인으로부터 무엇을 배울 수 있는가?'라는 문제를 다룰 예정인데, 이 질문은 대답할 필요가 있고, 또한 대답할 수 있는 질문입니다. 우리의 경험 세계에 대한 기독교인의 '큰 그림big picture'과 관련하여 아인슈타인이 우리에게 미친 영향은 무엇일까요? 이 질문을 던질 때 우리는 단지 아인슈타인의 생각에 대하여 분석한 결과를 소개하는 일을 넘어서 기독교인이 어떻게 아인슈타인의 생각들을 서로 엮어서 우리가 사는 세계에 대한 이해를 형성해 갈 수 있는지 보게 될 것입니다.

7장

하나님과 과학적 대상으로서의 우주:
기독교인의 아인슈타인 읽기

어떤 기준으로 보든지 간에 틀림없이 아인슈타인은 뛰어난 사상가였지만 그렇다고 해서 그가 모든 것에 대해서 옳았다고 볼 수는 없습니다. 가령, 그 자신이 선구적 역할을 했던 양자역학과 관련하여 아인슈타인이 가지고 있던 관점은 오늘날 통상적으로는 잘못된 것으로 간주되고 있습니다. 이보다 더 논쟁적인 예시는 아인슈타인이 사회를 바라보았던 관점인데, 이것은 오늘날의 도덕적 가치 기준과는 전혀 어울리지 않습니다. 1922년에 아인슈타인은 6개월의 여정으로 일본, 중국, 싱가포르, 팔레스타인, 스페인 등을 방문하였습니다. 이 여정 중에 그가 만났던 사람들에 대한 개인적인 인상은 다른 인종이 유럽의 백인들보다 생물학적으로 열등하다는 것을 암시한다는 점에서—때로는 그렇게 주장한다는 점에서—우리를 화나게 하기도 합니다.[1] 어떤 사람들은 아인슈타인이 당시 그가 속해있던 사교계에 만연한 관점을 반영한 것뿐이라고 말할 수도 있을 것입니다. 또 어떤 사람들은 '천재'라면 그러한 한계조차 초월해야 하는 것 아니냐고 말할지도 모릅니다. 또 어떤 사람들은 한 시대의 상징으로 여겨졌던 사람들에게서도 이처럼 어두운 면이 드러났던 사례들이 꽤 있기 때문에, 우리가 누군가를 최고의 자리에 앉힐 때에는 주의를 기울여야 한다고 말할 수도 있을 것입니다.

제가 보기에 천재라는 것은 모든 것에 대해서 옳은 사람이라기보다는, 이전에 길을 걸었던 사람들보다 더 선명하게, 그리고 더 깊이 있게 사물을 바라보는 새로운 시각을 열어줄 수 있는 사람을 일컫는 단어인 것 같습니다. 아인슈타인이 해낸 일이 바로 이것이라고 봅니다. 저는 가능한 한 아인슈타인의 생각을 정확하고 공정하게, 그리고 이해하기 쉽게 제시하고자 노력했습니다. 이 마지막 장에서는 제가 생각할 때 중요한 한 가지 대화를 소개해드릴 예정입니다. 물론 이 대화는 아인슈타인의 생전에 실제로 시도된 대화는 아닙니다.[2] 과학과 종교에 관한 역사적인 측면과 지성사적인 측면을 연구하는 한 명의 전문가로서, 또한 한 명의 기독교 신학자로서 이 글을 쓰고 있는 저는 다음과 같은 질문을 던지고 싶습니다. 기독교 신앙에 대하여 진지하게 생각해보고 있는 사람들이 아인슈타인으로부터 배울 수 있는 것은 무엇인가?

우선 저는 아인슈타인을 기독교뿐만 아니라 그 어떤 특정 종교의 틀 안으로 가두어 해석하고자 하는 의도가 없다는 점을 밝히고자 합니다. 아인슈타인은 분명히 기독교인이 아니었습니다. 물론 그는 무신론자도 아니었습니다. 그는 그냥 아인슈타인이었습니다. 그럼에도 불구하고 그의 일관적 태도를 존중하면서 동시에 기독교인들이 아인슈타인으로부터 무엇을 **배울 수** 있는지를 묻고, 여러 범위에 걸쳐 있는 중요한 주제에 관한 기독교인의 성찰과 관련하여 아인슈타인의 생각이 어떤 자양분이 될 수 있는지를 묻는 것은 매우 자연스럽고, 지적인 면에서도 합당한 태도라고 말할 수 있을 것입니다. 아인슈타인이 제기했던 문제들 중에서 논의해볼 필요가 있는 핵심적인 질문들이 있다면, 그것은 과연 무엇일까요? 그리고 기독교인들이 생각을 발전시키는 데는 아인슈타인이 품었던 어떤 생각과 어떤 접근 방식으로부터 도움을 받을 수 있을까요? 아인슈타인은 '신학자'라는 용어를 어떤 의미로 사용하든지 간에 자신은 신학자가 아니라고 분명히 말했습니다. 그렇다고 해서 신학자들이 자신만의 관점으로 아인슈타인의 생각들을 고찰하는 일을 막을 이유도 없을 것입니다.

기독교가 기독교인이 아닌 당대의 대표적인 사상가들주로 철학자들과 관계를 맺는 것은 역사가 매우 오래되었습니다. 이렇게 관계를 맺을 때에는 해당 사상가들이 사실은 기독교인이었다는 식으로 그릇되게 주장하려는 것이 아니라, 그들과 나름의 대화를 이어가고자 하는 의도가 있는 것입니다. 오래 전, 초기 기독교인들이 플라톤과 대화했던 방식이라든지, 중세 시대에 아리스토텔레스의 지적인 유산을 탐구했던 것, 그리고 20세기에 들어와서는 마르틴 하이데거Martin Heidegger나 루트비히 비트겐슈타인Ludwig Wittgenstein과 같은 철학자들과 이러한 관계를 맺었던 것 등이 대표적인 사례라고 볼 수 있습니다. 제가 제안하는 것은 바로 이와 같은 방식으로 아인슈타인과 관계를 맺어보자는 것입니다. 물론 그를 존중하면서도 동시에 비판적인 태도를 견지하면서 말입니다.

그러나 그 전에 한 가지 반드시 지적하고 넘어가야 할 것이 하나 더 있습니다. 아인슈타인은 상대성이론을 포함한 자신의 이론에 대한 '종교적인' 함의에 관하여 말하는 것을 매우 꺼렸다는 점입니다. 그는 우주의 질서를 이해하는 가장 좋은 방식을 밝혀냈다고 생각하고 있었지만, 이것이 종교의 영역에 영향을 줄 것으로 생각하지는 않았습니다. 물론 부분적으로 이러한 생각은 종교에 관한 아인슈타인 고유의 특별한 생각을 반영하는 것이기도 합니다. 그럼에도 불구하고 아인슈타인은 "물리학과 형이상학 사이의 최전방 가까이에 살았습니다."[3] 그는 과학이라는 활동이 특정한 형이상학적 전제들에 의존하고 있다는 것을 뚜렷하게 인식하고 있었습니다. 여기서 형이상학적 전제라는 것은 과학적 탐구의 대상이 되는 물리적 세계의 실재성처럼 그것이 참이라는 것을 증명할 수 없는 것을 말합니다. 따라서 우리는 자연스럽게 다음과 같은 질문을 던질 수 있습니다. 여러 형이상학적 전제들 중에서 과연 무엇이 과학 활동을 가장 잘 설명해주는가? 세상을 바라보는 기독교적 방식이 어떻게 과학의 성공을 설명할 수 있고, 또 과학의 한계를 규정할 수 있겠는가?

아인슈타인은 훌륭한 대화 상대입니다. 인물 자체만으로 흥미로운 사람이기도 하지만, 무엇보다도 그는 과학철학자 카를 포퍼Karl Popper가 '궁극적 질문ultimate questions'이라고 불렀던 것에 뚜렷하게 관심을 가졌던 뛰어난 과학자였기 때문입니다. 1977년 11월, 케임브리지 대학교에서 열린 한 강연에서 포퍼는 그 자신이 과학적이며 합리적인 사람으로서 자격이 있다고 강조하면서도, 한편으로는 "과학에 대한 과장된 주장"을 하는 사람들과는 거리를 두었습니다.[4] "나는 지적인 오만함에 대해서는 반대합니다. 특히 우리가 진리를 잘 알고 있다는 식의 주장, 혹은 확실성에 접근할 수 있다는 식의 잘못된 주장에 대해서 반대합니다." 이 강연에서 포퍼가 지적한 지적 오만함과 과도한 자신감을 종종 '과학주의scientism'라고 부릅니다.

포퍼는 과학의 성공에 박수를 보내면서도 동시에 과학의 한계에 대하여 인식하고 그것을 조심스럽게 다룰 필요가 있다고 경고했습니다. "과학이 존재의 수수께끼라든지 이 세상 속에서 인간의 역할 등 궁극적 질문들에 대해서는 대답하지 않는다는 것을 깨닫는 것이 중요합니다." 포퍼는 의미, 목적, 가치에 관한 "궁극적 질문들"에 대해서는 과학이 제대로 대답해줄 수 없다고 주장했습니다. 그러나 이것이 곧 궁극적 질문들에 대하여 결코 대답할 수 없다는 것을 의미하는 것은 아닙니다. "과학이 윤리적인 원리에 대해 선언할 수 없다는 사실이 마치 윤리적인 원리가 아예 존재하지 않는다는 것을 의미하는 것으로 잘못 이해되어 왔습니다." 포퍼는 이와 같은 윤리적인 원리가 분명히 존재하며, 자연과학이 아닌 다른 방식으로 발견되어야 한다는 점을 강조했던 것입니다. "일부 위대한 과학자들을 비롯해서 그보다 덜 유명한 여러 과학자들이 이 상황을 오해했습니다." 저는 포퍼가 문제의 핵심을 파악하지 못한 과학자들의 목록에 아인슈타인을 포함시켰으리라고는 생각하지 않습니다.

1. 큰 그림: '간극의 하나님'이 아니다.

기독교인들은 여러 가지 방식으로 그들이 믿는 신념이 그럴싸하다는 것을 변호하고자 노력합니다. 특히 자연과학의 발전을 통해 제기된 도전과 새로운 유형의 질문에 비추어 믿음을 변호하려고 합니다. 기독교를 변증하는 어떤 사람들이 본능적으로 취하는 방식 중 하나는 과학적으로 설명되지 않는 현상을 가리키면서 우주에 대해 정합적으로 설명하기 위해서는 하나님의 존재를 거론할 필요가 있다는 것입니다. '간극의 하나님God of the gaps'이라는 관용구는 바로 이러한 접근을 묘사하는 데 널리 사용되는 표현입니다.

이와 같은 생각은 20세기 초중반을 지나면서 여러 학자들에 의해 구체화되기도 했고 비판받기도 했습니다만, 오늘날 이러한 접근 방식에 대해 거의 완벽한 반론으로 간주되는 논변은 옥스퍼드의 이론 화학자인 찰스 컬슨Charles A. Coulson이 1956년에 출간한 『과학과 기독교 믿음Science and Christian Belief』이라는 책에서 발견할 수 있습니다.[5] 컬슨은 바로 이와 같은 부적절한 사유 방식 때문에 첫째로는 하나님이 알려질 수 있는 영역이 축소되고, 둘째로는 하나님의 지적인 비전이 평가절하된다고 보았습니다. 이렇게 도입된 하나님은 "자연법칙들 사이에 나있는 '구멍을 통하여'" 슬그머니 들어온 신이며, 자연을 여전히 설명 불가능한 것으로 남겨두는 그러한 하나님이 되고 맙니다. 하나님은 인간이 설명할 수 없는 간극 속에서 발견되는 분이라기보다는 인간이 그 실재를 이해할 수 있는 더 광범위한 관찰 속에서 발견되는 분입니다.

우리가 과학을 수용하는 이유는 그 설명력 때문인데, 여기서 설명이라는 것은 관찰 결과들을 이해하는 '더 큰 그림'을 찾는다는 것을 의미합니다.

1979년 2월, 취리히의 연방공과대학에서 열린 아인슈타인에 관한 강연에서 프리드리히 뒤렌마트Friedrich Dürrenmatt는 아인슈타인이 우주의 복잡성과 일관성을 이해하고자 하는 데 깊은 관심이 있었다는 점을 강조했습니다.[6] 우리가 이미 살펴본 바와 같이 아인슈타인은 큰 그림을 그리는 사상가였습니다. 그는 자연과학자의 역할이 관찰된 세계에 대한 설명을 제공하는 더 깊은 패턴과 구조를 발견하는 것이라고 확신했습니다. 대통일이론a grand theory이라는 것은—물론 근본적인 통일성이라는 것은 다양한 방식으로 나타날 수 있겠지만—우리가 살고 있는 우주의 **통일성**die Einheitlichkeit을 드러내는 지적인, 그리고 창의적인 체계를 제공할 수 있는 이론입니다. 그렇기 때문에 아인슈타인은 더 풍성한 설명력을 가진 이론이 출현하게 되는 문을 여는 경우를 제외하고는(가령 수성의 운동에서 나타나는 변칙적인 양상은 뉴턴의 체계 내에서는 설명될 수 없었고, 시공간의 굴곡이라는 개념을 통해서만 이해되는 것이었음) 잘 설명되지 않는 변칙 현상이라든지 간극에는 크게 관심을 두지 않았습니다.

2. 삶에 대한 '큰 그림'으로서의 기독교

자연스럽게 우리는 이와 같이 '큰 그림'을 생각하도록 적극적으로 독려하는 기독교는 어떤 모습인가 하는 질문을 던질 수 있습니다. 기독교를 이해하는 방식 중에는 큰 그림에 대하여 생각하는 것이 믿음의 중요한 측면은 아니라고 생각하는 경우도 많습니다. 예를 들어, 경건주의Pietism라는 이름으로 포괄할 수 있는 여러 형태의 기독교 운동에서는 기독교인의 책임이 지적인 문제에 사로잡히는 일보다는 개인의 헌신적인 삶에 있다고 말합니다. 또 어떤 사람들은 기독교는 기본적으로 **구원**의 종교이지, 우리가 사는 세상에 대해 **설명**을 제공하는 문제는 신약New Testament에서 (설령 나타난다고 해도) 두드러지게 나타나는 것은 아니라고 생각합니다.

한편, 어떤 사람들은 기독교가 물론 '마음의 제자도discipleship of the heart'를 강조하기는 하지만, '정신의 제자도discipleship of the mind'를 성장시킬 의무에 대해서도 강조하고 있다고 생각합니다. 이렇게 생각하는 작가 중 대표적인 인물은 옥스퍼드의 문학 비평가이자 작가인 C. S. 루이스입니다. 무신론에서 기독교로 전향한 그의 개인적 삶의 여정이 가능했던 이유는 자연과학의 성공을 수용하면서도 그 한계에 대한 이해를 가능하게 하는 지적인 포용성과 결합했을 때, 기독교가 실재에 대해 더 나은 그림을 제공해준다는 그의 판단 때문이었습니다.

C. S. 루이스에게서 기독교 신앙은 우리가 사물을 제대로 바라볼 수 있는 방법, 즉 사물의 겉모습에도 불구하고 그것을 있는 그대로 바라볼 수 있는 방법을 제공해줍니다. 이러한 주제는 그의 첫 종교 저술인 『순례자의 귀향The Pilgrim's Regress』1933년에 잘 드러나 있고, 그의 여러 저술들에 걸쳐서 발전되고 확장된 흔적을 볼 수 있습니다. C. S. 루이

스가 기독교 신앙을 추천하는 이유는 부분적으로는 기독교 신앙이 실재에 대해 포용적이고 충분히 만족스러운 시각을 제공해주기 때문입니다. 즉, 그는 기독교 신앙이 사물의 복잡성을 인정하면서도 동시에 사물들 간의 상호연결성을 볼 수 있는 방식을 보여준다는 점을 깨달았던 것입니다.[7]

이와 비슷한 접근을 시도했던 또 다른 기독교 작가들도 있습니다. 예를 들어, 옥스퍼드의 종교 철학자인 베이질 미첼Basil Mitchell은 기독교를 인간의 경험을 전체로서 이해하려는 세계관 또는 형이상학적 체계로 바라볼 필요가 있다고 생각했습니다. "전통적인 기독교 유신론은 하나의 세계관 또는 형이상학적 체계로 간주될 수 있습니다. 이것은 다른 세계관 및 형이상학적 체계들과 경쟁 관계에 있으며, 인간이 얻을 수 있는 증거를 이해하는 수용력이라는 측면에서 평가받을 필요가 있습니다."[8]

세 번째로 언급할 기독교 작가는 도로시 세이어즈Dorothy L. Sayers입니다. 그녀는 1930년대 영국 추리소설의 '황금기' 중에서도 최고의 작품 중 하나로 평가되는 범죄 소설을 통해 우리에게 널리 기억되고 있는 작가입니다. 세이어즈는 인간을 삶의 '패턴'을 찾는 존재로 바라보았습니다. 그녀는 피터 윔지Peter Wimsey를 주인공으로 하는 탐정 소설에서는 물론 그 외 종교에 관한 여러 글들에서 이 주제를 탐구했습니다. 우리가 관찰하는 것에 대한 최선의 설명 방식을 우리는 어떻게 찾아낼 수 있을까요?[9] 세이어즈의 생각에는, 탐정 소설이 우리에게 매력적으로 와 닿는 이유는 우리가 우리 주변을 둘러싼 세계에 내재되어 있는 합리성과, 그 깊은 패턴을 발견하고자 하는 우리 자신의 능력에 대한 믿음을 암묵적으로 가지고 있기 때문이었습니다. 그녀가 남긴 저술들 중에서 좀 더 직접적으로 신학적인 주제를 다루는 글들은 바로 이러한 생각을 발전시킨 것입니다. 세이어즈에게 기독교는 "우주를 이해하는" 도구를 제공해 주었습니다. 즉, 기독교는 숨겨진 패턴을 밝히 드러내 주었고, 그것이 아니었다면 이해하지 못했을 신비 가운데서 의미를 발견할 수 있도록 해주었습니다.

이 점에서는 아인슈타인도 나름의 방법으로 매우 중요한 가능성의 문을 열었다고 볼 수 있습니다. 예를 들어, 그가 남긴 유명한 문장, "우주의 영원한 미스테리는 그것이 이해 가능하다는 점입니다."[10]를 생각해보겠습니다. 도대체 우주는 왜 그래야만 할까요? 사물을 이해하는 우리의 능력을 이해할 수 있는 어떤 더 큰 그림이 제시될 수 있을까요? 미국의 심리학자 윌리엄 제임스William James는 종교적 신념을 "자연적 질서의 수수께끼를 담고 있고, 또 그것을 설명해줄 수 있는 어떤 종류의 보이지 않는 질서"에 대한 추구로 볼 수 있다고 말했습니다.[11] 아인슈타인은 바로 이 수수께끼 중 하나를 언급한 것이고, 그 외에 우리의 관심을 끄는 다른 수수께끼들도 있습니다.

케임브리지의 양자 물리학자였다가 훗날 신학자가 된 존 폴킹혼 John Polkinghorne은 이 주제에 대해서 예리하게 지적하고 있습니다. 그는 과학적 경험 및 과학적 이해로부터 던져지기는 하지만 과학 그 자체가 단지 가정하고 있는 것 너머를 향하게 하는 질문을 "메타-질문 meta-questions"이라고 불렀습니다.[12] 그렇다면 그가 생각했던 "메타-질문"에는 어떤 것들이 있을까요? 그가 언급한 첫 번째 예시는 우리가 이미 고려했던 질문입니다. 즉, "물리적 세계는 도대체 왜 이리도 투명하게 인간의 이성에 의해 그 패턴과 구조가 파악되는 것일까?"입니다. 순수 수학자들이 제안한 고도로 아름다운 패턴이 왜 물리적 세계의 구조 속에 실제로 반영되어 나타나는 것일까요? 우리는 수학이 가지고 있는 이 능력, 즉 우주의 기본 구조를 정확하게 모델링하는 능력을 어떻게 이해해야 할까요?[13]

폴킹혼은 기독교가 우주를 이해하는 우리의 능력을 설명하는 지성적 체계를 제공해준다고 말합니다. "신학에서는 창조주의 정신이 세계의 멋진 질서의 근원이라고 말하는데, 이를 통해 우리의 능력을 설명할 수 있습니다."[14] 종교는 실재에 대한 객관적인 설명 방식과 주관적인 설명 방식을 함께 아우르는 체계를 제공함으로써 과학적 통찰을 더 크고 깊은 지성의 맥락 위로 가져다 놓는 역할을 합니다. 바로 이러한 점에서 폴킹혼의 생각이 아인슈타인이 생각했던 방식과 유사하다는 것에 주목할 필요가 있습니다.

그러나 폴킹혼은 우주의 깊은 구조에 기초를 둔 사고방식을 바탕으로, 이와 같은 구조가 기독교 신앙의 중심 주제를 통해 가장 잘 설명된다고 주장합니다. 과학은 "하나님에 대한 믿음이 제공하는 더 넓고 깊은 지성의 맥락 위해서 고려될 필요가 있습니다."[15] 즉, 아인슈타인이 우주의 질서 속에서 드러나는 "우월한 정신"이라고 표현한 것과 기독교에서 바라보는 하나님에 대한 구체적인 관점 사이를 연결하는 지성적 가교假橋가 만들어질 수 있습니다. 아인슈타인의 생각은 비非인격적이고 초월적인 질서로부터 출발해서 기독교의 인격적인 하나님으로 향하는 여행의 첫 시작점이라고 말할 수 있습니다. 여기서 말하는 하나님은 창조의 질서 속에도 드러나고, 특별히 그리스도 안에서 그리고 그리스도를 통해서 드러나는 하나님입니다.

3. 두 권의 책: 기독교와 자연과학

종종 복잡한 관계성들은 이미지나 은유를 통해 가장 잘 묘사되곤 합니다. 즉, 이미지와 은유는 우리가 세상을 이해하는 데서 강력한 인지적 도구가 될 수 있습니다. 이러한 은유들은 어떤 분야의 경계를 이미지로 표현할 때라든지, 복잡한 구조를 설명하고자 할 때, 혹은 가능한 관계에 대한 틀을 형성할 때 도움이 됩니다. 이 책에서 이미 언급한 바와 같이 서구 문화 속에서 기독교와 자연과학 사이의 관계에 대한 틀을 보여주는 가장 영향력 있는 비유는 아마도 '갈등' 또는 '전쟁'이라는 비유일 것입니다.[16] 이 비유는 학자들에 의해 오랫동안 그 신빙성을 의심받았고, 다른 문화의 맥락(가령, 인도 문화에서처럼)에서는 심각하게 맞지 않음에도 불구하고, 이 비유는 서구의 대중 매체에서 지속적으로, 그리고 무비판적으로 반복되면서 호소력을 유지해 왔습니다.

한편, 이와는 다른 대안적인 비유들도 존재합니다. 특히 기독교 신학과 자연과학 사이에 생산적이고 의미 있는 대화의 가능성이 존중되고 또한 실현되는 맥락에서 나온 비유들이 있습니다. 이중에 가장 중요한 것은 르네상스 시기에 등장한 '두 권의 책'이라는 비유입니다. 이와 같은 접근을 가장 분명하게 드러내는 문장들을 토마스 브라운Sir Thomas Browne(1605~1682)의 글에서 발견할 수 있는데, 특히 그가 1643년에 펴낸 책, *Religio Medici*『외과의사의 종교』에는 다음과 같이 쓰여 있습니다.

> 내가 신성한 지식을 얻는 책은 두 권이 있다. 그중 하나는 기록된 하나님의 책이고, 이것 이외에도 그분의 종servant인 자연이라는 책이 있다. 이 책은 누구나 볼 수 있도록 모든 사람의 눈앞에 펼쳐져 있다. 앞의 책에서 하나님을 발견하지 못했던 사람들은 바로 이 자연이라는 책 속에서 그분을 발견해왔다.[17]

'두 권의 책'이라는 은유는 한편으로는 자연과학과 기독교 신학의 독자성을 옹호하기 위해 사용되는 은유이면서, 또 다른 한편으로는 이들 사이의 상호작용의 가능성을 긍정하기 위해 널리 사용되던 은유입니다. 기독교인의 관점에서 볼 때, 이 두 권의 책은 모두 그것의 저자이자 창조자이신 하나님으로부터 기원한 것입니다. 따라서 이 두 권의 책 각각을 통해, 또한 좀 더 정확히 말하자면 이 두 권의 책을 나란히 놓음으로써 우리는 하나님을 각기 다른 방식으로 그리고 각기 다른 정도로 알 수 있습니다. 16세기의 개혁주의 신앙고백(예를 들어, 벨직 신앙고백[the Belgic Confession])은 성경이 하나님에 관한 지식을 명확히 드러내주고 확장시켜 주면서도 이에 대해 보다 신뢰할만한 기초를 제공해준다는 점을 강조하는 한편, "우주는 우리 눈앞에 펼쳐진 아름다운 책"
과 같아서 우리로 하여금 "하나님의 보이지 않는 것들에 대하여 생각
하게" 만든다고 말하고 있습니다.

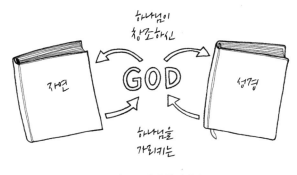

<그림> 두 권의 책의 은유

　하나님이 쓴 두 권의 책이라는 은유는 기독교인의 사유 방식이 구
체적으로 반영된 기독교적 견해입니다. 이것은 이 세상을 창조하신 하
나님이 곧 성경 속에서 그리고 성경을 통해 밝히 드러내는 하나님이
기도 하다는 원론적인 믿음에 근거한 생각입니다. 이와 같은 근본적인
전제가 없다면 '두 권의 책'은 서로 관계없는 두 개의 영역으로 보일
뿐입니다. 이 둘을 연결하는 고리가 만들어질 수 있고, 또 견고하게 유
지될 수 있는 근거는 바로 성경 속에 드러나 있는 창조주 하나님에 대
한 기독교 신학의 전제 때문입니다. 바로 이러한 이유 때문에 기독교
인들이 자연과학을 탐구하고 그것과 관련된 일을 한다는 것은 여전히
타당하며, 과학 또한 가치가 있는 개념적 도구가 될 수 있는 것입니다.

'두 권의 책'이라는 생각은 장 칼뱅John Calvin의 저술에서도 다소 덜 발전된 형태로 발견됩니다. 그는 기록된 성경 속에 나타난 하나님의 계시와는 독립적으로 "하나님에 대한 자연적 지식"의 경우에는 모든 인간에게 접근이 허용된다고 생각했습니다. 이러한 지식은 우리 안에 있는 "신성神性에 대한 감각"으로부터 생겨나거나 또는 자연세계에 대한 반성적 고찰로부터 발생하는 지식입니다. 여기서는 논의를 위해 하나님에 대한 자연적 지식을 주는 바로 이 두 번째 원천에 초점을 맞춰보려고 합니다. 칼뱅은 자연으로부터 탐지될 수 있는 하나님에 관한 지식은 성경 속에서 확증되고, 설명되며, 확장됨으로써 풍성하게 된다고 주장했습니다. 아인슈타인은 바로 이 "하나님에 대한 자연적 지식"을 주장했던 중요한 증인이라고 할 수 있습니다. 앞에서 살펴본 바와 같이 아인슈타인은 지속적으로 우주의 배후에 있는 "우월한 정신"에 관하여 말했고, 세계의 이해가능성을 바로 이 정신 또는 힘과 연관시켰습니다.

칼뱅의 생각으로부터 우리가 깨달을 수 있는 사실은 아인슈타인의 통찰이 우리의 고찰이 도달해야 할 최종 도착 지점이라기보다는 훌륭한 시작점이라는 것입니다. 칼뱅이 보기에 인간은 '약한 시력'을 가지고 있기 때문에 자연이 가리키고 있는 하나님을 온전하게 바라볼 수 없는 존재입니다.[18] 우리는 종종 자연을 파편화된 대상으로 바라봅니다. 그렇기 때문에 아인슈타인 자신도 강조했던 것처럼, 우리에게는 자연의 근본적인 통일성을 포착할 수 있는 **이론**theoria, 즉 세상을 제대로 바라보는 방식이 필요합니다. 우주의 통일성은 우리가 관찰하는 그 어떤 것이 아니라, 그것이 진실이라고 우리가 믿고 있는 바로 그것입니다. 칼뱅의 경우에 이러한 자연의 통일성은 성경을 자세히 연구함으로써 식별되고 또 확증됩니다. 즉, 성경은 "그것이 아니었다면 도통 이해할 수 없었을 하나님에 대한 지식을 우리의 정신 속에서 조정해주는 안경"과 같은 기능을 합니다.

따라서 칼뱅은 기독교 신앙이 우주의 너머에 존재하는 정신을 지각하는 자연적 직관—아인슈타인이 분명히 강조했던 것—을 확장시켜 줄 수 있다고 주장했습니다. 이는 한 가지 측면에서는 기독교 신앙이 이러한 직관을 긍정적으로 지지한다는 뜻이고, 다른 측면에서는 기독교 신앙이 말로 표현할 수 있는 것 이상의 어떤 것이 있음을 주장한다는 뜻입니다. 예를 들자면, 구원을 향한 인간의 갈망과 이러한 희망이 인간의 삶을 어떻게 변화시킬 수 있는가 하는 생각을 포함합니다. 이러한 생각은 우리 자신과 우리를 둘러싼 세계에 대한 더 큰 시야를 향해 문을 열어줍니다.

그렇다면 우리는 '두 권의 책'이라는 은유를 통해 어떻게 과학과 종교에 관한 대화 속으로 아인슈타인을 참여시킬 수 있을까요? 아마도 가장 중요하게 강조해야 할 점은 기독교인의 관점에서 이 두 권의 '책들'이 공통의 저자를 공유하기는 하지만 각기 다른 형식을 취하고 있다는 점입니다. 르네상스 시대에 통용된 생각으로 표현하자면, '자연의 책book of nature'의 모토는 *Deus dixit et facta sunt*(하나님이 말씀하셨고, 존재하는 것들은 창조되었다)입니다. 한편, '말씀의 책book of Scripture'의 모토는 *Deus dixit et scripta sunt*(하나님이 말씀하셨고, 존재하는 것들은 기록되었다)입니다.[19] 따라서 상보성 또는 보완이라는 생각은 이 은유에서 핵심적인 부분입니다. 이러한 이미지는 우리로 하여금—심지어 우리에게 **요구하기도** 하는 바—그 저자에 대한 보다 깊고 풍성한 이해에 도달할 수 있는 방식으로 어떻게 이 두 권의 책을 함께 읽을 수 있을지 질문을 던지게 만듭니다. 이 두 권의 책을 함께 고려함으로써 우리는 이 세계에 대한 얕고 피상적인 이해를 넘어서 입체적인 깊이에 도달할 수 있습니다.

아인슈타인이 손가락으로 가리킨 방향은 바로 자연의 책입니다. 즉, 그는 자연의 신비, 우아함과 질서, 자연의 존재 안에서 그가 느낀 강한 종교성 등을 강조했습니다. 그렇기에 기독교인은 '말씀의 책'을 읽는 것과 나란한(평행한) 방식으로 '자연의 책'을 읽는 아인슈타인의 방식을 취할 수 있습니다. 그리고 이 두 권의 책이 제공하는 특징들을 하나의 결과로 더 날카롭게 초점을 맞출 수 있을 것입니다. 이것은 아인슈타인이 기독교인이라든지 그가 자연세계를 해석하는 기독교적 관점을 제공했다는 말이 아닙니다. 요점은 아인슈타인이 자연세계를 읽는 방식이 기독교 신앙과 조화롭게 공명을 일으킬 수 있다는 것입니다.

예를 들어, 아인슈타인이 자주 언급했던 우주의 배후에 있는 '정신'에 대하여 생각해볼까요? "경험 세계 안에서 자신을 드러내는 우월한 정신에 대한 확고한 믿음"[20]이라는 표현 속에서 우리는 그가 자연세계를 읽는 방식을 엿볼 수 있습니다. 아인슈타인에게 "우월한 정신"은 그가 "신을 이해"하는 데 핵심이 되는 개념이었습니다. 아인슈타인의 이러한 생각이 어떻게 기독교의 관점과 서로 연관되는지를 우리는 양자 물리학자이면서 신학자인 존 폴킹혼의 다음 말을 통해서 이해할 수 있습니다.

> 물리적 우주는 마음의 신호로 가득 차 있는 듯 보입니다. 유신론자들은 이것이 우주의 이성적인 아름다움 뒤에 숨겨져 있는 하나님의 마음 때문이라고 말합니다. 나는 이것을 유신론에 대한 결정적인 논거로 제시하는 것이 아니라(유신론에 대한 긍정이든 혹은 부정이든 이와 같은 논증은 없습니다), 세계를 바라보는 유신론적 관점에 정합적인 위치를 찾아주는 만족스러운 통찰로서 제시하는 것입니다.[21]

아인슈타인이 폴킹혼의 최종 결론에 대해서는 어떻게 생각할지 모르겠지만, 확실히 폴킹혼의 출발점에 대해서는 동의할 것입니다.

그렇다면 기독교인이 아인슈타인을 읽는 방식은 어떤 점에서 차이가 있을까요? 앞서 우리는 미국의 심리학자 윌리엄 제임스가 아인슈타인에 대하여 고찰한 것을 인용한 바 있습니다. 이 지점에서 우리는 다시 윌리엄 제임스에게 시선을 돌려서 그의 주목할 만한 통찰 가운데 하나를 살펴볼 필요가 있습니다. "[유신론은] 단번에 세상의 죽은 공백인 **그것**it을 살아있는 **당신**thou으로 바꾸어 놓습니다. 온전한 사람이 관계를 맺게 되는 것은 바로 이 '당신'입니다."[22] 윌리엄 제임스의 이 말은 무슨 뜻일까요? 그가 말하고 있는 요지는 하나님을 창조주로 인식한다는 것(예를 들어, 기독교에서 생각하듯이)은 곧 우리가 이 세계를 더 이상 비인격적인 대상으로 생각할 수 없다는 것을 의미한다는 것입니다. 즉, **그것은 인격적인 연대를 형성하고 있습니다.** 이 점에 대하여 좀 더 설명드리도록 하겠습니다.

두 개의 예시를 비유로 말씀드리겠습니다. 우선, 아름다운 풍경을 그리는 화가를 생각해보겠습니다. 그가 그린 그림은 결코 사진과 동일하지는 않습니다. 화가는 자신에게 있는 무언가를 화폭에 담아냅니다. 이 화가가 그린 그림을 감상할 때 우리는 풍경 그 이상의 것을 보게 됩니다. 이를테면, 그림을 통해 우리는 화가에 대한 어떤 것을 알게 되는 것입니다. 이와 동일한 방식으로 창조물은 그것을 만든 창조주에 대한 무언가를 드러냅니다. "하늘이 하나님의 영광을 선포하고"시19:1. 하나님의 지혜와 그분의 성품은 그분이 창조한 것을 통해 알려지는 것입니다. 두 번째 비유는 여러분이 매우 각별하게 생각하는 누군가가 여러분에게 준 물건을 생각해보는 것입니다. 가령 부모님이 여러분에게 주셨던 선물 같은 것 말입니다. 이것은 비인격적인 물건에 불과할 수도 있지만, 여러분에게 이 물건은 여러분과 매우 인격적인 연대를 맺고 있습니다. 왜냐하면 그 물건을 통해 그것을 준 특별한 사람을 생각하게 되기 때문입니다.

윌리엄 제임스가 말하고 싶었던 것이 바로 이것입니다. 기독교를 통해서 우리는 창조를 매우 특별한 것, 즉 한 사람이 보낸 신호들로 가득 차 있는 그 무엇으로 바라보게 됩니다. 아인슈타인 자신은 인격적인 신을 믿지 않았지만, 기독교적 렌즈를 통해 우주를 바라보면 우리를 사랑하는 하나님의 크신 아름다움과 지혜를 증거하는 우주를 볼 수 있게 됩니다. 폴킹혼이 언급한 것처럼, 과학이 밝히 드러내는 세계는 깊은 이해가능성을 바탕으로 마음의 신호signs of mind가 가득한 곳으로 알맞게 묘사됩니다.[23] 그리고 기독교는 "마음의 신호"를 나타내는 우주에서 사랑의 하나님의 임재를 드러내는 우주로 우리의 시선을 옮겨주는 하나의 틀을 제공해줍니다.

4. 결론: 아인슈타인과 더 큰 그림

이 책은 한 명의 과학자이자 인간으로서의 아인슈타인의 업적을 기리는 한편, 과학이라는 활동을 둘러싼 몇 가지 더 깊은 질문들을 제기하고 있습니다. 앞에서 살펴본 바와 같이 자연과학은 실재에 대한 객관적인 측면들을 다룹니다. 이는 과학적 방법이 가지고 있는 본질입니다. 한편, 우리는 현상이 어떻게 일어났는가를 발견하는 것보다 인생이 무엇인지를 이해하는 것이 더욱 중요하다는 것 역시 알고 있습니다. 우리는 일어나고 있는 일에 의미와 목적이 있는지, 그리고 가치가 있는지 등을 알고 싶어 합니다. 과학적 방법은 다만 이러한 "궁극적 질문들"을 다루지 않을 뿐입니다.

앞서 살펴본 바와 같이 아인슈타인은 과학적 객관성이 삶의 주관적 측면들을 다루는 데 실패하는 것에 대해서는 잘 이해하지 못했습니다. 때때로 그는 왜 삶의 주관적 측면이 사람들에게 그리도 중요한가 하는 것을 이해하기 어려워했습니다. 1955년 3월, 그의 절친한 친구 미셸 베소가 죽었을 때 아인슈타인은 베소의 유족들에게 애도의 편지를 썼습니다. 이 편지에서 아인슈타인은 미셸이 "이 이상한 세상에서 나보다 약간 먼저 떠났을 뿐입니다."라고 말했습니다. 과학자로서 아인슈타인은 이 사건을 대수롭지 않게 여겼다는 점은 분명합니다. "이것에는 아무런 의미도 없습니다. 나처럼 믿는 물리학자들은 과거와 현재, 그리고 미래를 구분하는 것이 단지 집요한 환상일 뿐이라는 것을 알기 때문입니다."[24] 그러나 다른 사람들은 대부분의 사람들이 삶에서 죽음으로 이동하는 것을 **특별한** 것으로 생각한다는 점을 알고 있을 것입니다. 그것은 단지 좌표계에서 위치가 이동하는 것 이상의 특별한 의미가 있기 때문입니다.

그러나 또 어떤 경우에는 아인슈타인도 이와 같은 존재론적 질문들이 "단지 과학의 영역을 넘어선" 것일지라도 사람들에게(과학자들을 포함해서! 중요한 질문이라는 것을 알고 있었습니다. 그렇기 때문에 우리는 삶의 인지적인 차원과 존재론적인 차원 두 가지 모두를 관통하는 실재에 대해 풍성한 관점을 찾고자 하는 것입니다. 아마도 아인슈타인 그 자신은 이 질문에 대한 해답을 찾지 못했던 것 같습니다. 그럼에도 불구하고 그는 우리가 이와 같은 질문들이 지닌 중요성을 이해하는 데서 매우 훌륭한 대화의 상대라고, 또한 기독교 변증을 위해 진지한 대화를 가능케 하는 출발점이 되어주는 사람이라고 말할 수 있습니다.

이 책을 마무리하면서 촉망받던 신경외과 의사였지만, 정식으로 외과의사로 일해보지도 못한 채 37세의 나이에 전이성 폐암으로 생을 마감한 폴 칼라니티Paul Kalanithi(1977~2015)의 경험을 소개해드리는 것이 좋겠습니다. 그의 베스트셀러 『숨결이 바람 될 때When Breath Becomes Air』는 그가 마지막 투병 기간에 쓴 책이고, 사후에 출간되었습니다. 그의 책은 우리가 이 책에서 고려했던 생각들이 얼마나 중요한지를 말해주는 놀라운 증언이라고도 말할 수 있습니다. 칼라니티는 과학을 좋아했고, 객관성을 바탕으로 하는 과학의 가치를 존중했던 사람입니다. 그러나 그는 과학이 그에게 진정으로 중요한 질문들, 즉 자신의 병세가 진행될수록 점점 중요해졌던 깊고 시급한 질문들에는 관여하지 않는다는(그리고 관여할 수도 없다는) 것을 깨닫게 되었습니다. 그리고는 이렇게 결론을 내렸습니다. 과학적 지식은 "인간의 삶의 존재론적 측면과 본질에 대해서는 적용되지 않습니다."[25]

인간은 경험 세계에 대한 피상적인 연구를 통해 알게 되는 것보다 더 깊은 무언가를 찾으려는 경향이 있습니다. 구약Old testament 성서 중 지혜서(물론 아인슈타인도 이 책을 잘 알고 있었습니다)는 우리의 경험 세계의 표면 아래 깔려 있는 어떤 것을 지혜라고 부르고 있습니다. 그것은 우리가 적극적으로 알려고 해야 하는 것이지, 우리 면전에서 우리를 빤히 쳐다보고 있는 것이 결코 아닙니다. 이것이 바로 의미를 탐구하는 인간이 추구하는 바입니다.

이성적인 사람이라면 어느 누구라도 과학적 객관성에 대한 탐구를 포기하라고 요구하지 않을 것입니다. 뿐만 아니라 우리의 삶에서 의미와 가치에 대한 탐구를 포기하라고도 요구하지 않을 것입니다. 우리는 칼라니티의 궁극적 질문, 즉 "무엇이 인생을 계속 살도록 의미 있게 만들어주는가?"에 대한 나름의 대답을 제시할 수 있어야 합니다. 아인슈타인은 객관적인 영역과 주관적인 영역이 둘 다 중요하다는 점을 깨달았고, 이 둘을 모두 인정하면서 하나로 연결해야 한다고 생각했습니다. 아마도 아인슈타인은 본인에게 충분히 만족스러운 정도로 이 둘을 종합하는 방법을 찾지는 못한 것 같습니다. 그러나 이 문제를 깊이 탐구해보기를 원하는 사람들에게 아인슈타인이 하나의 지침을 제공했다는 것만큼은 확실합니다. 중요한 모든 것의 이론a theory of everything that matters은 우리의 객관적인 관심과 주관적인 관심 이 두 가지 모두를 아우르는 이론으로서, 이 둘을 정합적인 전체의 틀 안에서 서로 연결시켜 줍니다. 케임브리지의 물리학자 알렉산더 우드Alexander Wood가 지적했듯이, "종교에 대한 우리의 첫 번째 요구"는 종교가 "삶을 밝혀주는 것이어야 하고, 삶을 나누어지지 않는 전체가 되도록 만들어주는 것이어야 합니다."[26]

이 책에서 저는 오직 기독교만이 객관적 세계와 주관적 세계를 서로 연결하여 사물을 보는 방식을 제공한다고 주장하는 것은 아닙니다. 그렇게 말하는 것은 오만하고, 또한 옳지도 않습니다. 그러나 **실제로** 기독교가 이 둘을 하나로 묶는다는 사실, 그리고 이 둘을 서로 분리되어 있는 사유의 두 영역이 아닌 더 큰 전체의 부분으로 바라보게 만든다는 사실을 간과할 수는 없을 것입니다. 만일 우리가 이 복잡한 세계에서 현명하게 살고 싶다면, 그리고 의미 있는 삶을 살고자 한다면 우리에게는 중요한 모든 것의 이론이 필요합니다. 그리고 어쩌면 우리는 아인슈타인의 도움을 받아서 실재에 대해 본인만의 '큰 그림'을 발전시키고 견고하게 종합할 수 있을 것입니다. 제가 이러한 것들을 생각하는 데 아인슈타인으로부터 도움을 받았듯이, 그의 생각이 다른 사람들에게도 도움이 될 것이라고 확신합니다.

과학의 지평을 넘어서

이 책의 원제는 *A theory of everything (that matters)*이다. 이를 우리말로 직역하면 '(중요한) 모든 것의 이론' 정도가 될 것이다. 물리학에서 'theory of everything'은 말 그대로 모든 것을 설명하는 궁극의 이론, 즉 우리가 자연에서 관찰할 수 있는 모든 물리 현상을 포괄적으로 설명하는 정합적인 이론 체계를 일컫는 표현이다. 물론 아직 인류는 그와 같은 궁극의 이론을 가지고 있지는 않다.

자연과학, 특히 물리학의 역사적 발달 과정을 살펴보면 모든 현상을 통합적으로 이해하고자 하는 인간의 의지가 강하게 반영된 것을 볼 수 있다. 그리고 이 계획은 놀라우리만큼 성공적이었다. 거친 구분이기는 하지만 물리학의 발달 단계를 전기와 후기로 나눠본다면, 전기에는 특정 자연 현상을 설명하기 위해서 개별 이론이 제시되고(예를 들어, 행성의 운동을 설명하는 뉴턴의 중력이론, 자석과 전류 현상을 설명하는 전자기이론 등), 현상에 대한 설명과 예측이라는 엄격한 테스트를 통과하면서 각이론들은 고유의 영역을 설명하는 최선의 패러다임으로 자리 잡는다. 개별 영역에 대한 이해가 어느 정도 무르익으면서부터 사람들은 시야를 넓혀서 나무가 아닌 숲 전체를 바라보기 시작하는데, 바로 이러한 후기의 발달 과정에서는 통합성, 보편성, 정합성 등이 심각하게 고려된다. 즉, 개별 이론들 사이에 논리적인 모순은 없는지, 이들 사이의 위계는 없는지 등을 검토하는 과정에서 겉보기에는 전혀 다른 형식으로 기술되는 개별 법칙들이 그보다 상위에 있는 하나의 원리로부터 유도되는 것이 아닌가 하는 생각을 하게 된다는 것이다.

예를 들어, 빛이 물속으로 들어갈 때 굴절되는 현상과 야구공이 포물선으로 날아가는 현상은 전혀 다른 물리 현상이고 각각을 설명하는 물리법칙도 다르다. 그러나 과학자들은 이 두 영역을 '최소작용의 원리'라고 하는 더 근본적인 원리로 아우를 수 있다는 것을 이해하게 되었다. 또 다른 예시로서, 역학과 전자기학은 각각 천체 현상과 전기 현상을 매우 잘 설명하는 성공적인 이론이었다. 그러나 이 두 이론을 정합적으로 이해하고자 노력하는 과정에서 로렌츠 불변이라는 상위의 원리를 생각하게 되었고, 이것이 상대성이론으로 정식화되었다. 이처럼 물질세계를 통합적으로 이해하고자 하는 인류의 시도는 지금까지 꽤 성공적이었고, 오늘날에도 우리는 'theory of everything'이라는 표현 속에서 물리학이 추구하는 통합의 정신을 발견할 수 있다.

이 책에서 알리스터 맥그래스는 이 표현에 'that matters'를 추가함으로써 한 단계 더 높은 시야에서 과학의 의미를 성찰하도록 우리를 초청하고 있다. 비유하자면 숲 전체를 바라보는 것을 넘어서 숲과

바다, 사막 등 지구 전체의 전경 속에서 숲을 바라보자는 것이다. 그는 과학이 대단하다는 것을 누구보다 잘 이해하고 있는 사람이지만, 과학의 한계 및 그 너머에 있는 것들에 대해서도 심각하게 생각해볼 것을 우리에게 주문하고 있다.

알리스터 맥그래스에 관해서는 긴 설명을 덧붙일 필요가 없을 것이다. 21세기 최고의 복음주의 신학자인 그는 옥스퍼드 대학교의 '과학과 종교' 석좌교수로서 수많은 강연과 저술 활동을 통해 과학과 신학 사이의 대화를 이끌고 있다. 나는 맥그래스의 학문적 편력이 광범위하다는 것은 알고 있었지만, 그가 이론물리학 중에서도 특히 난해한 분야로 알려진 아인슈타인의 과학적 업적을 주제로 어떤 분석을 했다는 소식에 기대와 걱정이 섞인 마음으로 책을 펼치기 시작했다. 다 그런 것은 아니겠지만, 신학자들 중에서는 과학 이론을 깊이 이해하지 못한 채 그저 자신의 주장을 뒷받침하기 위한 '거룩한' 의도에서 아인슈타인을 아전인수 격으로 인용하는 사람들도 많이 있기 때문이다.

그러나 이와 같은 걱정은 기우였다. 아인슈타인의 일반 상대성이론을 전공한 전문가로서 나는 맥그래스 교수가 이 책에 등장하는 아인슈타인의 모든 논문을 직접 읽었을 뿐만 아니라 그야말로 제대로 이해하고 있다는 것을 분명히 알 수 있었다. 게다가 그는 아인슈타인의 과학적 업적을 단순히 과학적 소양이나 교양 차원으로 잘 정리해서 소개하는 것을 넘어서 자신만의 언어로 명쾌하게 재해석하였다. 그가 이 책을 쓰는 과정에서 1차 문헌을 철저하게 연구했다는 것은 분명하거니와, 집필을 위해 참고한 2차 문헌의 목록은 짧은 소책자답지 않게 방대하며 어느 것 하나 하찮은 자료가 없다. (혹 누군가 '과학과 종교'라는 주제로 진지하게 공부를 시작하고자 한다면 이 책에서 소개된 참고문헌부터 시작하는 것도 좋을 것이다.) 맥그래스가 집필한 다른 책에서도 종종 소개되고 있듯이 아인슈타인에 대한 저자의 관심은 그의 옥스퍼드 학부생 시절부터 시작되어 한 평생 지속된 것으로 보인다.

이 책에서 맥그래스가 보여주는 아인슈타인에 관한 통찰은 일반인뿐만 아니라 나처럼 상대성이론을 전공한 물리학자에게도 새로운 깨달음을 줄 수 있을 정도로 깊이가 있다. 왜냐하면 맥그래스가 말하는 '모든 것의 이론'은 비단 물리학 이론 자체에만 국한된 것이 아니라 이론을 연구하는 주체인 '인간'과 연구의 대상이라 할 수 있는 '자연', 그리고 그 자연을 창조한 '하나님'에게로까지 연결되는 것이기 때문이다. 분야를 막론하고 매일 엄청난 양의 지식이 쏟아져 나오고 연구 분야도 파편화되어 있는 오늘날 이러한 총체적 연결을 시도하는 학자는 매우 드물다. 맥그래스와 이야기를 나누다보면 우리는 '과학-인간-자연'이라는 이해의 지평을 넘어서 '과학-인간-자연-하나님'이라는 새로운 차원의 전경前景에 눈뜨게 된다. 책에서도 여러 번 강조하고 있듯이 아인슈타인은 과학, 윤리, 종교 등 인간에게 의미 있는 모든 것을 하나의 체계 안에서 통합적으로 이해하고자 노력하였다. 이러한 '큰 그림'을 그리려는 시도가 인간에게 얼마나 중요한 것인지 맥그래스는 아인슈타인의 입을 빌려서 역설하고 있는 것이다.

그렇다면 이 책의 제목을 "아인슈타인에게 묻다" 혹은 "아인슈타인에게 듣다"로 하는 것이 적절했을 법도 한데, 왜 <맥그래스, 아인슈타

인에 답하다>인가? 독자들은 바로 이 물음표를 가지고 맥그래스가 초대하는 대화의 장으로 나아갈 수 있을 것이다. 저자는 아인슈타인으로부터 많은 것을 배웠다고 말하고 있지만, 아인슈타인의 모든 생각에 동의하는 것은 아니다. 비록 아인슈타인과 맥그래스가 동시대에 살면서 실제로 대화한 것은 아니지만(맥그래스가 세 살 때 아인슈타인이 사망했으니 실제로 대화를 나눴을 리 만무하다), 이 책에서 맥그래스는 아인슈타인이 남긴 말을 생생하게 되살려내면서 경청하는 한편, 그 역시도 아인슈타인이 미처 해결하지 못했던 질문에 대해 나름의 답변을 제시하고 있다.

이 책을 집어든 독자들 중에는 이미 기독교 신앙을 가지고 있는 사람도 있겠지만, 아예 기독교에 관심이 없거나 심지어 기독교를 비과학적인 미신이라고 확신하는 사람도 적지 않을 것이다. 그런 분들은 제목에 등장하는 '아인슈타인' 때문에 책을 집어 들었다가, '하나님'이라는 단어가 등장하는 것을 보고는 책을 덮어버리고 싶어 할지도 모른다. 편견을 잠시 접어두고 맥그래스와 대화를 나눠보시기를 권한다. 맥그래스는 누구든지 환영하고 있으며 기독교인이든 무신론자든 서로의 이야기를 경청하면서 진솔하게 이야기를 나누자고 초대하고 있다. 적어도 우리는 '과학'이라는 공통의 문화를 향유하면서 과학의 시대를 함께 살아가고 있다는 점에서 대화의 소재는 충분히 있는 것 아닐까?

한편, 과학의 시대를 살아가고 있다고는 하지만 과연 우리가 '과학'이라는 '인간의 활동'에 대하여 잘 이해하고 있는지, 과학을 바라보는 우리의 시각이 혹 편협한 것은 아닌지를 반성적으로 돌아보게 되는 것도 이 책이 우리에게 제공하는 소중한 기회라고 본다. 사실 교회 안에도 과학을 나쁜 것으로 간주한다든지, 이성적인 근거가 분명히 있음에도 불구하고 신앙이라는 이름으로 무조건 배제하는 식의 반反지성주의가 은밀히 퍼져있다. 또 성경의 모든 내용을 과학적으로 변증할 수 있다고 믿는 잘못된 지성주의도 존재한다. 교회 밖도 마찬가지다. 오로지 자연과학적 방법에 따라 검증된 지식만이 실재에 대한 온전한 지식이라고 믿는 소위 '과학주의scientism'를 '과학science'과 동일시하는 경우가 많은데, 이것도 위험한 지성주의의 한 예라고 볼 수 있다.

어쩌면 우리 모두는 지성주의와 반지성주의라는 두 괴물 사이에서 충분히 정립되지 않은 불완전한 시각을 가지고 과학의 시대를 위태롭게 살아가고 있는지도 모른다. 이 책을 통해서 기독교인이든 무신론자든 혹은 그 어떤 생각을 가지고 있는 독자라도 과학에 대하여 저마다 확신하고 있던 것들에 대해서 진지하게 되돌아보는 기회를 가졌으면 좋겠다는 바람으로 이 책을 번역했다. 더 나아가 과학과 신앙이 서로 풍성한 대화를 할 수 있도록 이 작은 책이 귀한 마중물이 되었으면 한다.

2022년 12월

김홍빈

들어가는 글: 알베르트 아인슈타인-세계가 사랑하는 천재

1) Einstein, *Ideas and Opinions*, 45.

제1장 아인슈타인과의 만남: 경이로운 자연

1) 이에 대한 배경 설명이 필요한 독자들은 다음 논문을 참조하라. Sponsel, "Constructing a 'Revolution in Science'"

2) Brian, *Einstein*, 191.

3) Pais, *Subtle Is the Lord*, 346.

4) Eddington, *The Mathematical Theory of Relativity*.

5) Overbye, "Gravitational Waves Detected, Confirming Einstein's Theory," *New York Times*, February 11, 2016, https://www.nytimes.com/2016/02/12/science/ligo-gravitational-waves-black-holes-einstein.html

6) Einstein, *Ideas and Opinions*, 38.

7) Ortega y Gasset, "El origen deportivo del estado," 259.

8) Rushdie, *Is Nothing Sacred?*, 8.

9) 컬슨의 관점이 궁금한 독자들은 다음을 참조하라. McGrath, *Enriching Our Vision of Reality*, 27~41.

10) Dewey, *Quest for Certainty*, 255.

11) 다음 책에 대한 아인슈타인의 서문을 참조하라. Planck, *Where Is Science Going?*, 9.

12) 다음을 참조하라. Menninghaus, "Atoms, Quanta, and Relativity in Aldous Huxley's Analogical Mode of Thinking."

13) Woolf, *The Diary of Virginia Woolf*, vol. 3, 68. 이것은 어떤 사람이 광속에 가깝게 달려가면 다른 사람에 비해 더디 늙는다는 소위 "쌍둥이 역설"과 더불어 상대론에 대한 가장 흔한 오해 가운데 하나이다.

14) Einstein in conversation with William Hermanns: Hermanns, *Einstein and the*

Poet, 132.

15) 아인슈타인이 Eberhard Zschimmer에게 보낸 편지, dated September 30, 1921.

16) Dawkins, *The God Delusion*, 18.

17) 도킨스는 막스 야머의 탁월한 저서인 *Einstein and Religion*을 아인슈타인에 대한 인용의 출처로 제시하고 있다. 그러나 아마도 그는 아인슈타인이 신에 대에서 말했거나 창조 너머에 있는 초월적 실재에 대하여 했던 말들을 인용하는 데는 예상대로 실패한 듯 보인다.

18) 아인슈타인이 이름을 알 수 없는 수신자에게 보낸 편지, dated August 7, 1941. Einstein Archive, Reel 54~927. 이에 대한 논평은 다음을 참조하라. Jammer, *Einstein and Religion*, 97.

19) Jammer, *Einstein and Religion*, 150. 인용문의 강조 표시는 저자가 한 것이다.

제2장 오래된 세계: 뉴턴의 시계태엽 우주

1) 과학에 대해서는 다음을 참조하라. Kragh, *Conceptions of Cosmos*, 46~65.

2) McKie and de Beer, "Newton's Apple."

3) 다음을 참조하라. Chapman, *England's Leonardo*.

4) Epstein, "Voltaire's Myth of Newton."

5) Newton, *Principia*, 507.

6) 이 주장에 관해서는 다음을 참조하라. Curry, "Losing Faith."

7) Sklar, *Space, Time, and Spacetime*, 162.

8) Einstein, "Ernst Mach," 102.

9) von Soldner, "Ueber die Ablenkung eines Lichtstrals von seiner geradlinigen Bewegung."

10) 블랙홀에 관해 이해하기 쉽게 설명하는 책을 찾는 독자들은 다음을 참조하라. Susskind, *The Black Hole War*.

11) Maxwell, *The Scientific Papers*, vol. 2, 244.

12) Michelson, "Some of the Objects and Methods of Physical Science," 15.

13) Newcomb, "The Place of Astronomy among the Sciences," 69~70.

14) Millikan, *Autobiography*, 269~70.

15) 특별히 다음 책을 참조하라. Kuhn, *The Structure of Scientific Revolutions*.

16) 수성의 궤도에서 발견되는 "근일점의 세차운동"은 100년 당 574 arcseconds (0.159°)의 비율로 일어납니다.

17) Le Verrier, Théorie du mouvement de Mercure.

18) 이와 관련된 배경 설명은 다음을 참조하라. Baum and Sheehan, *In Search of Planet Vulcan*.

제3장 과학 혁명가: 아인슈타인이 1905년에 쓴 네 편의 논문들

1) Iliffe, *Priest of Nature*. 당시 '천재'라는 관념의 사회적 맥락에 대한 심도 있는 고찰을 보려면 다음을 참조하라. Fara, *Newton: The Making of Genius*.

2) Albury, "Halley's Ode on the Principia of Newton," 27.

3) 1813년 10월 28일, 존 애덤스(John Adams)에게 보낸 편지

4) 이에 대한 훌륭한 설명으로는 다음을 참조하라. Rigden, *Einstein 1905*.

5) 아인슈타인의 삶과 경력, 학문적 업적에 관한 충실한 기록으로는 다음 두 권의 책을 참조하라. Isaacson, *Einstein: His Life and Universe*; Pais, *"Subtle Is the Lord."*

6) Brush, "Mach and Atomism."

7) Einstein, "Folgerungen aus den Capillaritätserscheinungen."

8) 예를 들어, 다음을 참조하라. Krstić, *Mileva & Albert Einstein*.

9) 다큐멘터리 《아인슈타인의 아내》의 사실적 근거에 대한 PBS 옴부즈맨의 비판적 보고서는 다음을 참조하라. http://www.pbs.org/ombudsman/2006/12/ einsteins_wife_the_relative_motion_of_facts.html

10) 이러한 주장을 심도 있게 다루고 있는 기사들의 배경에 대해 충실하게 연구한 책은 다음과 같다. Stachel, *Einstein's Miraculous Year*. 일반적인 설명은 다음을 참조하라. Isaacson, *Einstein*, 90~106.

11) 이러한 주장에 대해 자세한 근거를 찾으려면 다음 문헌을 참조하라. Martinez, "Handling Evidence in History."

12) Hertz, "Über den Einfluβ des ultravioletten Lichtes auf die electrische Entladung."

13) Lenard, "Über die lichtelektrische Wirkung."

14) Nauenberg, "Max Planck and the Birth of the Quantum Hypothesis."

15) Millikan, "A Direct Photoelectric Determination of Planck's '*h*.'"

16) Brown, "A Brief Account of Microscopical Observations on the Particles Contained in the Pollen of Plants."

17) Ford, "Confirming Robert Brown's Observations of Brownian Movement."

18) 이하 설명과 관련해서는 다음을 참조하라. Maiocchi, "The Case of Brownian Motion."

19) 자세한 설명은 다음을 참조하라. Maiocchi, "The Case of Brownian Motion," 263~74.

20) 특히 다음 논문을 참조하라. Perrin, "Mouvement brownien et réalité moléculaire."

21) Rutherford, "The Scattering of α and β Particles by Matter and the Structure of the Atom."

22) Einstein, "Autobiographische Skizze," 10.

23) Renn, "Einstein as a Disciple of Galileo."

24) 여기서 나는 깔끔하게 설명하기 위해 아인슈타인의 설명과는 다소 다른 순서로 제시했지만, 기본적으로는 그가 쓴 *Relativity* (1916)라는 책의 여러 부분에서 소개했던 설명 방식을 사용했다. 아인슈타인의 이 책은 누구나 쉽게 읽을 수 있는 책이기 때문에 특수 상대성이론과 일반 상대성이론을 진지하게 알고 싶은 독자들에게 입문을 위한 책으로 추천한다.

25) Einstein, *Relativity*, 17.

26) Davies, *About Time*, 59~65.

27) 예를 들어 다음을 참조하라. Feuer, "The Social Roots of Einstein's Theory of Relativity," 2.

28) Harman and Thomson, *Moral Relativism and Moral Objectivity*, 3.

29) Sommerfeld, "Philosophie und Physik seit 1900," 99.

30) Feynman, *Six Not-So-Easy Pieces*, 73~74.

31) Russell, "Relativity," 331.

32) Einstein and Infeld, *The Evolution of Physics*, 77.

33) Boughn, "Fritz Hasenöhrl and $E=mc^2$."

34) 이 논쟁에 관해서는 다음을 참조하라. Ohanian, "Did Einstein Prove $E=mc^2$?"

35) Hecht, "How Einstein Confirmed $E=mc^2$."

36) 내 생각에 이 논문들 중에서 가장 좋은 설명과 논증은 1935년에 쓴 다음 논문이다.

"Elementary Derivation of the Equivalence of Mass and Energy."

37) 다음을 참조하라. Duhem, *La science allemande*. 이것은 1차 세계대전 중에 쓰인 책이다. 이로 미루어 독일 과학에 대한 적대심을 짐작할 수 있다.

38) Einstein, *Ideas and Opinions*, 226.

39) Wertheimer, *Productive Thinking*, 213~28. 이 놀라운 관련성에 대한 설명으로는 다음을 참조하라. Miller, "Albert Einstein and Max Wertheimer."

40) Cockcroft and Walton, "Disintegration of Lithium by Swift Protons."

41) 콕크로프트와 월턴은 반응 전 양성자와 리튬 원자핵의 정지질량(rest-mass)의 합이 원자질량 단위로 8.0176이라는 것을 알았다. 그런데 반응 후 생성된 두 개의 알파 입자의 질량을 합한 값은 원자질량 단위로 8.0022였다. 따라서 이 반응을 통해 0.0154만큼의 질량 결손이 생긴 것이다.

42) 1933년 9월 11일, British Association for the Advancement of Science에서 행한 연설.

43) 다음을 참조하라. Lanouette and Silard, *Genius in the Shadows*. 아인슈타인이 원자폭탄 개발에 관여한 것에 대한 자세한 설명은 다음을 참조하라. Isaacson, *Einstein*, 471~86.

44) Jerome, *The Einstein File*.

45) Einstein, "On My Participation in the Atom Bomb Project," http://www.atomicarchive.com/Docs/Hiroshima/EinsteinResponse.shtml.

46) Einstein, *Essays in Humanism*, 24~25.

제4장 일반 상대성이론: 최종 완성 그리고 실험적 확증

1) 정확하게 말하면 당시 아인슈타인의 직함은 "außerordentlicher Professor"인데, 이 것을 영어 또는 한국어로 정확하게 번역하기는 어렵다.

2) Maxwell, "A Dynamical Theory of the Electromagnetic Field," 466.

3) Wheeler, *Geons, Black Holes and Quantum Foam*, 235.

4) Einstein, *Ideas and Opinions*, 100~105.

5) O'Raifeartaigh et al., "One Hundred Years of the Cosmological Constant."

6) Einstein, "Erklärung der Perihelbewegung des Merkur aus der allgemeinen Relativitätstheorie."

7) 다음을 참조하라. Holberg, "Sirius B and the Measurement of the Gravitational Redshift."

8) 이와 관련된 훌륭한 연구 논문으로는 다음을 참조하라. Almassi, "Trust in Expert Testimony."

9) Sponsel, "Constructing a 'Revolution in Science'" 448.

10) "Lights All Askew," https://www.nytimes.com/1919/11/10/archives/lights-all-askew-in-the-heavens-men-of-science-more-or-less-agog.html

11) 특별히 다음 책을 참조하라. Waller, *Einstein's Luck*, 102~103.

12) Harvey, "Gravitational Deflection of Light."

13) 다음 논문에서 인용된 내용이다. Holton, "Einstein's Search for the *Weltbild*" 1~15.

14) Pais, *"Subtle is the Lord,"* 30.

15) Goenner, "The Reaction to Relativity Theory I."

16) 이 내용은 다음 논문에 자세히 나와 있다. van Dongen, "Reactionaries and Einstein's Fame."

17) Thüring, "Physik und Astronomie in jüdischen Händen."

18) 이 시기의 아인슈타인의 삶에 관해서는 다음 두 권의 책을 참조하라. Goenner, *Einstein in Berlin 1914-1933*; Hoffmann, *Einstein's Berlin*.

19) 예를 들어, 다음 책을 참조하라. Hentschel, *Interpretationen*.

20) 이어지는 내용과 관련해서는 다음 책을 참조하라. Friedman, *The Politics of Excellence*.

21) Ravin, "Gullstrand, Einstein, and the Nobel Prize."

22) Rowe and Schulmann, *Einstein on Politics*, 151~52.

23) Forster, "What I Believe," 67.

24) 이 이야기는 다음 책을 참조하라. Paterniti, *Driving Mr. Albert*.

25) 드지터(Willem de Sitter)에게 보낸 편지, in *Collected Papers*, Vol. 8.

26) 이 인용문은 1942년 3월 12일, 아인슈타인이 헝가리계 물리학자인 코르넬리우스 란조스(Cornelius Lanczos)에게 쓴 사적인 편지에서 찾아볼 수 있다. 아인슈타인이 편지를 썼을 당시 란조스는 프린스턴에서 일하고 있었다. 이 편지에서 아인슈타인은 다음과 같이 썼다. "신의 카드를 몰래 들여다보는 것은 어려운 일인 것 같습니

다. 그러나 (현재 양자론이 신에게 요구하는 바와 같이) 그분이 주사위 놀이를 하고, '텔레파시' 방법을 사용한다는 것은 단 한 순간조차도 믿을 수 없는 일입니다." 이 내용은 안타깝게도 종종 "신은 주사위 놀이를 하지 않는다."라는 말로 단순화되어 전해지고 있다. 이와 관련된 훌륭한 논의는 다음 책에서 찾아볼 수 있다. Ghirardi, *Sneaking a Look at God's Cards*, 149~64.

27) Paty, "The Nature of Einstein's Objections to the Copenhagen Interpretation of Quantum Mechanics."

28) van Dongen, *Einstein's Unification*, 186.

29) Greene, *The Elegant Universe*, 15.

30) 이에 관한 훌륭한 논의로는 다음을 참조하라. Paty, *Einstein philosophe*.

제5장 아인슈타인과 더 큰 그림: 여러 시각을 하나로 엮는 것

1) 큰 그림의 중요성에 관해서는 다음을 참조하라. Carroll, *The Big Picture*, 69.

2) 1944년 12월 7일, 로버트 쏜튼(Robert Thornton)에게 보낸 편지. Einstein Archive, Reel 6~574.

3) Planck, *Where Is Science Going?*, 218.

4) Planck, *Where Is Science Going?*, 214.

5) Einstein and Infeld, *The Evolution of Physics*, 159.

6) 여기서 아인슈타인은 오늘날 과학적 설명에서 '통일주의'적 접근으로 알려져 있는 측면을 예견하고 있다.

7) Einstein, *Cosmic Religion with Other Opinions and Aphorisms*, 97.

8) Downie, "Science and the Imagination in the Age of Reason"; Rocke, *Image and Reality*.

9) Einstein, *Cosmic Religion with Other Opinions and Aphorisms*, 97.

10) Wertheimer, *Productive Thinking*, 213~28.

11) Einstein, *Mein Weltbild*. 이 책은 독일어로 쓰였지만 1934년에 Querido Verlag 이라는 출판사에 의해 암스테르담에서 출간되었다. 이 출판사는 나치 독일에서 망명한 작가들의 책들을 출판했는데, 출판사를 설립했던 엠마누엘 케리도(Emanuel Querido)는 1943년 7월 23일에 소비불 강제 수용소에서 나치에 의해 살해되었다.

12) Einstein, *Ideas and Opinions*, 292.

13) Bergmann, "The Quest for Unity."

14) Metz, *Meaning in Life*, 249.

15) Pears, *Hume's System*, 99. 다음 문헌도 참조하라. Lynch, "Hume and the Limits of Reason."

16) 1914년 3월 10일, 하인리히 장거(Heinrich Zangger)에게 보낸 편지, *Collected Papers*, Vol. 5, 381.

17) Kessler, *The Diaries of a Cosmopolitan 1918-1937*, 332.

18) Einstein, "Elsbachs Buch," 1685.

19) 예를 들어 다음을 참조하라. Einstein, *Ideas and Opinions*, 224~27.

20) Heisenberg, "Die Kopenhagener Deutung der Quantentheorie," 85. 인용문의 강조 표시는 내가 한 것이다.

21) Isaacson, *Einstein*, 14.

22) Schilpp, *Albert Einstein: Philosopher-Scientist*, 47.

23) Chaplin, *My Autobiography*, 317. 이 과정에서 아인슈타인이 실제로 연주한 곡이 무엇이었는지에 관해서는 기록을 찾을 수 없었다.

24) 이와 관련해서는 다음을 참조하라. Moszkowski, *Einstein, the Searcher*, 222.

25) Miller, "A Genius Finds Inspiration in the Music of Another."

26) Einstein, *Cosmic Religion with Other Opinions and Aphorisms*, 100.

27) Hawking, *Brief History of Time*, 193.

28) Rigden, *Einstein 1905*, 147~49.

29) 1941년 8월 7일, 수신자 불명의 편지. Einstein Archive, Reel 54~927.

30) 이와 관련해서는 다음을 참조하라. Jammer, *Einstein and Religion*, 125~27.

31) 다음을 참조하라. Wilczek, *A Beautiful Question*.

32) Einstein, *Cosmic Religion with Other Opinions and Aphorisms*, 84.

33) Einstein, *Ideas and Opinions*, 151~58.

34) Einstein, *Ideas and Opinions*, 152.

35) 이 사안과 관련하여 더 넓은 함의를 찾아보기 원하는 독자는 다음을 참조하라. McGrath, *The Territories of Human Reason*.

36) Einstein, *Ideas and Opinions*, 41~49.

37) Einstein, *Ideas and Opinions*, 41~42.

38) Einstein, *Ideas and Opinions*, 148. 이와 관련한 논평은 다음을 참조하라. Michalos, "Einstein, Ethics, and Science."

39) Einstein, *Ideas and Opinions*, 42.

40) Rowe and Schulmann, *Einstein on Politics*, xxiv-xxv.

41) 이어지는 내용에 관해 제대로 된 논변을 보려면 다음을 참조하라. Midgley, *Science and Poetry*, 170~213.

42) 모든 것에 대하여 오직 하나의 지도만 사용한다고 주장하는 공격적인 환원주의에 대해 미즐리가 비평한 것을 보려면 다음을 참조하라. Midgley, "Reductive Megalomania."

제6장 "우월한 정신에 대한 확고한 신념": 아인슈타인과 종교

1) 종교라는 용어가 지닌 복잡한 의미에 관해서는 다음 논문을 참조하라. Harrison, "Pragmatics of Defining Religion in a Multi-Cultural World."

2) Dürrenmatt, "Albert Einstein," 58.

3) Einstein, *Ideas and Opinions*, 262.

4) Jammer, *Einstein and Religion*, 150.

5) Dawkins, *God Delusion*, 35.

6) Einstein, *Ideas and Opinions*, 38~39.

7) 랍비 허버트 골드슈타인(Herbert S. Goldstein)은 아인슈타인에게 신을 믿는지의 여부를 물었다. 여기서 인용한 말은 아인슈타인이 1929년에 그에게 응답한 유명한 답변 내용이다. Jammer, *Einstein and Religion*, 49.

8) 아인슈타인과 스피노자의 관계를 훌륭하게 요약한 문헌으로는 다음을 참조하라. Jammer, *Einstein and Religion*, 43~51.

9) 어떤 사람들은 아인슈타인의 과학 이론이 담고 있는 여러 가지 측면들이 바로 이 네덜란드의 유대인 철학자에게서 영향받은 것으로 추적한다. 그러나 이러한 연관은 신중하게 해석할 필요가 있다. 이에 관해서는 다음 내용을 참조하라, Jammer, *Einstein and Religion*, 46.

10) Michalos, "Einstein, Ethics, and Science," 347~48.

11) 이 문제를 다루는 최고의 연구서는 역시 Jammer, *Einstein and Religion*이다. 이 책에서 저자는 아인슈타인이 이해하고 있던 종교의 다면적 요소들을 신중하게 검토

했다.

12) Dennett, *Breaking the Spell*, 9.

13) Southwold, "Buddhism and the Definition of Religion."

14) 내가 직접 분석한 결과도 야머(Jammer)가 분석했던 결과와 거의 비슷하다.

15) 1929년 10월 25일, 에두아르트 뷔슁(Eduard Büsching)에게 보낸 편지의 내용으로서 다음 책에 인용되어 있다. Jammer, *Einstein and Religion*, 51.

16) Einstein, *Ideas and Opinions*, 47~48.

17) Einstein, *Ideas and Opinions*, 38.

18) 1954년 1월 3일, 에릭 구트킨트(Eric Gutkind)에게 보낸 편지.

19) 다음을 참조하라. Jammer, *Einstein and Religion*, 50~51. '카를 에디'라는 이름은 독일의 저널리스트이자 *Es gibt keinen Gott*("신은 없다")라는 제목의 책을 집필한 에두아르트 카를 뷔싱(Eduard Karl Büsching)의 필명이다. 아인슈타인은 카를 에디의 책을 읽으면서 그 책에 담긴 주장대로라면 책의 제목을 *Es gibt keinen persönlichen Gott*("인격적인 신은 없다.")로 바꿔야한다고 생각했다.

20) Kessler, *The Diaries of a Cosmopolitan 1918-1937*, 322.

21) 가령 이것은 리처드 도킨스의 생각이기도 하다. 다음을 참조하라. Dawkins, *The God Delusion*, 18.

22) Nadler, *Spinoza's Heresy*, 140~41.

23) Jammer, *Einstein and Religion*, 125~27.

24) Dukas and Hoffmann, *Albert Einstein, the Human Side*, 39.

25) 1954년 2월 23일, 알버트 채플(Albert Chapple)에게 보낸 편지, Einstein Archive 59~405.

26) Einstein, *The World as I see It*, 90.

27) Einstein, *Ideas and Opinions*, 50.

28) 1954년 1월 3일, 철학자 에릭 구트킨트(Eric Gutkind)에게 보낸 편지를 보면 이 점이 분명히 드러나 있다. 이 편지의 내용은 막스 야머의 책 *Einstein and Religion*에도 포함되지 않은 내용인데, 아인슈타인이 남긴 글들 도처에서 반복되는 내용이다.

29) Levitin, "The Experimentalist as Humanist."

30) Einstein, *Ideas and Opinions*, 38~39.

31) Harrison, "Sentiments of Devotion and Experimental Philosophy in Seventeenth-

Century England."

32) 과학과 종교의 관계를 범주화하는 방식에는 학자들마다 차이가 있다. 가령, 이안 바버(Ian Barbour)는 갈등, 독립, 대화, 통합 이렇게 네 가지 범주를 제시하고 있다. 이와 관련해서는 Cantor and Kenny, "Barbour's Fourfold Way"를 참고하라.

33) Einstein, *Ideas and Opinions*, 41~42.

34) 화이트의 저술에 담겨 있는 논거 및 제시된 증거에 대한 체계적인 해체를 살펴보려면 다음 책을 참고하라. Numbers, ed., *Galileo Goes to Jail and Other Myths About Science and Religion*.

35) Brooke, *Science and Religion*, 6.

36) Harrison, "Introduction" 4.

37) Einstein, *Ideas and Opinions*, 41~44.

38) Einstein, *Ideas and Opinions*, 41~42.

39) Einstein, *Ideas and Opinions*, 44~49.

40) Einstein, *Ideas and Opinions*, 44.

41) Einstein, *Ideas and Opinions*, 48~49.

42) Einstein, *Ideas and Opinions*, 45.

43) Gould, "Nonoverlapping Magisteria."

44) Einstein, *Ideas and Opinions*, 45.

45) Einstein, *Ideas and Opinions*, 46.

46) Einstein, *Ideas and Opinions*, 50.

47) Earnshaw, *Existentialism*, 1~25.

48) Planck, *Where is Science Going?*, 217.

49) 이와 관련한 훌륭한 논의로는 다음 책을 참고하라. Brueggemann, *The Land*.

50) Weyl, *Philosophy of Mathematics and Natural Science*, 116.

51) Lewis, *Surprised by Joy*, 197.

52) Eddington, *The Nature of the Physical World*, 68. 이와 관련된 훌륭한 논의로는 갤리슨(Galison)의 논문 "Minkowski's Space-Time"을 참고하라. 비록 아인슈타인이 특수 상대성이론을 만들 때 민코프스키가 도입한 수학적 형식을 사용했던 것은 아니지만, 공간과 시간을 개념화하는 두 가지 방식 모두에서 유사한 존재론적 질문이 제기될 수 있다.

53) Schilpp, *The Philosophy of Rudolf Carnap*, 37~38. 나는 카르납이 원래 썼던 다음의 독일어 원문의 느낌을 살리기 위해서 해당 문장의 마지막 부분 번역을 살짝 고쳤다. "··· es gäbe etwas Wesentliches am Jetzt, das einfach außerhalb der Reichweite der Wissenschaft liege."

제7장 하나님과 과학적 대상으로서의 우주: 기독교인의 아인슈타인 읽기

1) Einstein, *The Travel Diaries*.

2) 아인슈타인의 생각을 진지하게 검토하고, 그 생각들이 기독교적 사유에 미칠 수 있는 영향을 탐구했던 보기 드문 학자로서 신학자 토마스 토런스(Thomas F. Torrance)가 있다(특히 성육신 교리와 관련해서). 관심 있는 독자는 토런스가 쓴 *Theological Science*를 참고하기 바란다.

3) Polkinghorne, "Space, Time, and Causality," 975.

4) 이 표현과 다음에 이어지는 발췌문은 포퍼의 다음 논문에서 인용한 것이다. "Natural Selection and the Emergence of Mind," 341~42.

5) 컬슨과 그의 접근 방식에 관해서는 다음을 참고하라. McGrath, *Enriching Our Vision of Reality*, 27~41.

6) Dürrenmatt, "Albert Einstein," 59.

7) 이 주제와 관련해서는 다음 책을 참고하라. McGrath, *The Intellectual World of C. S. Lewis*. 이 책에서는 실재의 구조를 발견하는 데 있어서 직관과 상상력의 역할에 관한 아인슈타인과 C. S. 루이스 사이의 흥미로운 공통점을 비교해서 보여주고 있는데, 이 점에 관해서는 더 자세히 연구할 필요가 있다.

8) Mitchell, *The Justification of Religious Belief*, 99.

9) Kenney, *The Remarkable Case of Dorothy L. Sayers*.

10) Einstein, *Ideas and Opinions*, 292.

11) William James. *The Will to Believe*, 51.

12) Polkinghorne, "The New Natural Theology." 메타-질문에 관한 폴킹혼의 접근 방식은 다음 책을 참고하라. McGrath, *Enriching Our Vision of Reality*, 59~73.

13) Polkinghorne, *Science and Creation*, 20~21.

14) Polkinghorne, *Theology in the Context of Science*, xx.

15) John Polkinghorne, Theology in the Context of Science, 95.

16) 기독교와 자연과학의 관계에 관한 최근 연구 결과에 관심 있는 독자는 다음 책을 참고하라. Brooke, *Science and Religion; Harrison, Territories of Science and Religion.*

17) Browne, *Religio Medici,* section 16.

18) Calvin, *Institutes of the Christian Religion*, I.vi.1. 보다 일반적인 설명은 다음 논문을 참고하라. Adams, "Calvin's View of Natural Knowledge of God."

19) Palmerino, "The Mathematical Characters of Galileo's Book of Nature," 27~28.

20) Einstein, *Ideas and Opinions*, 262.

21) Polkinghorne, "Cross-Traffic between Science and Theology," 146.

22) James, *The Will to Believe*, 127.

23) 예를 들어, 다음 책을 참고하라. Polkinghorne, *Science and Creation*, 17-33.

24) 1955년 3월 21일에 보낸 편지, *Albert Einstein—Michele Besso Correspondence, 1903-55*, 537~38.

25) Kalanithi, *When Breath Becomes Air*, 170.

26) Wood, *In Pursuit of Truth*, 102.

<아인슈타인의 저서들>

Albert Einstein-Michele Besso Correspondence, 1903~55, edited by Pierre Speziali. Paris: Hermann, 1972.

"Autobiographische Skizze." In *Helle Zeit-Dunkle Zeit. In Memoriam Albert Einstein*, edited by Carl Seelig, 9~17. Zürich: Europa Verlag, 1956.

"A Brief Outline of the Development of the Theory of Relativity." *Nature* 106 (1921): 782~84.

The Collected Papers of Albert Einstein, Volume 5: The Swiss Years: Correspondence, 1902-1914. Edited by Martin J. Klein, A. J. Kox, and Robert Schulmann. Princeton, NJ: Princeton University Press, 1993, 381.

The Collected Papers of Albert Einstein, Volume 8, Part A: The Berlin Years: Correspondence 1914-1917. Edited by Robert Schulmann, A. J. Kox, Michel Janssen, and József Illy. The Digital Einstein Papers, Princeton University Press, 273, 359. https://einsteinpapers.press.princeton.edu/vol8a-doc/?startBookmarkIdx=200.

Cosmic Religion with Other Opinions and Aphorisms. New York: Covici-Friede Inc., 1931.

"Die formale Grundlage der allgemeinen Relativitätstheorie." *Sitzungsberichte der Königlich Preussischen Akademie der Wissenschaften zu Berlin* (1914): 1030~85.

"Die Grundlage der allgemeinen Relativitätstheorie." *Annalen der Physik* 354, no. 7 (1916): 769~822.

Eine neue Bestimmung der Moleküldimensionen. Bern: Buchdruckerei K. J. Wyss, 1906.

"Elementary Derivation of the Equivalence of Mass and Energy." *Bulletin of the American Mathematical Society* 41 (1935): 223~30.

"Elsbachs Buch: Kant und Einstein." *Deutsche Literaturzeitung für Kritik der internationalen Wissenschaft* 45 (1924): 1685~92.

"Erklärung der Perihelbewegung des Merkur aus der allgemeinen Relativitätstheorie." *Sitzungsberichte der Königlich Preußischen Akademie der Wissenschaften* 47 (1915): 831~39.

"Ernst Mach." *Physikalische Zeitschrift* 7 (1916): 101~04.

Essays in Humanism. New York: Philosophical Library, 1950.

"Folgerungen aus den Capillaritätserscheinungen." *Annalen der Physik* 4 (1901): 513~23.

Ideas and Opinions. New York: Crown Publishers, 1954.

"Ist die Trägheit eines Körpers von seinem Energieinhalt abhängig?" *Annalen der Physik* 18 (1905): 639.

Mein Weltbild. Amsterdam: Querido Verlag, 1934.

"On My Participation in the Atom Bomb Project." Atomic Archive. http://www.atomicarchive.com/Docs/Hiroshima/EinsteinResponse.shtml.

"On the Method of Theoretical Physics." *Philosophy of Science* 1, no. 2 (1934): 163~69.

"Quanten-Mechanik und Wirklichkeit." *Dialectica* 2 (1948): 320~24.

Relativity: The Special and the General Theory. New York: Barnes and Noble, 2004.

"Remarks to the Essays Appearing in This Collective Volume." In *Albert Einstein, Philosopher-Scientist*, edited by Paul Arthur Schilpp, 663~88. Chicago: Open Court, 1970.

The Travel Diaries of Albert Einstein: The Far East, Palestine, and Spain, 1922-1923. Princeton, NJ: Princeton University Press, 2018.

"Über die von der molekularkinetischen Theorie der Wärme geforderte Bewegung von in ruhenden Flüssigkeiten suspendierten Teilchen." *Annalen der* Physik 17, no. 8 (1905): 549~60.

"Über einen die Erzeugung und Verwandlung des Lichtes betreffenden heuristischen Gesichtspunkt." *Annalen der Physik* 17 (1905): 132~48.

The World as I see It. New York: Covici-Friede Inc., 1934.

"Zur Elektrodynamik bewegter Körper." *Annalen der Physik* 17 (1905): 891~921.

Einstein, Albert, and Marcel Grossmann. "Entwurf einer verallgemeinerten Relativitätstheorie und einer Theorie der Gravitation." *Zeitschrift für Mathematik und Physik* 62 (1913): 225~61.

Einstein, Albert, and Leopold Infeld. *The Evolution of Physics: The Growth of Ideas from Early Concepts to Relativity and Quanta*. New York: Simon and Schuster, 1938.

Einstein, Albert, B. Podolsky, and N. Rosen. "Can Quantum-Mechanical Description of Physical Reality Be Considered Complete?" *Physical Review* 47 (1935): 777~80.

<아인슈타인에 관한 저서들>

Bergmann, Peter G. "The Quest for Unity: General Relativity and Unitary Field Theories." *Syracuse Scholar* 1, no. 1 (1979): 9~18.

Bernstein, Jeremy. *Einstein*. New York: Viking Press, 1973.

Bjerknes, Christopher Jon. *Albert Einstein: The Incorrigible Plagiarist*. Downers Grove, IL: XTX, 2002.

Brian, Denis. *Einstein: A Life*. New York: Wiley, 1996.

Canales, Jimena. *The Physicist and the Philosopher: Einstein, Bergson, and the Debate That Changed Our Understanding of Time*. Princeton, NJ: Princeton University Press, 2015.

Clark, Ronald W. *Einstein: The Life and Times*. New York: Avon Books, 1984.

Crease, Robert P., and Alfred S. Goldhaber. *The Quantum Moment: How Planck, Bohr, Einstein, and Heisenberg Taught Us to Love Uncertainty*. New York: W. W. Norton & Company, 2014.

Davies, Paul C. W. *About Time: Einstein's Unfinished Revolution*. New York: Simon & Schuster, 2005.

Dukas, Helen, and Banesh Hoffmann, eds. *Albert Einstein, the Human Side: New Glimpses from His Archives*. Princeton, NJ: Princeton University Press, 1979.

Dürrenmatt, Friedrich. "Albert Einstein." *Naturforschende Gesellschaft in Zürich* 124, no. 8 (1979): 58~73.

Eddington, Arthur Stanley. "Einstein's Theory of Space and Time." *Contemporary Review* 116 (1919): 639~43.

Eddington, Arthur Stanley. *The Mathematical Theory of Relativity*. Cambridge: Cambridge University Press, 1923.

Engler, Gideon. "Einstein and the Most Beautiful Theories in Physics." *International Studies in the Philosophy of Science* 16, no. 1 (2002): 27~37.

Feuer, Lewis S. "The Social Roots of Einstein's Theory of Relativity: Part 1." *Annals of Science* 27, no. 3 (1971): 277~98.

Feuer, Lewis S. "The Social Roots of Einstein's Theory of Relativity: Part 2." *Annals of Science* 27, no. 4 (1971): 313~44.

Feynman, Richard P. *Six Not-So-Easy Pieces: Einstein's Relativity, Symmetry, and Space-Time*. Reading, MA: Addison-Wesley, 1997.

Fölsing, Albrecht. *Albert Einstein: A Biography*. New York: Viking Books, 1997.

Frank, Philipp. *Einstein: His Life and Times*. New York: Knopf, 1947.

Galison, Peter, Gerald James Holton, and Silvan S. Schweber, eds. *Einstein for the 21st Century: His Legacy in Science, Art, and Modern Culture*. Princeton, NJ: Princeton University Press, 2008.

Goenner, Hubert. *Einstein in Berlin 1914–1933*. Munich: Beck, 2005.

Goenner, Hubert. "The Reaction to Relativity Theory I: The Anti-Einstein Campaign in Germany in 1920." *Science in Context* 6 (1993), 107~33.

Gribbin, John, and Mary Gribbin. *Einstein's Masterwork: 1915 and the General Theory of Relativity*. London: Icon, 2015.

Hecht, Eugene. "How Einstein Confirmed $E=mc^2$." *American Journal of Physics* 79, no. 6 (2011). DOI 10.1119/1.3549223.

Hentschel, Klaus. *Interpretationen und Fehlinterpretationen der speziellen und der allgemeinen Relativitätstheorie durch Zeitgenossen Albert Einsteins*. Berlin: Birkhäuser Verlag, 1990.

Hermanns, William. *Einstein and the Poet: In Search of the Cosmic Man*.

Brookline Village, MA: Branden Press, 1983.

Hillman, Bruce J., Birgit Ertl-Wagner, and Bernd C. Wagner. *The Man Who Stalked Einstein: How Nazi Scientist Philipp Lenard Changed the Course of History*. Guilford: Lyons Press, 2015.

Hoffmann, Dieter. *Einstein's Berlin: In the Footsteps of a Genius*. Baltimore: Johns Hopkins University Press, 2013.

Holberg, J. B. "Sirius B and the Measurement of the Gravitational Redshift." *Journal for the History of Astronomy* 41, no. 1 (February 2010): 41~64.

Holton, Gerald James, and Yehuda Elkana, eds. *Albert Einstein, Historical and Cultural Perspectives: The Centennial Symposium in Jerusalem*. Princeton, NJ: Princeton University Press, 2014.

Isaacson, Walter. *Einstein: His Life and Universe*. New York: Simon & Schuster, 2007.

Jammer, Max. *Einstein and Religion: Physics and Theology*. Princeton, NJ: Princeton University Press, 1999.

Jerome, Fred. *The Einstein File: J. Edgar Hoover's Secret War Against the World's Most Famous Scientist*. New York: Saint Martin's Press, 2002.

Krstić, Djordje. *Mileva & Albert Einstein: ljubezen in skupno znanstveno delo*. Radovljica, Solovenia: Didakta, 2002.

Kumar, Manjit. *Quantum: Einstein, Bohr and the Great Debate about the Nature of Reality*. London: Icon, 2008.

Latour, Bruno. "A Relativistic Account of Einstein's Relativity." *Social Studies of Science* 18 (1988): 3~44.

Martinez, Alberto. "Handling Evidence in History: The Case of Einstein's Wife." *School Science Review* 86, no. 316 (2005): 49~56.

Michalos, Alex C. "Einstein, Ethics, and Science." *Journal of Academic Ethics* 2, no. 4 (2004): 339~54.

Miller, Arthur I. "Albert Einstein and Max Wertheimer: A Gestalt Psychologist's View of the Genesis of Special Relativity Theory." *History of Science* 13 (1975): 75~103.

Miller, Arthur I. "A Genius Finds Inspiration in the Music of Another." *New York Times*, January 31, 2006.

Moszkowski, Alexander. *Einstein, the Searcher: His Work Explained from Dialogues with Einstein*. London: Methuen & Co., 1921.

Ohanian, Hans C. "Did Einstein Prove $E=mc^2$?" *Studies in History and Philosophy of Modern Physics* 40 (2009): 167~73.

O'Raifeartaigh, Cormac, Michael O'Keeffe, Werner Nahm, and Simon Mitton. "One Hundred Years of the Cosmological Constant: From 'Superfluous Stunt' to Dark Energy." *European Physical Journal H* 43, no. 1 (2018): 73~117.

Pais, Abraham. *"Subtle Is the Lord": The Science and the Life of Albert Einstein*. Oxford: Oxford University Press, 2005.

Paty, Michel. "Einstein and Spinoza." In *Spinoza and the Sciences*, edited by Marjorie G. Grene and Debra Nails, 267~302. Dordrecht: Kluwer Academic Publishers, 1986.

Paty, Michel. *Einstein Philosophe: La physique comme practique philosophique*. Paris: Presses Universitaires de France, 1993.

Paty, Michel. "The Nature of Einstein's Objections to the Copenhagen Interpretation of Quantum Mechanics." *Foundations of Physics* 25, no. 1 (1995): 183~204.

Popović, Milan, ed. *In Albert's Shadow: The Life and Letters of Mileva Marić, Einstein's First Wife*. Baltimore: Johns Hopkins University Press, 2003.

Ravin, James G. "Gullstrand, Einstein, and the Nobel Prize." *Archives of Ophthalmolology* 117, no. 5 (1999): 670~72.

Renn, Jürgen. "Einstein as a Disciple of Galileo: A Comparative Study of Concept Development in Physics." *Science in Context* 6, no. 1 (1993): 311~41.

Rigden, John S. *Einstein 1905: The Standard of Greatness*. Cambridge, MA: Harvard University Press, 2005.

Rowe, David E., and Robert Schulmann. *Einstein on Politics: His Private Thoughts and Public Stands on Nationalism, Zionism, War, Peace, and the Bomb*. Princeton, NJ: Princeton University Press, 2007.

Russell, Bertrand. "Relativity: Philosophical Consequences." In *Encyclopedia Britannica*. 32 vols. London: Encyclopaedia Britannica, 1926, vol. 31, 331~2.

Sauer, Tilman. "Einstein's Unified Field Theory Program." In *The Cambridge Companion to Einstein*, edited by Michel Janssen and Christoph Lehner, 281~305. Cambridge: Cambridge University Press, 2014.

Schilpp, Paul Arthur. *Albert Einstein: Philosopher-Scientist*. Evanston, IL: Open Court, 1970.

Schönbeck, Charlotte. *Albert Einstein und Philipp Lenard: Antipoden im Spannungsfeld von Physik und Zeitgeschichte*. Berlin: Springer, 2000.

Stachel, John. *Einstein's Miraculous Year: Five Papers That Changed the Face of Physics*. Princeton, NJ: Princeton University Press, 2005.

Weinert, Friedel. "Einstein, Science and Philosophy." *Philosophia Scientiae* 13, no. 1 (2009): 99~133.

<기타 저서들>

Adams, Edward. "Calvin's View of Natural Knowledge of God." *International Journal of Systematic Theology* 3, no. 3 (2001): 280~92.

Albury, W. R. "Halley's Ode on the Principia of Newton and the Epicurean Revival in England." *Journal of the History of Ideas* 39, no. 1 (1978): 24~43.

Almassi, Ben. "Trust in Expert Testimony: Eddington's 1919 Eclipse Expedition and the British Response to General Relativity." *History and Philosophy of Modern Physics* 40, no. 1 (2009): 57~67.

Ball, Philip. *Serving the Reich: The Struggle for the Soul of Physics under Hitler*. London: Bodley Head, 2013.

Bamford, Greg. "Popper and His Commentators on the Discovery of Neptune: A Close Shave for the Law of Gravitation?" *Studies in History and Philosophy of Science Part A* 27, no. 2 (1996): 207~32.

Bartelborth, Thomas. "Explanatory Unification." *Synthese* 130 (2002): 91~108.

Baum, Richard, and William Sheehan. *In Search of Planet Vulcan: The Ghost in Newton's Clockwork Universe*. New York: Plenum Press, 1997.

Belkind, Ori. "Newton's Conceptual Argument for Absolute Space." *International Studies in the Philosophy of Science* 21, no. 3 (2007): 271~93.

Beller, Mara. "The Birth of Bohr's Complementarity: The Context and the Dialogues." *Studies in History and Philosophy of Science Part A* 23, no. 1 (1992): 147~80.

Beller, Mara. "Einstein and Bohr's Rhetoric of Complementarity." *Science in Context* 6, no. 1 (1993): 241~55.

Boughn, Stephen P. "Fritz Hasenöhrl and $E=mc^2$." *European Physical Journal H* 38, no. 2 (2013): 261~78.

Brooke, John Hedley. *Science and Religion: Some Historical Perspectives*. Cambridge: Cambridge University Press, 1991.

Brown, Robert. "A Brief Account of Microscopical Observations on the Particles contained in the Pollen of Plants." *Edinburgh New Philosophical Journal* (1828): 358~71.

Brueggemann, Walter. *The Land: Place as Gift, Promise, and Challenge in Biblical Faith*. 2nd ed. Philadelphia: Fortress Press, 2002.

Brush, S. G. "Mach and Atomism." *Synthese* 18, no. 2/3 (1968): 192~215.

Cantor, Geoffrey, and Chris Kenny. "Barbour's Fourfold Way: Problems with His Taxonomy of Science-Religion Relationships." *Zygon* 36, no. 4 (December 2001): 765~81.

Carroll, Sean T*he Big Picture: On the Origins of Life, Meaning and the Universe Itself*. London: Oneworld, 2016.

Chaplin, Charlie. *My Autobiography*. London: Penguin Books, 2003.

Chapman, Allan. *England's Leonardo: Robert Hooke and the Seventeenth-Century Scientific Revolution*. Bristol: Institute of Physics Publishing, 2005.

Clarke, Imogen. "How to Manage a Revolution: Isaac Newton in the Early Twentieth Century." *Notes and Records of the Royal Society of London* 68, no. 4 (2014): 323~37.

Cockcroft, J. D., and E. T. S. Walton. "Disintegration of Lithium by Swift Protons." *Nature* 129 (1932): 649.

Coulson, C. A. *Science and Christian Belief*. London: Oxford University Press, 1955.

Curry, Michael F. "Losing Faith: Rationalizing Religion in Early Modern England." *Intersections* 11, no. 2 (2010): 207~41.

Dawkins, Richard. *The God Delusion*. Boston: Houghton Mifflin, 2006.

Dennett, Daniel C. *Breaking the Spell: Religion as a Natural Phenomenon*. New York: Viking Penguin, 2006.

Dewey, John. *The Quest for Certainty: A Study of the Relation of Knowledge and Action*. New York: Capricorn Books, 1960.

Downie, Robin. "Science and the Imagination in the Age of Reason." *Medical Humanities* 27 (2001): 58~63.

Duhem, Pierre. *La science allemande*. Paris: Hermann, 1915.

Earnshaw, Steven. *Existentialism: A Guide for the Perplexed*. London: Continuum, 2006.

Eddington, Arthur Stanley. *The Nature of the Physical World*. Cambridge: Cambridge University Press, 1928.

Eddington, Arthur Stanley. "The Total Eclipse of 1919 May 29 and the Influence of Gravitation on Light." *The Observatory* 42 (1919): 119~22.

Epstein, Julia L. "Voltaire's Myth of Newton." Pacific Coast Philology 14, no. 1 (1979): 27~33.

Fara, Patricia. *Newton: The Making of Genius*. New York: Columbia University Press, 2002.

Feynman, Richard P. *The Character of Physical Law*. Boston: MIT Press, 1988.

Ford, Brian J. "Confirming Robert Brown's Observations of Brownian Movement." *Proceedings of the Royal Microscopical Society* 31 (1996): 316~21.

Forster, E. M. "What I Believe." In *Two Cheers for Democracy*, 67~76. San Diego: Harcourt Brace, 1951.

Friedman, Robert Marc. *The Politics of Excellence: Behind the Nobel Prize in Science*. London: W. H. Freeman & Co., 2001.

Galison, Peter L. "Minkowski's Space-Time: From Visual Thinking to the Absolute

World." *Historical Studies in the Physical Sciences* 10 (1979), 85~121.

Galton, Francis. *Hereditary Genius: An Inquiry into Its Laws and Consequences.* London: Macmillan, 1869.

Ghirardi, Giancarlo. *Sneaking a Look at God's Cards: Unraveling the Mysteries of Quantum Mechanics.* Translated by Gerald Malsbary. Princeton, NJ: Princeton University Press, 2005.

Gould, Stephen Jay. "Nonoverlapping Magisteria." *Natural History* 106, no. 2 (1997): 16~22.

Greene, Brian. *The Elegant Universe: Superstrings, Hidden Dimensions, and the Quest for the Ultimate Theory.* New York: W. W. Norton, 1999.

Gribbin, John, and Mary Gribbin. *Out of the Shadow of a Giant: Hooke, Halley and the Birth of British Science.* London: Collins, 2016.

Harman, Gilbert, and J. J. Thomson, *Moral Relativism and Moral Objectivity.* Oxford: Blackwell, 1996.

Harrison, Peter. "Introduction." In *The Cambridge Companion to Science and Religion*, edited by Peter Harrison, 1~18. Cambridge: Cambridge University Press, 2010.

Harrison, Peter. "Sentiments of Devotion and Experimental Philosophy in Seventeenth-Century England." *Journal of Medieval and Early Modern Studies* 44, no. 1 (2014): 113~33.

Harrison, Peter. *Territories of Science and Religion.* Chicago: University of Chicago Press, 2015.

Harrison, Victoria. "The Pragmatics of Defining Religion in a Multi-Cultural World." *International Journal for Philosophy of Religion* 59, no. 3 (June 2006): 133~52.

Harvey, Geoffrey M. "Gravitational Deflection of Light: A Re-examination of the Observations of the Solar Eclipse of 1919." *The Observatory* 99 (1979): 195~98.

Hawking, Stephen. *A Brief History of Time: From the Big Bang to Black Holes.* New York: Bantam Books, 1988.

Heisenberg, Werner. "Die Kopenhagener Deutung der Quantentheorie." In *Physik und Philosophie*, 67-85. Stuttgart: Hirzel, 2007.

Hertz, Heinrich. "Über den Einfluβ des ultravioletten Lichtes auf die electrische Entladung." *Annalen der Physik* 267, no. 8 (1887): 983-1000.

Holton, Gerald James. *Science and Anti-Science*. Cambridge, MA: Harvard University Press, 1993.

Holton, Gerald James. "Einstein's Search for the Weltbild." *Proceedings of the American Philosophical Society* 125 (1981): 1-15.

Iliffe, Rob. *Priest of Nature: The Religious Worlds of Isaac Newton*. Oxford: Oxford University Press, 2017.

James, William. *The Will to Believe, and Other Essays in Popular Philosophy*. New York: Dover Publications, 1956.

Kalanithi, Paul. *When Breath Becomes Air*. London: Vintage Books, 2017.

Kenney, Catherine McGehee. *The Remarkable Case of Dorothy* L. Sayers. Kent, OH: Kent State University Press, 1990.

Kershaw, Ian. *Hitler: A Biography*. New York: W. W. Norton & Co., 2008.

Kessler, Harry. *The Diaries of a Cosmopolitan 1918-1937*. London: Phoenix, 2000.

Köhne, Julia Barbara. "The Cult of the Genius in Germany and Austria at the Dawn of the Twentieth Century." In *Genealogies of Genius*, edited by Joyce E. Chaplin and Darrin M. McMahon, 115-34. Basingstoke: Palgrave Macmillan, 2016.

Kragh, Helge. Conceptions of Cosmos from Myths to the Accelerating Universe: A History of Cosmology. Oxford: Oxford University Press, 2007.

Kuhn, Thomas S. *The Structure of Scientific Revolutions*. 2nd ed. Chicago: University of Chicago Press, 1970.

Lanouette, William, and Bela A. Silard. *Genius in the Shadows: A Biography of Leo Szilard*, The Man Behind the Bomb. New York: Charles Scribner's Sons, 1992.

Lenard, Philipp. "Über die lichtelektrische Wirkung." *Annalen der Physik* 8 (1902): 149-98.

Le Verrier, Urbain J. "Théorie du mouvement de Mercure." *Annales de l'Observatoire Impérial de Paris* 5 (1859): 1~196.

Levitin, Dmitri. "The Experimentalist as Humanist: Robert Boyle on the History of Philosophy." *Annals of Science* 71, no. 2 (2014): 149~82.

Lewis, C. S. *Surprised by Joy.* London: HarperCollins, 2002. "Lights All Askew in the Heavens." *New York Times.* November 10, 1919. https://www.nytimes.com/1919/11/10/archives/lights-all-askew-in-the-heavens-men-of-science-more-or-less-agog.html.

Lynch, Michael P. "Hume and the Limits of Reason." *Hume Studies* 22, no. 1 (April 1996): 89~104.

Maiocchi, Roberto. "The Case of Brownian Motion." *British Journal for the History of Science* 23, no. 3 (1990): 257~83.

Markley, Robert. "Representing Order: Natural Philosophy, Mathematics, and Theology in the Newtonian Revolution." In *Chaos and Order: Complex Dynamics in Literature and Science*, edited by N. Katherine Hayles, 125~48. Chicago: University of Chicago Press, 1991.

Maxwell, James Clerk. "A Dynamical Theory of the Electromagnetic Field." *Philosophical Transactions of the Royal Society of London* 155 (1865): 459~512.

Maxwell, James Clerk. *The Scientific Papers of James Clerk Maxwell.* 2 vols. Cambridge: Cambridge University Press, 1890.

McGrath, Alister E. *Enriching Our Vision of Reality: Theology and the Natural Sciences in Dialogue.* West Conshohocken, PA: Templeton Foundation, 2016.

McGrath, Alister E. *The Intellectual World of C. S. Lewis.* Oxford: Wiley-Blackwell, 2013.

McGrath, Alister E. *The Territories of Human Reason: Science and Theology in an Age of Multiple Rationalities.* Oxford: Oxford University Press, 2019.

McKie, D., and Gavin R. de Beer. "Newton's Apple." *Notes and Records of the Royal Society of London* 9, no. 1 (1951): 46~54.

McMahon, Darrin M. *Divine Fury: A History of Genius.* New York: Basic Books,

2013.

Menninghaus, Sabine. "Atoms, Quanta, and Relativity in Aldous Huxley's Analogical Mode of Thinking." In *The Perennial Satirist: Essays in Honour of Bernfried Nugel*, edited by Peter Edgerly Firchow, Hermann Josef Real, and Bernfried Nugel, 245~64. Münster: LIT Verlag, 2005.

Metz, Thaddeus. *Meaning in Life: An Analytic Study*. Oxford: Oxford University Press, 2013.

Michelson, Albert A. "Some of the Objects and Methods of Physical Science." *The Quarterly Calendar of the University of Chicago*, August 1894, No. 3, 14~15.

Midgley, Mary. "Reductive Megalomania." In *Nature's Imagination: The Frontiers of Scientific Vision*, edited by John Cornwell, 133~47. Oxford: Oxford University Press, 1995.

Midgley, Mary. *Science and Poetry*. London: Routledge, 2001.

Millikan, Robert A. *Autobiography*. New York: Prentice-Hall, 1950.

Millikan, Robert A. "A Direct Photoelectric Determination of Planck's 'h'". *Physical Review* 7, no. 3 (1916): 355~88.

Mitchell, Basil. *The Justification of Religious Belief*. London: Macmillan, 1973.

Morrison, Margaret. "One Phenomenon, Many Models: Inconsistency and Complementarity." *Studies in History and Philosophy of Science Part A* 42, no. 2 (2011): 342~51.

Nadler, Steven M. *Spinoza's Heresy: Immortality and the Jewish Mind*. Oxford: Clarendon Press, 2001.

Nauenberg, Michael. "Max Planck and the Birth of the Quantum Hypothesis." *American Journal of Physics* 84, no. 9 (2016): 709~20.

Nersessian, Nancy J. "In the Theoretician's Laboratory: Thought Experimenting as Mental Modeling." *PSA: Proceedings of the Biennial Meeting of the Philosophy of Science Association 1992* 2 (1992): 291~301.

Newcomb, Simon. "The Place of Astronomy among the Sciences." *Sidereal Messenger* 7 (1888): 65~73.

Newton, Sir Isaac. *Newton's Principia: the Mathematical Principles of Natural*

Philosophy. New York: Adee, 1846.

Numbers, Ronald L., ed. *Galileo Goes to Jail and Other Myths about Science and Religion*. Cambridge, MA: Harvard University Press, 2009.

Ortega y Gasset, José. "El origen deportivo del estado." *Citius, Altius, Fortius* 9, no. 1~4 (1967): 259~76.

Overbye, Dennis. "Gravitational Waves Detected, Confirming Einstein's Theory." *New York Times* (February 11, 2016). https://www.nytimes.com/2016/02/12/science/ligo-gravitational-waves-black-holes-einstein.html.

Palmerino, Carla Rita. "The Mathematical Characters of Galileo's Book of Nature." In *The Book of Nature in Early Modern and Modern History*, edited by Klaas van Berkel and Arjo Vanderjagt, 27~44. Leuven: Peeters, 2006.

Paterniti, Michael. *Driving Mr. Albert: A Trip across America with Einstein's Brain*. London: Abacus, 2002.

Pears, David. *Hume's System: An Examination of the First Book of His Treatise*. Oxford: Oxford University Press, 1990.

Penrose, Roger. *The Road to Reality: A Complete Guide to the Laws of the Universe*. London: Jonathan Cape, 2004.

Perrin, Jean. "Mouvement brownien et réalité moléculaire." *Annales de chimie et de physique* 18, no. 8 (1909): 5~114.

Planck, Max. *The Universe in the Light of Modern Physics*. London: George Allen & Unwin, 1931.

Planck, Max. *Where Is Science Going?* Translated by James Vincent Murphy. New York: W. W. Norton & Co., 1932.

Polkinghorne, John. "Cross-Traffic between Science and Theology." *Perspectives on Science and Christian Faith* 43, no. 3 (1991): 144~51.

Polkinghorne, John. "The New Natural Theology." *Studies in World Christianity* 1, no. 1 (1995): 41~50.

Polkinghorne, John. *Science and Creation: The Search for Understanding*. London: SPCK, 1988.

Polkinghorne, John. "Space, Time, and Causality." *Zygon* 41, no. 4 (2006): 975~84.

Polkinghorne, John. *Theology in the Context of Science*. New Haven, CT: Yale University Press, 2009.

Popper, Karl. "Natural Selection and the Emergence of Mind." *Dialectica*, 32, nos. 3~4 (1978): 339~55.

Rocke, Alan J. *Image and Reality: Kekulé, Kopp, and the Scientific Imagination*. Chicago: University of Chicago Press, 2010.

Rushdie, Salman. *Is Nothing Sacred?* Herbert Read Memorial Lecture, February 6, 1990.

Rutherford, Ernest. "The Scattering of α and β Particles by Matter and the Structure of the Atom." *Philosophical Magazine* 6, no. 21 (1911): 669~88.

Salmon, Wesley C. *Four Decades of Scientific Explanation*. Minneapolis: University of Minnesota Press, 1989.

Schilpp, P. A. ed. *The Philosophy of Rudolf Carnap*. La Salle, IL: Open Court Publishing, 1963.

Schliesser, Eric. "Newton's Challenge to Philosophy." *HOPOS: The Journal of the International Society for the History of Philosophy of Science* 1 (2011): 101~28.

Shaw, George Bernard, and Fred D. Crawford, "Toast to Albert Einstein." *Shaw* 15 (1995): 231~41.

Sklar, Lawrence. *Space, Time, and Spacetime*. Berkeley, CA: University of California Press, 1977.

Snobelen, Stephen D. "The Myth of the Clockwork Universe: Newton, Newtonianism, and the Enlightenment." In *The Persistence of the Sacred in Modern Thought*, edited by Chris L. Firestone and Nathan Jacobs, 149~84. South Bend, IN: University of Notre Dame Press, 2012.

Sommerfeld, Arnold. "Philosophie und Physik seit 1900." *Naturwissenschaftliche Rundschau* I (1948): 97~100.

Southwold, Martin. "Buddhism and the Definition of Religion." *Man: New Series* 13, no. 3 (September 1978): 362~79.

Sponsel, Alistair. "Constructing a 'Revolution in Science': The Campaign to Promote a Favourable Reception for the 1919 Solar Eclipse Experiments." *British Journal for the History of Science* 35, no. 4 (2002): 439~67.

Stachel, John, and Roger Penrose, eds. *Einstein's Miraculous Year: Five Papers That Changed the Face of Physics*. Princeton, NJ: Princeton University Press, 2005.

Stein, Howard. "Newtonian Space-Time." In *The Annus Mirabilis of Sir Isaac Newton 1666-1966*, edited by Robert Palter, 174~200. Cambridge, MA: MIT Press, 1967.

Susskind, Leonard. *The Black Hole War: My Battle with Stephen Hawking to Make the World Safe for Quantum Mechanics*. New York: Back Bay Books, 2009.

Thüring, Bruno. "Physik und Astronomie in jüdischen Händen." *Zeitschrift für die gesamte Naturwissenschafte* 3 (May/June 1937): 55~70.

Torrance, Thomas F. *Theological Science*. London: Oxford University Press, 1969.

van Dongen, Jeroen. *Einstein's Unification*. Cambridge: Cambridge University Press, 2010.

van Dongen, Jeroen. "Reactionaries and Einstein's Fame: 'German Scientists for the Preservation of Pure Science,' Relativity, and the Bad Nauheim Meeting." *Physics in Perspective* 9, no. 2 (June 2007): 212~30.

von Soldner, Johann Georg. "Ueber die Ablenkung eines Lichtstrals von seiner geradlinigen Bewegung, durch die Attraktion eines Weltkörpers, an welchem er nahe vorbegeht." *Berliner Astronomisches Jahrbuch* (1804): 161~72.

Waller, John. *Einstein's Luck: The Truth Behind Some of the Greatest Scientific Discoveries*. Oxford: Oxford University Press, 2002.

Weiner, Eric. *The Geography of Genius: A Search for the World's Most Creative Places from Ancient Athens to Silicon Valley*. New York: Simon & Schuster Paperbacks, 2016.

Wertheimer, Max. *Productive Thinking*. New York: Harper & Row, 1959.

Weyl, Hermann. *Philosophy of Mathematics and Natural Science*. Princeton, NJ: Princeton University Press, 1949.

Wheeler, John Archibald. *Geons, Black Holes and Quantum Foam: A Life in Physics*. New York: W. W. Norton & Company, 1998.

White, Andrew Dickson. *A History of the Warfare of Science with Theology in Christendom*. 2 vols. New York: Appleton, 1896.

Wilczek, Frank. *A Beautiful Question: Finding Nature's Deep Design*. London: Penguin Books, 2016.

Wood, Alexander. *In Pursuit of Truth: A Comparative Study in Science and Religion*. London: Student Christian Movement, 1927.

Woolf, Virginia. *The Diary of Virginia Woolf*. Edited by Anne Olivier Bell and Andrew McNeillie. 5 vols. Harmondsworth: Penguin, 1979.

Zilsel, Edgar. *Die Entstehung des Geniebegriffes. Ein Beitrag zur Ideengeschichte der Antike und des Frühkapitalismus*. Tübingen: J. C. B. Mohr (Paul Siebeck), 1926.

Zilsel, Edgar. *Die Geniereligion: Ein kritischer Versuch über das moderne Persönlichkeitsideal, mit einer historischen Begründung*. Vienna: Braumüller, 1918.